ぼくはこんな音楽を聴いて育った

大友良英

筑摩書房

生まれて間もない頃の写真。昭和34年8月、横浜市磯子区杉田にて、母と母方の祖母と。わたしを育ててくれた両親、兄弟、親戚一同に感謝です！　撮影、現像は父。

はじめに

十代の頃は、自分が楽器を弾けるようになるなんて夢にも思ってませんでした。でも、楽器を手に入れる前から、もう音楽家になりたくて、なりたくて。理由はわかりません。物心ついたときからポップスや歌謡曲が大好きだったんです。音楽が流れると踊りだすような、そんな子どもでした。でも学校の音楽は本当に嫌いで……。音痴だし、音符も読めないし、楽器も出来ない。いつも授業中は萎縮して小さくなってました。それでも、もう中学の頃には音楽家になりたいって思いは止められず、でも、そんなこと人に言えるわけがありません。だって、本当になんにも出来ないんですから。だからずっと黙ってました。黙って、一人で夢だけ見て悩んでました。どうやったら楽器が弾けるようになるのかって。どうやったら音楽の世界に行けるようになるのかって。

実はこの本、最初はボクが聴いてきたいろんな面白い音楽を紹介するつもりで書き出したものなんです。でも書いているうちに、ガキの頃から福島を出るまでの自叙伝みたいな本になってしまいました。そのくらい、聴いてきた音楽と自分の人生がごっちゃになってたんだと思います。

ここには、当時大好きだった音楽も、嫌いだった音楽も、好きでもないのになぜかよく聴いた音楽も出てきます。誰でも知っているような有名な曲もあれば、ほとんど誰も知らないようなものまでいろいろです。ジャンルもめちゃくちゃで、一貫性なんてほとんどないかもしれません。唯一共通点をあげるとすれば、どれもボクの人生を多少は左右したり、人生に色濃く影響を与えてくれたという一点のみです。ということで音楽紹介書というには、あまりにもプライベートな、恥ずかしくもある内容ですが、でも、ボクにとっての音楽は、いつでも個人的な記憶とごっちゃにあるものなんです。だから、こんな音楽の紹介の仕方が、自分らしいような気がしてきました。

音楽が超苦手だったガキが、どうしてまた音楽の世界に入っていくことになったのか。まずは、本当に小さかった頃の坂本九の記憶から。

はじまり、はじまり〜。

目次

第2章―1968-1974 福島時代その1 小中校生編

第3章　1975-1978　福島時代その2　高校、浪人編

vo＝ボーカル　g＝ギター　b＝ベース　ds＝ドラム　k＝キーボード　p＝ピアノ　tp＝トランペット
as＝アルトサックス　ts＝テナーサックス　ss＝ソプラノサックス　fl＝フルート　tb＝トロンボーン

ぼくはこんな音楽を聴いて育った

大友良英

装丁—加藤賢策
コラム—須川善行

第1章
1959-1968
横浜時代

たぶん2歳くらい。横浜の野毛山動物園にて。一緒にいた親戚の子にアイスをとられたくなくて不機嫌。これも撮影、現像は父。

第1話

うすっぺらなお好み焼きとドーナッツ盤

坂本九「悲しき六十才」（1960年　1歳）

横浜の下町、杉田にあった母方の実家は、週末になると、親戚や近所の人が集まっていつも宴会で、いや、別に飲み屋だったわけじゃなく、当時はどこにでもあった木造の平屋でやる宴会。母の家は、かつて金魚の輸出だかなんだかの商売をやっていた名残で、玄関部分の土間だけがやたら広くて、生け簀跡のある庭があって、家屋のほうは、ちょっとだけ広めの畳の部屋が三つに縁側と台所って感じで、昭和のドラマによく出てくるような、朝ドラだったら『**カーネーション**』とか、向田邦子のドラマだったら『**寺内貫太郎一家**』とか、映画だと『**ALWAYS 三丁目の夕日**』に出てくるような、あんな感じの作りの家で、そこで、みなでわいわいやっていたのだ。オレの記憶のなかではみんなの笑顔しかないってくらい、みんなよく笑ってた。

オレは初孫だったこともあって、たぶんかわいがられたんだと思う。大人ばかりのこの宴会をいつも楽しみにしていて、杉田に行きたいと年がら年中母親にせがんでいたのだ。今と違ってカラオケがあるわけじゃなし、なにをそんなにわいわいやっていたのか、全然思いだせないけど、でも、なんだか美味しそうなもんを囲んでビールでわいわいやったり、おじちゃんの弾くギターでみんなが歌ったり、そんな感じの宴会だったと思う。オレのレパートリーはというと、きまって**クレイジーキャッツ**の**「スーダラ節」**。この曲で踊りまくっていたそうだけど、これも全然覚えてないんだけどね。

昭和35年、１歳、母方の実家で

この写真は、奇跡的に残っている宴会風景。撮影は昭和35年の夏、オレが1歳になったばかりの頃だ。もちろんこれも記憶にない。なんの因果か、オレが最初に登場する写真が楽しそうな宴会風景で、おまけにギターやテープレコーダーとともに写っていて、その後のオレの人生が、ここにもう全部入ってる感じだもんなあ。左側はお袋の弟たち。つまりはオレのおじさんたち。右に写っているいかした髪の女性はおふくろの妹。なかなかの美人ですよね。年齢が近かったらドキドキしていたと思う。手前がお袋で、そのはじっこに写っているのが1歳のオレ。マイクを持っている中央の粋な姉さんは隣に住んでいたお京姉さん。いやもう、いまだったらお京姉さんを前にクラクラしてたろうなあ。

それにしても、みんななんの歌を歌ってたんだろう。さすがにこの時のテープは残ってないけど、あったら、オレのファーストレコーディングになってたかもしれない。そうそう、実は、このマイクを持った粋なお京姉さんのことをオレはずっと親戚だと思ってました。まさかただの隣の住人だなんて思ってもいなかった。彼女だけじゃなく、反対隣に住んでいた宮寺さんちの兄ちゃんやおばちゃんのこともずっと親戚だと思っていて、そうじゃないって知ったのは中学のときだったんじゃないかな。ま、そのくらい近所のみんなが年がら年中集まって、上も下もなく、楽しくわいわいやってたってことなんだと思う。なんか、江戸時代の長屋の話みたいだけどさ、でもこれ、昭和30年代のことなんだよなあ。当時は、こんなことは特別なことじゃなく、たぶん都市部の下町のどこにでもあったありふれた風景だったのかもしれない。

この写真を撮ったのがオレの父。結構いいカメラを持っていて自分で現像もしてました。カメラはたぶんただの趣味だったと思うんだけど、今も何枚か父が撮った昭和30年代の白黒の家族写真が残っていて、どれも、なんかびっくりするくらいいい写真なんだよなあ。そういえば、当時親父が回した8㎜があって、そこには「スーダラ節」を踊るオレが写っていたはずなんだけど、あの8㎜はどこにいってしまったんだろう。実家のどっかにあったはずなんだけど……。

音楽を自分から積極的に聴くようになったのもこの杉田の家。そこにはポータブルのレコードプレイヤーとドーナッツ盤がいっぱいあって、大人達がいない昼間、オレはいつも**坂本九**のドーナッツ盤**「悲しき六十才」**をくりかえし聴いてたのだ。1960年発売のこの中東風の風変わりなヒット曲がオレの一番小さい頃の音楽の記憶。あこがれの女性が奴隷の身で、なんとか彼女を救おうと、お金を貯めることに夢中になるあまり金の亡者になってしまい、気づいたら自分も彼女も悲しいことに60歳になってしまった……って内容の歌なんだけど、でも、60歳だからって悲しいか？　60歳には60歳の人生があるぞ……なんてことは、高度成長期に入りかけの当時のポップスはまだ想定出来なかったたんだろうなあ。ポップスも歌謡曲もまだまだ若かったのだ。

この曲はもともと中東で流行った歌のカバーで、そのビートはちょっとだけ中東風のドンドコした跳ねる感じで、だから子どもだったオレには楽しいビートだったんじゃないかな。いつも、この曲で、ぐるぐると狭い部屋を行進するように回りながら踊ってたなあ。で、B面の**「ステキなタイミング」**では、「ティカティカ〜」と坂本九が歌うグルービーなところで、きまって全力で体をよじらせてツイストを踊るのがオレの定番。学校に上がる前は、音が聴こえると、すぐに踊ったり歌ったりするような子どもだったんだけどさ、いつのまにやら踊らなくなってしまって……って話は、おいおいするか。

さてさて、そんな一人でも楽しいオレに昼飯をつくってくれたのが、焼き飯の上手いばあちゃんと、手打ち蕎麦の上手いばあちゃん。この焼き飯、今の炒飯とは違って、なんというか素朴な味で、今はこんな炒飯みかけなくなったなあ。でもって手打ち蕎麦のほうはというと、麺の太さは揃ってないけど、信じられないくらい本格的で、どっちも美味くて美味くて、夢中になってほおばったもんだ。ん、なんで母方に二人ばあちゃんがいるのかって？　そんなややこしいこと当時はまったく考えなかったけどさ、焼き飯のばあちゃんのほうを「おばあちゃん」、手打ち蕎麦のばあちゃんのほうは「バアバ」って呼んで、そんなもんだと思ってた。「おばあちゃん」のほうが実の祖母で、「バアバ」は祖父の兄の嫁さんだったなんてのは、ずいぶん後になって知ったことで、当時は何の疑問もなく、オレには母方に二人ばあちゃんがいると思ってたのだ。この二人が、なんで一緒に住んでいたのか、そういえばオレは今でも知らないけど、そんなことはどうでもいいか。でもって、今考えると、このときは二人ともまだ60前だったはずで、ばあちゃん扱いするような歳じゃなかったと思うんだけど、でも、なんだかオレにとっては、とっても「ばあちゃん」だったのだ。

そうそう、オレをかわいがってくれたじいちゃんも当時はまだ生きていて、宴会のときには決まって尺八を吹いていたっけ。これがさ、子どもごころにとっても退屈で、なにしろ息の音ばっかで、ちゃんと音が出てないような感じがして、だからオレの記憶ではおじいちゃんは下手な尺八を吹いていたってずっと思い込んでいたのだ。ところがところが、最近になって知ったことだけど、どうもおじいちゃんは尺八を人に教えたりもしてたらしくて、ってことはそこそこ上手かったらしく、ってか、もしかしたら町の名人レベルだったのかもしれなく、形見の尺八もそこそこ良いものらしく……。う～ん、そんなこと全然知らなかった。じいちゃんが糖尿病で死んだのがオレが5歳のとき。まだ59歳だったそうで、それって、もう今のオレの歳とそんなにかわらない。いつもにこにこ酔っ払ってたじいちゃんも、優しい二人のばあちゃんも大好きだったなあ。

義理のばあちゃんのバアバのほうは、京浜急行の杉田駅前で小さな小さなバラック小屋のような焼きそば屋をやっていて、ソース焼きそばとお好み焼きにかき氷を売っていた。杉田に行くときは、まずはここに寄ってから実家のほうに行くのがおきまりのコース。新聞紙にくるんでクレープのように出すうすっぺらいソース味のお好み焼きがこれまた美味くて。今はもう、こんな安っぽい食べ物はこの世からなくなってしまったけどさ。オレは、このうすっぺらなお好み焼きも大好きだったけど、焼きそばを炒める鉄板の端っこのほうの溝に溜まったソース味おコゲが大好きで、よくつまみ食いして怒られたなあ。

音楽もそうだけど、食べ物も、作ってる人がいなくなると、この世から永遠に消滅してしまう。音楽はまだ録音が残ったりするけど、味ばっかりはこの世から消えたら、本当になくなってしまうってあたりは、まあ、人の人生と一緒か。宴会のときにいつもニコニコ楽しそうにしていた二人のばあちゃんたちも、じいちゃんもあの世に行って久しい。もうこの世のどこにも存在しないあのときの宴会の風景や大人たちの笑い声、うすっぺらなお好み焼きに焼き飯、そしてポータブルプレイヤーに坂本九のドーナッツ盤、そんなもんがオレの人生の原点なのかもしれない。

COLUMN

本書の主人公にして語り手、大友良英が生まれたのは、敗戦から14年経った1959（昭和34）年のこと。時の総理大臣は岸信介。この年はどんな年だったのでしょうか。まずは、キューバ革命勃発、皇太子明仁親王と正田美智子さんご成婚、水俣病の原因解明、『少年マガジン』と『少年サンデー』創刊。音楽・芸能方面では、日本レコード大賞がこの年スタート、第1回の大賞は、水原弘「黒い花びら」が受賞しています。マイルス・デイヴィス『カインド・オブ・ブルー』、ビル・エヴァンス『ポートレイト・イン・ジャズ』をはじめとするジャズの名盤の当たり年でもあります。経済白書が「もはや戦後ではない」と宣言したのはこの3年前、植木等が『ニッポン無責任時代』で暴れ回るのはこの3年後……という時期ですね。

坂本九は、1941年生まれ、本名大島九《ひさし》。58年に水原弘の後任としてダニー飯田とパラダイス・キングに加入、翌年レコードデビューします。61年、「上を向いて歩こう」が大ヒット。作詞＝永六輔、作曲＝中村八大、歌＝坂本九の、いわゆる「六・八・九トリオ」はその後も多くの名曲を世に送り出します。「上を向いて歩こう」は、63年にアメリカで「スキヤキ」としてリリースされ、日本人の手による曲として初めてヒット・チャートのNo.1を記録、のみならず日本人として初のゴールドディスクも受賞しました。九ちゃんはその後も「見上げてごらん夜の星を」「明日《あした》があるさ」など数々のヒットを飛ばしますが、85年に日航機墜落事故に巻き込まれて亡くなっています。

1960年に発表されたエキゾティックかつユーモラスな**「悲しき六十才」**（東芝、**写真**）は、坂本九にとって最初のヒット曲。トルコの「ムスターファ」という曲に、青島幸男がザ・ピーナッツの「悲しき16才」をもじった歌詞をつけたものです。**「ステキなタイミング」**は、ダニー飯田とパラダイス・キング「ビキニスタイルのお嬢さん」のB面でしたが、A面以上に人気を呼びました。ロカビリーからカントリーまでを歌いこなす坂本九の底力を味わうためには、『ベスト坂本九 99』（2007、ユニバーサル）がオススメです！

第2話

みんなテレビで育った

星屑のシャボン玉ホリデー
（1961年〜　2歳〜）

「みのる〜、ゆうこ〜、夕ご飯だよ。テレビばっか見てないでさっさと戻っといで！」
毎週日曜の7時になると、きまってそんな声が隣の家から聴こえてくる。

横浜市保土ケ谷区にあった明神台団地でオレは育った。6畳に4畳半の二間、2畳もない台所と木桶のような小さなガス式の風呂に和式の水洗トイレ。高度成長期が始まった頃、日本の都市部にはこんな公団住宅がたくさん作られた。今考えると、小さなアパート程度の造りだけれど、当時は若い夫婦憧れの住宅だったのだ。

抽選で公団の入居権をゲットしたオレの両親が鉄筋4階建ての団地が50棟以上建ち並ぶ明神台団地に移り住んで来たのはオレが生まれた昭和34年。41号館の406号室、これが最初に育った家の番号だ。狭いながらも水洗トイレがあったり、ガス風呂が付いてたりと当時最新鋭の住居ではあったけど、今のマンションと違って、隣とベランダが繋がっていたり、日中は鍵も締めずに、近所の家々を行き来したりと、ご近所付き合いはまるで長屋のようだった。オレも当然のように隣近所に出入りしていた。そうそう、当時はまだ電話やテレビのない家もたくさんあって、電話は呼び出し、テレビは近所の家に見に行くのが当たり前だった。

うちはといえば、電話はまだなかったけど、電気関係のエンジニアだった父がテレビやラジオなんかは自作していて、なので物心つく頃にはすでにテレビがあって、そんなこともあって、まだテレビのなかった隣の405号室に住んでいるみのる兄ちゃんやゆうこねえちゃんはテレビを見によくうちに来ていたのだ。忘れもしない、そんなボクらが一番の楽しみに見ていたのが毎週日曜夕方6時半から始まる**『シャボン玉ホリデー』**だった。出演は**クレージーキャッツ**に**ザ・ピーナッツ**。当時は生番組だったんじゃないかな、音楽とお笑いが次々くりだされるこのバラエティショーにボクらは夢中になった。

植木等の歌う**「スーダラ節」**やザ・ピーナッツが歌う夢の世界のようなポップスの数々。流行語にもなった「およびでない」や谷啓の「がちょ〜〜〜ん」。マシンガンのように繰り出されるショートコント、次々出てくる当代一流のジャズメンたちの演奏や歌謡曲の歌い手達のキラキラした姿を見ながら、僕らはゲラゲラ笑い、うっとりしながらブラウン管の向こう側の夢の世界を見ていたのだ。

知らない人のために書いておくと、というか、もしかしたら、この本の読者はほとんど知らないかもしれないけど、クレイジーキャッツとは、ハナ肇をリーダーに当時の一流ジャズメンたちがつくったコメディバンド……って書いても伝わらないだろうなあ。昭和30年代から40年代にかけて日本のテレビ勃興期に最高の人気を誇ったグループで、その人気のすごさたるや、え〜と、今なら何にたとえたらいいのかな、う〜ん、SMAPと嵐と宮藤官九郎を合体させたような存在というか……え、全然違う？　違うよねえ、つまりは今ではたとえようがないくらいの人気を誇ったバンドで、しかも、作曲家に萩原哲晶、作詞家や脚本家に青島幸男等を配し、なんというか、子ども心にも大人向けの笑いをやってるように見え、つまりは子ども騙しな感じが全然なくて、そこが大好きで、ボク自身にとっては、親や親戚を別にすれば、良くも悪くも物心つく前の脳みそにもっとも影響を与えた人たちと言っても過言ではないくらいの存在なのだ。メンバーも豪華でハナ肇（ds）、植木等（g）、谷啓（tb）、桜井センリ（p）、石橋エータロー（p）、犬塚弘（b）、安田伸（ts）。後々、全員ピンの役者として大成した人たちばかりだ。

もう一方の主役のザ・ピーナッツは双子の女性デュオ。当時は20代前半だったんじゃないかな。アイドル的な存在でもあったけど、なによりその独特のコーラスが魅力で一時期は海外でも評判になったほど。作曲やアレンジは宮川泰がやっていて、クレージーキャッツ同様、やはり素晴らしい音楽だった。『モスラ』に出てくる南島のめっちゃ小さな双子姉妹の役というとわかる人もいるかな。

1961年頃。母の兄弟姉妹たちと。みな映画スター風にバッチリ決めてる。場所はたぶん横浜の野毛山動物園

提供は牛乳石鹸、番組タイトルのシャボン玉の由来はそこから来てたんだと思う。番組冒頭で実際にシャボン玉が飛び交い、牛の鳴き声も流れていたっけ。なによりオレが好きだったのは、番組のラスト。トランペットのイントロに誘われザ・ピーナッツが**「スターダスト」**のメロディを二声で歌う中、クレイジーキャッツのリーダーハナ肇が下らないことを言って、ザ・ピーナッツの二人にひじ打ちをくらうというお約束のシーンがあって、オレもいつか、こんな歌の上手い美人達にかこまれてひじ打ちをくらいたいなあって子ども心に……って思うわけないか。わけないです。ごめんなさい、見栄はってちょっとウソつきました。さすがに、そこまでませたこと考える子どもではなかったけど、でも、なぜかこのシーンが大好きで、今でも思いだすとちょっとばかし恍惚とするのは事実で、たぶんそれは、素敵な女性達と、ちょっと駄目な男達におしゃれな音楽と大人の笑い、そんなものに、子ども心にものすごく憧れていたからではないかな。そんなこともあって、このアメリカの大スタンダードナンバーでもある「スターダスト」は、58歳になった今に至るまで、憧れの大人のおしゃれ音楽の代表でありつづけていて、しかも、大名演と言われる**ライオネル・ハンプトン**版よりも、**ビリー・ホリデイ**が歌っているものよりも、そして**レスター・ヤング**の渋いバージョンや**サッチモ**の明るいバージョンよりも、そんな巨大な大名演たちではなくて、なによりも、このザ・ピーナッツが二声で歌うドメスティックな日本語訛りのある「スターダスト」こそが、だれがなんと言おうと一番の「スターダスト」なのだ。

シャボン玉ホリデーに話を戻そう。このひじ打ちのシーンのコントのあとは、毎回何事もなかったかのようにザ・ピーナッツが「スターダスト」のラストのフレーズを歌い、トランペットがたからかにリットしながらエンディングを奏で、これがまたなんとも言えないくらいオレには恍惚感をもたらしてくれる最高の大人のエンディングで、でも、問題はこの後なのだ。エンディングの最後のワンフレーズが終わるか終わらないかの絶妙なタイミングで、これまた毎週お約束のように隣から聞こえてくるあの声。

「みのる〜、ゆうこ〜、夕ご飯だよ。テレビばっか見てないでさっさと戻っといで!」

オレの大好きな大人のスタンダードナンバー「スターダスト」のエンディングは隣の家から聞こえてくるみのるくんの母ちゃんのこの声なのだ。これがないと、なんか収まりが悪いというか、今でも、大人のおしゃれな世界に頑張って行ってはみるものの、必ずエンディングにはこの声が聞こえてくるような気がするのだ。

COLUMN

『**シャボン玉ホリデー**』といえば、サザンオールスターズの桑田佳祐も「シャレようとすると、すぐに『シャボン玉ホリデー』の発想に戻ってしまう」と述懐するとおり、ある世代には決定的な影響を与えたＴＶバラエティです。

放映は1961（昭和36）～72年。制作は日本テレビ・渡辺プロダクションで、メインキャストは、売り出し中だったザ・ピーナッツと、当時『おとなの漫画』で注目を集めていたハナ肇とクレージーキャッツ。放送作家には青島幸男、前田武彦、塚田茂、はかま満緒、景山民夫、音楽は宮川泰《みやがわひろし》と東海林修、そして演奏は宮間利之とニューハード、と、錚々たる顔ぶれをスタッフに揃え、番組自体も大ヒットとなりました。

音楽面でのレベルの高さは『ザ・ヒットパレード＆シャボン玉ホリデー』（2007、ビクター、**写真**）をお聴きいただければ、一目瞭然でしょう。この2番組、子供のころはどちらも同じように楽しんでいましたが、このＣＤを聴いて、『ザ・ヒットパレード』が最新（当時）ポップス寄り、『シャボン玉ホリデー』がスタンダード寄り、みたいな棲み分けだったのだなと、遅まきながら気がつきました。

その**クレージーキャッツ**は、『シャボン玉ホリデー』開始直後に「スーダラ節」で人気が爆発したコミック・バンド。ただし、ミュージシャンとしての実力は折り紙つき。植木等をフィーチュアした映画が『ニッポン無責任時代』を皮切りに大ヒットを連発、クレージーは名実ともに60年代を代表するタレントとなりました。「スターダスト」はホーギー・カーマイケル作曲のスタンダード・ナンバーで、『シャボン玉ホリデー』の最後に流れるのはロス・インディオス・タバハラスによるものです。

ザ・ピーナッツは、歌謡曲史に名を残す伊藤エミ・ユミの双子姉妹デュオ。和製ポップスの第一人者、宮川泰の秘蔵っ子で、「恋のバカンス」「ウナ・セラ・ディ東京」など、多くのヒットを飛ばすだけでなく、海外公演も積極的に行いました。特撮好きの男子としては、何といっても『モスラ』での「小美人」役が思い出深いですね。

第3話

ボクは忍者になりたかった

ウルトラQは異界への扉だった
（1963〜66年頃　4〜7歳頃）

幼稚園時代のオレは忍者の修行に忙しい日々だった。十方《じっぽう》手裏剣、卍《まんじ》字手裏剣、風車手裏剣……隣のみのる兄ちゃんが持っている手裏剣に目をかがやかせるガキだったのだ。シュ、シュ、シュ、左手のひらに乗せた数枚の手裏剣の上に右手のひらを乗せて、ものすごい勢いで右手を動かすと、猛烈な勢いで敵に向って風を切って次々手裏剣が飛んでいく……少なくとも脳内はそんなイメージ。ときには隠遁の術や火焔の術も使って勝負をすることもある。なにしろ忍者だからね。ま、手裏剣たって、厚紙に印刷された漫画雑誌のおまけだし、隠遁《いんとん》の術は風呂敷使って壁や布団になりきり、火焔《かえん》の術は、これは結構本格的だけど、駄菓子屋で売ってる火焔の術用の煙玉を使うのだ。

なんでこんなに忍者に憧れたのかと言えば、映画で見た忍者ものや、テレビで毎週やっていた『**少年忍者風のフジ丸**』や『**忍者部隊月光**』の影響が大きかったんじゃないかな。とりわけ『風のフジ丸』が始まる前……いや終わったあとだったかな……にやっていた忍者教室『**忍術千一夜**』はボクら忍者に憧れるガキには必須のメディアだった。そんなボクに大きな変化をもたらしたのが映画館で見た『**サイボーグ009**』と、テレビで始まった『**ウルトラQ**』だ。

『サイボーグ009』の何が衝撃的かって、人間とロボットの中間領域があることを教えてくれたことだ。それ以前にも『鉄腕アトム』や『スーパージェッター』には夢中だったけど、でも、自分がロボットになったり、未来人になることを夢想することはなかった。でもサイボーグには手が届くような気がしたのだ。手裏剣や隠遁の術はもう古い。人間そのものがマシーンとひとつになり、悪と戦うのだ。映画館で009を見て以来、頭の中から忍者はすっかり消え去り、夜、布団に入ると、どうやればサイボーグになれるかばかりを考えて過ごすようになった。ついでに、どうすれば003みたいな美人のサイボーグと一緒に戦えるかも。というか、ついでにそれを考えたのではなく、むしろこっちが本当はメインで、まずはサイボーグになる方法を考え、そのあとはどうやって003と出会い、手と手を取り合って戦えるかを考えているうちに、だいたいは眠りについてしまう。バカバカしいと言えば、バカバカしいけど本気だった。大袈裟に言えばオレの中の日本古来の伝統が、西洋近代の前に敗れ去ったような文明開化的事件という歴史の衣をかぶった、女の子を想う事の目覚め事件でもあったのだ。

ところがキラキラ見えた自分の中の夢の西洋近代と女の子も、謎に満ちた異界からの響きの前に木っ端みじんに敗れ去る運命にあった。それがテレビではじまった『ウルトラQ』だったのだ。歪んだサイケデリックな文様がぐにゃ〜〜っと回転するうちに『ウルトラQ』の文字になる衝撃的なオープニングタイトル。さらにここにつけられた音楽がすごかった。モノが軋むような、おそらくはテープ操作でつくられたこの音は、子どもには異界の扉が開く音にも聞こえ本当に恐かったのだ。衝撃的な

峰岡幼稚園の学芸会。スネアドラムを叩いているのがオレ。隣のやすよちゃんも大好きだったなあ

のはオープニングだけではない。ドラマの中身も凄かった。ゴメス、ナメゴン、ペギラ、ケムール人、次々でてくる怪獣や宇宙人、超常現象にココロを躍らせたけど、でも、わかりやすい勧善懲悪みたいな話はまったく出てこない。正義の味方もいなければ、悪の帝王がいるわけでもない。いや、いるんだけど、今までのテレビとなんか違う。まるで映画館でゴジラを見たときのような印象だ。人間の英知を超えた謎の現象を前に、リアルに生身の人間達が翻弄される。悪と思われた怪物の悲しみが見えたり、正しいと思ってやったことが思わぬ災害を招いたり。今でもリアルに感じられるようなテーマばかりだ。怪獣が出てくるわけではない、空を走る列車に閉じ込められる最終回の「あけてくれ!」は本当に怖かった。あれ以来一度も見てないからどう恐かったのか、ちゃんと覚えているわけではないのに、トラウマのように「あけてくれ!」の叫び声だけは記憶の奥底に残っている。『ウルトラQ』が僕ら少年少女に見せてくれたのは、現実の見方だったのかもしれない。自分が把握できるものが全てではないという事。〝不条理〟というものの存在。

科学で割り切れないものがこの世にあること、科学も人間の考える正義も万能ではないこと。そう、世の中には闇というものがあること。

のちのち大人になって改めて聴いた『ウルトラQ』の劇伴も当時の記憶をはるかに超えてすごいものだった。エレクトリックギターで繰り返されるリフと、ミュージカルソウによる火の玉のような宇宙的な響き。チャーリー・ミンガスのビッグバンドを彷彿とさせるブラスセクションの咆哮。こんなものを聴いてオレは育ってたのか、と唖然とするほどの強烈な音楽なのだ。僕らは子どもの頃に、いったいどんな音楽を無意識の脳にたたきこまれてたんだ？　そんな疑問がふつふつとわいてきて、音楽の現場に入って以降、自分が子どもの頃夢中になったテレビや映画の音楽を調べなおすようになった。当時の劇伴の豊かさについては項を改めるけど、少なくともあらためて大人になって、『ウルトラQ』の音楽をプロフェッショナルの耳で聴き直したときの衝撃が、そんな音楽を調べだす大きな切っ掛けになったことだけは間違いない。そして、そんな劇伴の数々を聴くうちに、自分がなぜ、フリージャズに魅かれ、こんな特殊な音楽をやるようになったのか、わかったような気がしたのだ。そう、この音楽は、少年だったオレにとって異界への扉だったのだ。そして、今でも音楽は異界への扉でありつづけている。

実はこの『ウルトラQ』、前項で書いた『シャボン玉ホリデー』が終わった日曜の午後7時から始まる30分番組だったのだ。ということは隣に住んでいたみのる兄ちゃんは、この番組を見てないってことになるんだけど、いやいや、その頃になるとみのる兄ちゃんの家にもテレビが来ていたかもしれないなあ。

追記

と、ここまで当時の記憶をたぐりながら夢中になって書いてたんだけどさ、編集部に原稿を送った後に、なんとなくもやもやした予感みたいなものがして、もしや！　と思って調べてみたら、やっぱり。

『ウルトラQ』の放映は1966年1月から7月で、『サイボーグ009』の最初の劇場版の上映が7月ではないか。ってことは、『ウルトラQ』を見終わったあとに、映画館で『サイボーグ009』を見てるってことになるやないかい。つまりは、いつの間にか記憶を捏造してたということ？　いや、まちがいなく記憶がどこかですり替わってるってことだ。ちゅうことは、本当は『ウルトラQ』を見て異界の扉の恐ろしさを経験したあとに、それでも『サイボーグ009』を見て、サイボーグになりたくて、でもって003のようなかわいい女の子のサイボーグと恋をしたいって思ってた……ってことで、つまりは、異界があろうがなんだろうが、近代科学と女の子が大好きであることには変わりはないという、なんだかしまりのな〜〜い話ってこと？

うわ〜、いきなり第3話にして、なんか説得力ゼロの終わり方になってしもた。トホホ。

幼稚園の遠足で三浦岬へ。大好きな杉田のおじいちゃんと。崖が怖くて泣き顔。高いところが苦手なのだ

COLUMN

『サイボーグ009』（秋田書店ほか）は、石森章太郎の代表作といえるSFマンガ。1964（昭和39）年から『少年キング』を皮切りに、あちこちで断続的に連載されていました。サイボーグという単語が「サイバネティック・オーガニズム」（直訳すると「人工頭脳学的有機体」）から来てるとかって知識は、これで知りましたね。

お話は、悪の組織ブラック・ゴースト団に世界中からさらわれてきた9人が改造手術を施されるが、ギルモア博士の手引きで洗脳を免れ脱出、悪と闘い続けるというもの。この9人が世界各地の人物になってることで、世界平和へのメッセージにもなってるんですね。それぞれの特殊能力を生かして活躍するっていうアイディアは、当時ヒットした映画『黄金の七人』（1965、監督＝マルコ・ヴィカリオ、I.V.C.）とか『スパイ大作戦』（第32話参照）が元になってるのかな。ちなみに、TV版第16話「太平洋の亡霊」は、第二次世界大戦時の日本軍が甦ってアメリカ軍を襲うというトラウマ級の怪作につき、必見です！

『ウルトラQ』は、1966年に放送された、円谷プロのウルトラシリーズ第1弾。航空会社に勤めるパイロットの万城目淳《まんじょうめじゅん》をはじめとした3人の若者が世界のバランスが崩れるときに起こる怪事件に立ち向かうという設定で、巧緻な特撮とあいまって大ヒット、お茶の間に怪獣ブームを巻き起こしました。

もともと『トワイライトゾーン』『アウター・リミッツ』の日本版として企画されたTV番組『アンバランス』が、制作後半に怪獣メインの内容にシフトしたようです。『ウルトラマン』以降はカラーになったので、モノクロで巨大ヒーローも出てこない『Q』は、子供のころちょっと影が薄いようにも感じていましたが、『総天然色ウルトラQ』（2011、バンダイビジュアル）を見れば文句はあるまい！

音楽は宮内國郎で、「ウルトラQのテーマ」は耳について離れない名曲ですが、これきっと、「ジェームズ・ボンドのテーマ」を下敷きにしてますよね。『ウルトラサウンド殿堂シリーズ　ウルトラQ オリジナル・サウンドトラック』（2006、コロムビア、**写真**）で、どうぞご確認ください！

第4話

スカートめくりの終焉

帰ってきたヨッパライとビートルズ

（1966〜67年　小1〜小2）

1966年4月、ボクは横浜市保土ケ谷区にある星川小学校に入学した。相鉄線星川駅近辺に住む工場労働者たちの家の子たちがほとんどだったこの小学校に、突然出来た明神台団地の子どもたちがどっと押し寄せ、小学校2年になるころには、それまでの校舎ではまかないきれず、校庭にはプレハブ校舎が立ち並び、体育館も壁で仕切って教室にしなくちゃならないほどだった。体育の時間に校庭や体育館が使えなくて嘆く子が多かったけど、体育が苦手だったボクには嬉しい出来事だった。

ビートルズの名前を初めて聞いたのは同じクラスの中西くんと安藤くんからだ。ビートルズ来日が1966年6月だから、この頃のことなんじゃないかな。ボク等は掃除の時間にほうきを使ってビートルズごっこをやっていた。この中西くんってのが一番の仲良しで、彼はどういうわけか、当時だれもやってなかった横分け、しかも襟足は刈り上げじゃなくちょうどビートルズのやっていたマッシュルームカットみたいな感じの髪型で、なんだか斬新でかっこよく見えたのだ。なにしろ、ボクら普通のガキは、前髪こそ伸ばしていたけど襟足は刈り上げで、横分けなんて大人のやるものだと思っていたのだ。そもそもこの頃のニッポン国では、まだ男が髪の毛を伸ばしだす前で、だからボクらにとってのビートルズは、音楽よりも前に、女みたいな男が流行りだしてなんだかかっこいい、つまりは「男が女みたいに髪の毛を伸ばしてもいい」、もっと言えば「男も女もみな人間は自由に自分で髪型を決めてもいい」というメッセージでもあったのだ。ま、小学校1年生がそこまで深く考えていたわけじゃないけどね。

ビートルズごっこといってもボクはビートルズの曲を知ってたわけじゃないから格好だけ。格好だけ真似をしてギャーとかイエ〜〜イとか言って大騒ぎしていたわけだ。顔がちょっとだけポールに似ていて甘いマスクだった安藤くんは、もちろんポール役。でもボクらのポール、安藤くんも曲は知らなかったと思う。ただほうきをレフトハンドにもって「イエ〜〜イ!」。ビートルズの曲を歌えたのは中西くんだけだった。お兄さんがいた彼は、みんなよりだいぶませていたのだ。ボクらは曲も知らないくせにほうきのギターでひたすら「イエ〜〜イ!」。ビートルズってより、そうじが嫌だったただのお調子乗りの馬鹿ガキだな。そういえば、この頃はなぜかスカートめくりも大流行していて、男の子にとってほうきはギターにもなれば、スカートをめくる棒にもなる魔法の神器だった。

この中西くんが小学校2年のある日、学校にもってきたドーナッツ盤が**フォーククルセダーズ**の**「帰って来たヨッパライ」**だったのだ。放課後先生に内緒で、教室にあったポータブルレコードプレイヤーを使って(当時の教室には、教材をかける用のテープレコーダーやポータブルのレコードプレイヤーがあったのだ)このレコードをかけたときの衝撃は、今でも忘れられない。クラス中が大興奮になったのだ。とぼけた伴奏で回転を変えた高い声で歌われる「オラは死んじまっただ〜」だけでもぶっ飛んだのに、その上、関西弁の神様が出て来たり、変な効果音がいっぱい入っていて、なにより歌われるストーリーが面白かった。それまでこんな流行歌は聴いたことがなかった。7〜8歳の子どもをクラクラさせるには充分すぎる仕掛けが随所にほどこされたこの曲は、1967年を代表するヒット曲になったわけだけど、この曲を歌った人たちが、まったくテレビに出てこないという事態も、ボクらにはとっても新しいことに思えたのだった。世の中、なにか大きく変わりだしている。こうやって若者はそれまでの文化と違う「自由」を獲得していってもいいのだ。子どもゴコロにもなんとなくだけど、そんなことがわかるような出来事で、それを一言でいえば「かっこいい」ってことだったのかもしれない。

そんなある日、学校の帰り道に、穴のあいたジーンズを穿き、腰まで髪をのばした大人に出くわしたのが、はじめてのヒッピーとの出会いだった。いや正確にはヒッピーではなかったかもしれない。当時の流行の最先端を気取るサイケな若者だったのかもしれない。ただ、ボクらはこの青年を見たときにビートルズを超える新しい事態を予感したのかもしれない。なにしろ髪の長さはビートルズの比じゃない。女性でもこんな長い髪の毛はいないってくらい長いし、ジーンズ……当時はジーパンって言ってたな……そのジーパンにいくつも穴があいてる。それは「男は女のような髪型をしていい」という自由へのメッセージを軽く飛び越え、「なんだこいつ……」という素朴な好奇心をそそるに充分だった。もしかしたらビートルズを突き進めると乞食と区別がつかなくなるのでは……という疑問にもつながり、結果ボクら悪ガキ3人組は、このサイケ青年の長い髪の毛をひっぱりながら「や〜〜い乞食〜〜〜」とはやし立て、挙げ句にジーンズの穴に手をつっこみ、穴をさらに大きくするというとんでもない行動に出てしまったのだ。最初は楽しくからかわれていてくれた最先端青年も、事ここに及んで本気で怒りだしてしまった。この事件、なんだか、ものすごく後味が悪くて、いつまでも忘れられなかった。今でも忘れられないくらいの後味だから、相当だったんだと思う。

後味が悪いといえば、この頃、ボクらはある大事件をきっかけにあれだけ流行ったスカートめくりもやめることにしたのだった。あ、説明するとですね、当時、小学校ではおそらく全国的にスカートめくりが大流行していて、ボクらもご多分にもれず、一生懸命スカートめくりをしていたのだ。

その事件は授業の終わりの「起立、礼」のかけ声の瞬間に起こった。いつものように、この瞬間を狙って、ボクらは前にすわっていた美人のクボタさんのスカートをめくったわけだけど、いやね、いつもなら「テメ〜〜」って感じで攻撃してくる男勝りのクボタさんが、この日に限ってなぜか泣いてしまったのだ。衝撃だった。あのクボタさんが泣いている。本当はオレ、クボタさんが大好きなのに。こっちを向いてほしいからスカートめくりしていただけなのに。それ以来、だれもスカートめくりはしなくなった。あれだけ学校中を席巻したスカートめくりが、ボクらのクラスだけ突然終わってしまったのだ。

ときにギターになったり、ときにスカートをめくる魔法の棒にもなったほうきは、このときに、た

ガキの頃はインスタントラーメンが大好物でした。これは団地の４畳半での写真、３歳頃かな

だの掃除の道具になっていき、ボクらは放課後、ちゃんと掃除をするようになった。正確にはほうきを掃除に使っているふりをするのが上手くなったってところかな。嫌いなことは上手にやりすごして、さっさと遊びに行く。他のクラスでスカートめくりをやっている奴らを見ると「幼稚なやつらめ」と思うようになって……。なんなんだ、この変化。こうして馬鹿ガキは、駄目な大人に一歩一歩近づいていくってことなのかな。

明神台団地41号館わきの公園。ここで子どもの頃はよく遊びました。写真は解体される直前の2002年。このときはもう廃墟のようでした

ビートルズも解説する必要あるのかなあ。リヴァプールから頭角を現し、20世紀後半のポピュラー音楽の様相を一変させたロック・バンドで、いまだに膨大な数のファンがいるだけでなく、研究書の類いも後を絶たない、まさに怪物的な存在です。1966（昭和41）年のビートルズ来日は当時の日本を揺るがす一大イベントで、竹中労の『ザ・ビートルズレポート』（1966、話の特集／WAVE出版）は、このときの貴重なドキュメントになっています。

ザ・フォーク・クルセダーズ「帰って来たヨッパライ」（写真）は、もともと解散記念のために自主制作されたアルバム『ハレンチ』（1967、マーキュリー）に収録されていましたが、深夜放送経由で話題を呼んで東芝から再リリース、1968年に開始されたオリコンで史上初のミリオンヒットを記録しました。デビュー時のフォークルは、加藤和彦、北山修、はしだのりひこの3人組。

「帰って来たヨッパライ」に続くシングル「イムジン河」は南北朝鮮の問題をとりあげた意欲的な作品でしたが、レコード会社が発売自粛、かわりに作った「悲しくてやりきれない」は「イムジン河」のテープを逆回転させたものを採譜して作られたものといわれ、政治的スタンスやテクノロジーへの関心においても非常にユニークなグループでした。

プロとしての活動は1年間だけでしたが、グループ解散後にもメンバーはそれぞれの才能を生かし、加藤はサディスティック・ミカ・バンドやソロ、はしだはシューベルツやクライマックス（どちらもグループ名）、北山修は作詞家、エッセイスト、そして精神科医に……と旺盛な活動を続けていきました。「帰って来たヨッパライ」は、曲の大ヒットを受けて、大島渚によって映画化もされているので（これまた怪作！）、ご興味のある向きはぜひそちらもごらんください。

スカートめくりは、当時のコドモ文化を語る上で欠かせないイタズラ。永井豪『ハレンチ学園』（お、ここでも「ハレンチ」が！）でフィーチュアされたのをきっかけに子供たちの間で爆発的に流行し、半ば社会問題化するほどでした。

第5話

夏休みの午前中にフリージャズを

日本初のフリージャズの録音は山下毅雄ではなかろうか

（1967年　小2）

日本のフリージャズは、1969年5月23日録音の**富樫雅彦**のアルバム『**ウィ・ナウ・クリエイト**』から始まったと言われている。実際のライブでの実験はこの前から行われていたとしても、少なくとも公式のフリージャズの録音がここから始まったのは間違いない。メンバーは富樫雅彦のドラム、**高柳昌行**がギター、**高木元輝**のテナーサックスに**吉沢元治**のコントラバス。かつてフリージャズ小僧だったオレのようなもんからみたら、神様みたいな人たちが集まった超豪華スーパースターバンドと言っても過言じゃない。あとにも先にもこのメンバーでの録音はこれきりで、その後、それぞれのメンバーは独自の道を歩む事になるわけだけど、その後、彼らはそれぞれに日本にしかない独特のフリージャズを生んでいくことになる。そんな意味でもこの録音は日本フリージャズ最初期の貴重な歴史的ドキュメンタリーなのだ……という話を、オレもずっと信じていたし、だれも疑う余地のない話だと思っていた。

ところがである。あるときオレが子どもの頃どんな音楽を聴いていたのかをチェックすべく、当時の日本のテレビの劇伴をいろいろ調べていたときに、とんでもないものに出くわしてしまったのだ。どうとんでもないかというと、どこから聴いてもフリージャズにしか聴こえないのに録音が1967年の音源があったのだ。最初は耳を疑った。疑ったけど間違いなく1967年10月から68年4月にかけて放映されたロボットものの実写テレビドラマ『**ジャイアントロボ**』の劇伴のマスターの中に、世界中の前衛音楽ファンに聴かせてもうなり声をあげてしまうくらい見事で、かつ個性的なフリージャズの演奏が収められているのだ。とりわけすごいのが「ギロチン帝王の挑戦／格斗1」。わずか1分程度の曲だけれど、まるで**山下洋輔トリオ**がビッグバンド化して、そこにフリージャズギタリストの**ソニー・シャロック**が乱入したかのような展開。この曲だけじゃない。単にエッセンスとしてフリージャズ的なものが入っているのではなく、いくつもの曲が、どうどうたるフリージャズとしか言えない独特の音楽になってるのだ。それも**オーネット・コールマン**や**アルバート・アイラー**といった本場アメリカのフリージャズではなく、のちのち日本で発展する山下洋輔トリオの音楽に近いニュアンスのフリージャズなのだ。

実はこの音楽を作ったのは、当時数えきれないほどのテレビの劇伴音楽を作っていた作曲家の**山下毅雄**という人だ。調べれば調べるほど面白い人物で、ついには彼の作品ばかりをリメイクして『山下毅雄を斬る』というアルバムを1999年に作ったくらいオレは彼の音楽にはまってしまった。このアルバムを作った当時こんな文章を書いてる（雑誌『STUDIO VOICE』vol. 302　2001年2月号　特集「JAPANESE COMPOSER」より）。

昭和30年代に生まれ、日本のテレビとともに少年少女期を過ごした者にとって、彼の音楽は、赤子が言葉を覚えるが如く脳にこびりついて離れることのない人格の一部のような存在だ。もっとも大部分の人にとってその記憶は〝山下毅雄〟の名とともにあるのではなく、「スーパージェッター」や「ジャイアントロボ」、「ルパン三世」や「タイムショック」といったテレビ番組とともにある。正確には、そもそもテレビ番組の記憶自体、彼の音楽の醸し出す独特の雰囲気とメロディに多くを負っているのだ。

〝数千曲を作った男〟と形容される山下の仕事の多くは昭和30〜40年代のアニメやドラマの音楽に集中する。彼は依頼されるままに、本人すら把握できないスピードで、テレビ音楽を量産する。彼以外にもそういう作曲家は少なからずいたし、今の視点で見ると、当時のテレビには面白い音楽が多かったのも事実だ。そんな中で彼が他と一線を画す理由は、時にアバンギャルドにすら響くほどの危ういバランスの上に成り立つ陰影ある音楽に他ならない。当時のテレビ音楽は、譜面上である程度作られ、それをスタジオミュージシャンが演奏、録音することで出来上がっていた。作曲家の仕事は譜面を仕上げることにあり、演奏家はそれを再現するための存在だった。無論彼も、そうしたセオリーを踏んではいた。が、彼がより重点をおいたのは録音現場でのハプニングだったのだ。気心の知れた即興演奏の出来る演奏家を集め、時には簡単なモチーフ程度の譜面だけで、ひと番組分の音楽を作ってしまう。メロディだけの譜面を前にした演奏家は、彼の指揮を見ながら自分のパートをその場ででっちあげなくてはならない。「今の音、素晴らしいね〜」と嬉しそうに叫ぶ彼に乗せられ、事故のように生まれた偶然のサウンドが生きた音楽に変貌してゆく。いい加減にも見えるこの方法から「悪魔くん」のアバンギャルドな音楽や、「七人の刑事」の緊張感あふれる世界が生まれたわけだ。生真面目にやりゃいいってもんでもないところが音楽の素敵なところだ。名曲「ガボテン島」のメロディを当時小学生だった息子の透さんに作らせたという逸話に至っては、凄すぎて返す言葉もない。彼がいれば彼の音楽になる。そういう力と魅力がヤマタケにはあったのだ。

オレが『ジャイアントロボ』に夢中だったのは小学校2年の頃。でも実はこのドラマ、毎年夏休みになると午前中にかならず再放送をしていて、だから小学生の間は繰り返し何度も『ジャイアントロボ』を見ていたことになる。つまりはこのフリージャズのような劇伴を夏休みの午前中に必ず聴いていたことになるのだ。実際にこの劇伴が発掘されたとき、どの曲もうっすらと聴き覚えのあるものばかりで、フリージャズの難解なイメージよりは、子どもの頃の記憶を刺激する懐かしい音楽に聴こえたほどで、そのくらいこの劇伴にはなじみがあった。『ジャイアントロボ』だけでなく、同じく彼が手がけた同時期の劇伴『悪魔くん』あたりの演奏も、現代音楽的というか、フリージャズ的というか、今聴いても、これまた唸るくらいの素晴らしい音楽で、ってことはボク等はそんな劇伴を大量摂取して育ったことになるではないか。同世代にやたらフリージャズを追い求めるミュージシャンが多いのは、実は子どもの頃、夏休みになるとこの劇伴を聴かされていたからではないかという仮説をたてたくなっているんだけどね。

それにしても、この劇伴、いったいどういう経緯で生まれたのだろうか？　山下毅雄は何を考えて、こんなスタイルの劇伴を作ったのだろうか？　そしてどんなメンバーがこの演奏をしていたのであろうか？　山下毅雄さんが亡くなる前に一度だけお会いしたことがあって、今考えれば、そのときに、こんなことを質問すれば良かったと悔やまれてならない。

今ではこの音源は何度かＣＤ化され、比較的入手容易になったけど、いまだに日本のジャズの歴史を塗り替える発見だなんてことを言ってる人を見かけない。皆無だ。なんでなのかな？　みんな好奇心はないのか？　それとも知らないだけなのだろうか？　芸術とされている現代音楽やら、カウンターカルチャーの雄フリージャズなんかの文脈とは全然違うところで発表されてしまったものは評価の対象にはならないというのが、芸術の世界の作法なのだとしたら、なんだか残念だなあ。

COLUMN

日本のフリージャズ……というかまあ、だいたいフリージャズって何だ、っていう話ですよね。

フリージャズとは、簡単にいうと、コード進行やビートにとらわれない自由な演奏を旨とするジャズです。ビバップ以降のジャズが自由を求めつつも同じような演奏になってしまうジレンマに陥っていたころ、それを打破するようにして生まれたもので、代表的なアーティスト、アルバムとしては、オーネット・コールマン『フリー・ジャズ』(1961、アトランティック)やセシル・テイラー『ユニット・ストラクチャーズ』(1966、ブルーノート)などが挙げられるでしょう。日本では山下洋輔トリオの活躍で一般に認知された観がありますね。

富樫雅彦(1940-2007)は、日本が誇るジャズ・パーカッショニストで、10代のころから、秋吉敏子、渡辺貞夫らのバンドで演奏するという早熟ぶりを示していました。65年に結成したカルテットは、日本発のフリージャズ・グループとされています。70年には不慮の事故で下半身不随となりますが、両手のみで演奏するスタイルでカムバック。『スピリチュアル・ネイチャー』(1975、イーストウィンド)などの名盤を残しました。

高柳昌行(1932-91、g)については、ここでは日本で最重要のフリージャズ・ギタリストとのみご紹介しておきましょう。詳しいことは第26話で!

高木元輝(1941-2002)は、日本のフリージャズ・シーンにとって欠かせない存在だったテナーサックス奏者。69年に吉沢元治トリオに参加して頭角を表し、74年には近藤等則(1948-、tp)らとEEUことEvolution Ensemble Unityを結成。その後も多くのミュージシャンと共演、2002年には、新潟での『AA』(音楽批評家・間章のドキュメンタリー、監督=青山真治)パイロット版完成記念ライブで演奏予定でしたが、直前に急逝しました。

吉沢元治(1931-98)は、人望も厚かったフリージャズ第1世代のベーシスト。70年よりベース・ソロでの活動を開始。国内外のミュージシャンとの共演は数知れず、のみならず天井桟敷や赤テントなどの劇団や知的障碍者のバンド、ギャーテーズなどとも積極的に共演しました。ソロ作に『インランド・フィッシュ』（1974、トリオ）ほか。

さて、いよいよ**山下毅雄**。大友さんが本文で詳しく説明してくれてますが、1930（昭和5）年生まれで、映画やTVの音楽を多く担当した作曲家です。大友さんが挙げている以外の有名な作品といえば、『プレイガール』『時間ですよ』『ガンバの冒険』などなど。あまり細かいところまで楽譜に書き込まず、録音セッションでのミュージシャンとのやりとりでどんどん進めていくことが多かったようですが、こうしたスタイルはヘッド・アレンジと呼ばれ、ジャズやポップスではわりに見られる手法です。

山下毅雄は、一時『ルパン三世』の再評価ブームとあいまって、大量にCDが出ていましたが、大友さんの『山下毅雄を斬る』（1999、Pヴァイン、**写真**）以外は、廃盤が多いのが残念。『ヤマタケ・フォーエバー』『ヤマタケ・ハードボイルド』（以上、2006、ビクター）は見つけたら即ゲットで！　関連書に『ヤマタケ・デラックス』（2000、ブルースインターアクションズ）もあり。

『ジャイアントロボ』は、横山光輝のマンガ作品を原作とした東映制作の特撮TVドラマ。地球を狙うギロチン帝王率いる悪の秘密結社「ビッグファイア団」（BF団）。彼らが開発した巨大ロボットGR1をひょんなことから操縦することになった草間大作少年は、国連秘密警察機構ユニコーンの一員として、BF団が操る怪獣たちと闘い続ける……というものでした。

大友さんが回想されるとおり、当時は男の子たちにとっての一大人気コンテンツで、しょっちゅう再放送されてました。後の巨大ロボットものに大きな影響を与えた記念碑的作品でもあり、近年もOVA『ジャイアントロボ　THE ANIMATION――地球が静止する日』（2015、監督＝今川泰宏、KADOKAWAメディアファクトリー）が作られています。

当時山下毅雄が担当した音楽は、『ジャイアントロボ・ミュージックファイル』（1998、バップ）で聴くことができます。驚くべきは、89トラックとか63トラックとかを（効果音的なものまで含めてですが）、それぞれたった1日で録音するという猛スピードぶり！　プロですね～。

ところで、ジャイアントロボの顔って、スフィンクスを元にしてるんだと思いますが。今考えてもちょっと不思議なセンスですよね……。

第6話

転校したくな〜い

いしだあゆみ「ブルー・ライト・ヨコハマ」
（1968年　小3）

1968年、小学校3年生の春、親父の勤める会社が福島に工場進出することになり、電気技師だった親父はそこの工場長として福島に転勤することになった。高度成長期のまっただ中、東京から地方に工場がどんどん進出していた時期だ。四十数年後に福島にとんでもない事態をもたらす原発も、この頃は希望の光としてすでに工事がはじまっていたんだろうなあ。実はこのとき、工場の進出先候補がもうひとつあって、それはなんとブラジルだったのだ。ところが先発隊がいって、現地で精密部品を作らせてみると、一つとして同じものが出来ない。これは厳しいということになって、福島に工場が出来ることになったらしい。もし当時ブラジルで試された人達がもう少し器用だったら、オレはブラジルに転校することになり、今とはまったく違う人生を歩んでいたかもしれない。

とにもかくにも高度成長期、若者はどんどん都会を目指し、逆に工場はどんどん田舎に進出していたわけだけど、そんな社会事情のことなどまったく関係のない小学校3年生のオレは、ひたすら転校したくなかった。なによりも横浜をはなれたくなかったのだ。中西くんやら原田くん、井上くんやら仲良しがクラスにたくさんいたせいもあったけど、本当の理由は、ちぢれっ毛のショートヘアの女の子サトウさんが好きになってしまったからなのだ。

オレはごねた。ごねてごねて、ごねまくった。本当の理由なんて言えるわけもないから、ひたすらごねた。おかげでしばらくは親父だけが単身赴任することになったくらいだ。オレは当時どういうわけか学級委員長というのをやっていて、サトウさんは副委員長だった。その頃の写真をみると、オレ、なんの歪みもない笑顔で笑ってやがんの。すくすくと育ってたんだろうなあ。人望もそこそこあったのかもしれない。実は好きだったのはサトウさんだけじゃなくて、ソノベさんも、スカートめくりで泣かしてしまったクボタさんも大好きだったんだけどね。ある日、学級会でオレとサトウさんが司会みたいなことをやったときに、一番ませていた中西くんが「なんかあやしい」なんてことを言い出しやがって、でも、そんなことを言われているのに嫌な気がしなかったというか、むしろそれが決定打になって、それ以来、オレはサトウさんを意識するようになってしまったのだ。

学校の帰り道、ボクらは丘の上にある明神台団地を目指して、木漏れ日の中、長い長いジグザグの階段を登るんだけどさ、前のほうを歩くサトウさんやソノベさんのキラキラした後ろ姿を、後方からうっとりと眺めていると、中西くんがきまって囃し立てやがるんだよ。「あつい、あつい」とか言っちゃって。で、言われればもちろん反射的に「うるせえ」とか言って怒ったふりをするんだけど、でも本当は囃し立てられるのが嬉しかったのだ。もっと囃し立ててくれとすら思ったくらい。オレはずっとサトウさんを見ていたかったのだ。そのおかげで親父は家族を横浜において単身赴任することになったわけだから、今考えると、申し訳ないことをしたような気がする。

夏休みの間、一家は親父の勤める工場にくっついた小さな部屋で過ごすことになった。母に双子の弟、それにオレの4人は東北本線に乗って福島に向かった。あ、そうそう、すいません、この双子の弟のこと全然書いてませんでした。オレが3歳になった冬に、一卵性双生児の弟が我が家にやってきたのです。だから母方の実家の宴会のときも、『**シャボン玉ホリデー**』を見た時も、忍者ごっこのときも弟たちと一緒だったのだ。ふたりとも顔も声もそっくりで、たぶん他人には全く区別がつかなかったと思うけど、家族から見れば簡単に区別がつくというか、別人なんだけど、でも50を過ぎたいまでも、やっぱり他人から見るとよく似ていて、いまはですね、ふたりとも南フランスに住んで、ビンテージカーの部品なんかを扱う仕事をしていて、これはもう完全に電気技師だった親父の血だと思うなあ。その弟二人と一緒に生まれて初めての長距離列車の旅。上野から3時間15分。確か「ひばり」って名前の特急じゃなかったかな。首都圏から外にでるのはこれが初めてってのもあって、最高に楽しい列車の旅だったのだ。

4～5歳頃。保土ケ谷公園にて父と双子の弟たちと

当時の福島は別世界……それが子どもだったオレの偽らざる第一印象だった。いや、きっと福島だけじゃなく、当時は都市部と田舎の差は今以上に大きかったんだと思う。見るもの聞くもの全部新鮮でと言いたいところだけど、本当は、衝撃の方が大きくてなんだかとんでもないところに来てしまったなと思ってしまったのだ。一番記憶に残っている衝撃は、テレビ局がNHKの総合と教育、そして民放1局の計3局しかなかったこと。当時横浜では民放が5局あって、だから毎週楽しみにしていた

番組が福島では全然見れなくて、到着初日でめげそうになった。どんだけテレビッ子だったんだ、オレ。

まわりの大人は自然が素敵でしょとか、空気がきれいでしょとか言うけど、そんなものは正直どうでも良かった。工場ではたらく若い工員たちが都会からきたボクら兄弟をかまってくれるし、田んぼでかえるやら見たことのない虫やらが採れたりで、まあそれはそれで楽しかったけど、2週間もすると横浜に帰りたくて、帰りたくて……。テレビを見たかったのもあるけど、本当はサトウさんに早く会いたかったのだ。親にしてみれば、これから住むことになる福島に慣れておくための旅だったのかもだけど、子どもってのは、てか、オレは鈍くてそんな親の気持ち、全然察すること出来なかったなあ。

夏休みがあけてもオレはごねた。ごねたけど、とうとう大人の説得に負けて、11月に福島に引っ越すことになったのだ。仕方ない。ってか、今考えると、ごねて申し訳なかった。当時は単身赴任なんてポピュラーじゃなかったし、家族が離れて暮らすのは不自然だもんなあ。クラスの皆に午前中転校の挨拶をして家にもどったら、ほとんどの荷物がすでにトラックに積まれていて、あれだけせまかった団地の部屋はガランとしていた。悲しいでもさびしいでもない、ことばにならない感情におそわれて、オレはポータブルのハーフカメラで団地から見える景色をやたら撮りまくった。

タクシーに乗って横浜駅に向かう途中、星川小学校の前を通った。通過したのはほんの数秒のことだったと思う。ちょうど昼休みで、みなが楽しそうに校庭で遊んでいるのが見えたのだ。中西くんが原田くんに向って、なにか大声を出しながらボールを投げている。ドッジボールだ。いつもならあの中にオレがいるはずなのに……。車からとっさに手を振ったけど、みんな遊びに夢中で誰も気づいてはくれなかった。サトウさんの姿も見つけることができなかった。もうみんなの中にオレはいないのだ。

そのあと、どうやって福島まで行ったのか、まったく覚えてない。楽しかった夏休みの旅行とは大違いだ。ただ着いたその日は、とっても寒くて、一家で旅館に泊まったのだけはよく覚えている。まだ家財道具が着いてなかったからだ。たしか「つたや」って旅館だったはずだ。今でもあるのかな、あの旅館。旅館のテレビは相変わらず3局しか映らなくて、本当なら**『河童の三平 妖怪大作戦』**の時間なのに、やっていたのは**『ザ・モンキーズ・ショー』**。オレが見たいのはこれじゃないのに。

星川小学校遠足。後列右から6人目がわたし

一家は阿武隈川と弁天山の間にある福島市渡利に住むことになった。今でこそ閑静な住宅街だけど、当時は家より桑畑のほうが多いような場所で、地名のとおりいかにも川の向こう側って感じだった。ここの2階建て木造の小さな借家に住むことになったわけだけど、借家とはいえ新築で、今考えるといい待遇だったんだと思う。でもオレは6畳と4畳半だけの、隣と境目のない長屋のような横浜の団地が恋しかった。

福島の小学校に転校してしばらくは学校に全然なじめなくて、休みがちだった。さぼったのではなく、本当に具合が悪くなって行けなくなってしまったのだ。これでも繊細なガキだったのよ。今じゃ面影もないくらい図々しくなってしまったけどね。だから、つまらないと思いながらもテレビを見るくらいしか楽しみがなかったのだ。

翌月、退屈なテレビから流れて来たのが**いしだあゆみ**の歌う**「ブルー・ライト・ヨコハマ」**だった。鼻にかかった声で歌われる「歩いても、歩いても、小舟のよお〜に、わた〜しは〜、ゆれ〜〜て〜、ゆれてあなたの腕のなか〜〜」のところで、オレはいつもじ〜〜んときていた。これもやっぱりことばにならない感情だ。小3のガキがなんでこんな歌詞にじ〜〜んときていたのか、どう考えても不可解だけれど、でもきっとオレにとっては、この歌がサトウさんであり中西くんであり、隣にみのる兄ちゃんが住む明神台団地だったり、福島の小学校になかなか馴染めない自分だったりしたのかもしれない。今考えるとこのときの「じ〜〜ん」は、言葉に無理矢理置き換えるなら「切ない」に近い感情だったのではないかな。歌謡曲であれグループサウンズであれ、いつも音楽を聴くと楽しくなってただけなのに、はじめて歌を聴いて「楽しい」とは違う別の感情に襲われたのがこの曲だったのだ。やがて、この曲が大ヒットする頃には友人も出来、サトウさんではなく、あたらしい初恋の人が出てくるんだけど、その話はまたあとで。

「ゆれてあなたの腕のなか〜」で意外におませな大友少年を感じ入らせた**いしだあゆみ**さん。1948（昭和23）年生まれ、64年にレコードデビュー、「ブルー・ライト・ヨコハマ」「あなたならどうする」などのヒットを飛ばしました。「ヨコハマ」のヒット時、いしださんはまだ20歳（にしてなんと26枚目のシングル！）。オトナな雰囲気ですね〜。

いしださんは4人姉妹の次女で、お姉さんはフィギュアスケーターの石田治子、下の妹さんは歌手の石田ゆり。こんな才能が溢れまくるいしだ一家をモデルにした、NHKの朝ドラ『てるてる家族』が2003年に作られたことを覚えておられる方も少なくないでしょう。ちなみに、原作を書いたのは、ゆりさんの旦那さんのなかにし礼。

あゆみさん自身は、何度も紅白に出演するなど歌手として大活躍した後、1979年以降は女優としての仕事の方が多くなり、80年にはショーケンこと萩原健一と結婚、84年に離婚……ということになりますが、ポップス・ファンにとっては、矢野誠がストリングス・アレンジを担当したソフト・ロックの『ファンタジー』（1972、日本コロムビア）とか、ティン・パン・アレイがバックを務めたシティポップス、『アワー・コネクション』（1977、日本コロムビア）といった名盤で、歌謡曲の枠を超えた魅力を発揮していることが忘れられませんね。

「ブルー・ライト・ヨコハマ」（1968、日本コロムビア、**写真**）は、作詞＝橋本淳、作曲＝筒美京平のコンビによるいしださんの代表曲。その後、日本屈指のヒットメーカーとなる筒美さんにとっても、初のオリコンチャート1位を記録した記念すべき一曲です。名曲だけあって、日本でも発表後から、ちあきなおみ、伊東ゆかり、平山三紀、上原多香子、柴咲コウ……といろいろなアーティストにカヴァーされつづけ、その流れはいまだに途絶えることがありません。田月仙『禁じられた歌――朝鮮半島音楽百年史』（2008、中央公論新社）によれば、日本の音楽が禁止されていた時代の韓国でもよく知られた数少ない日本の歌のひとつで、その後のK-POPにも多大な影響を与えているのだとか。

第2章
1968-1974
福島時代その1
小中校生編

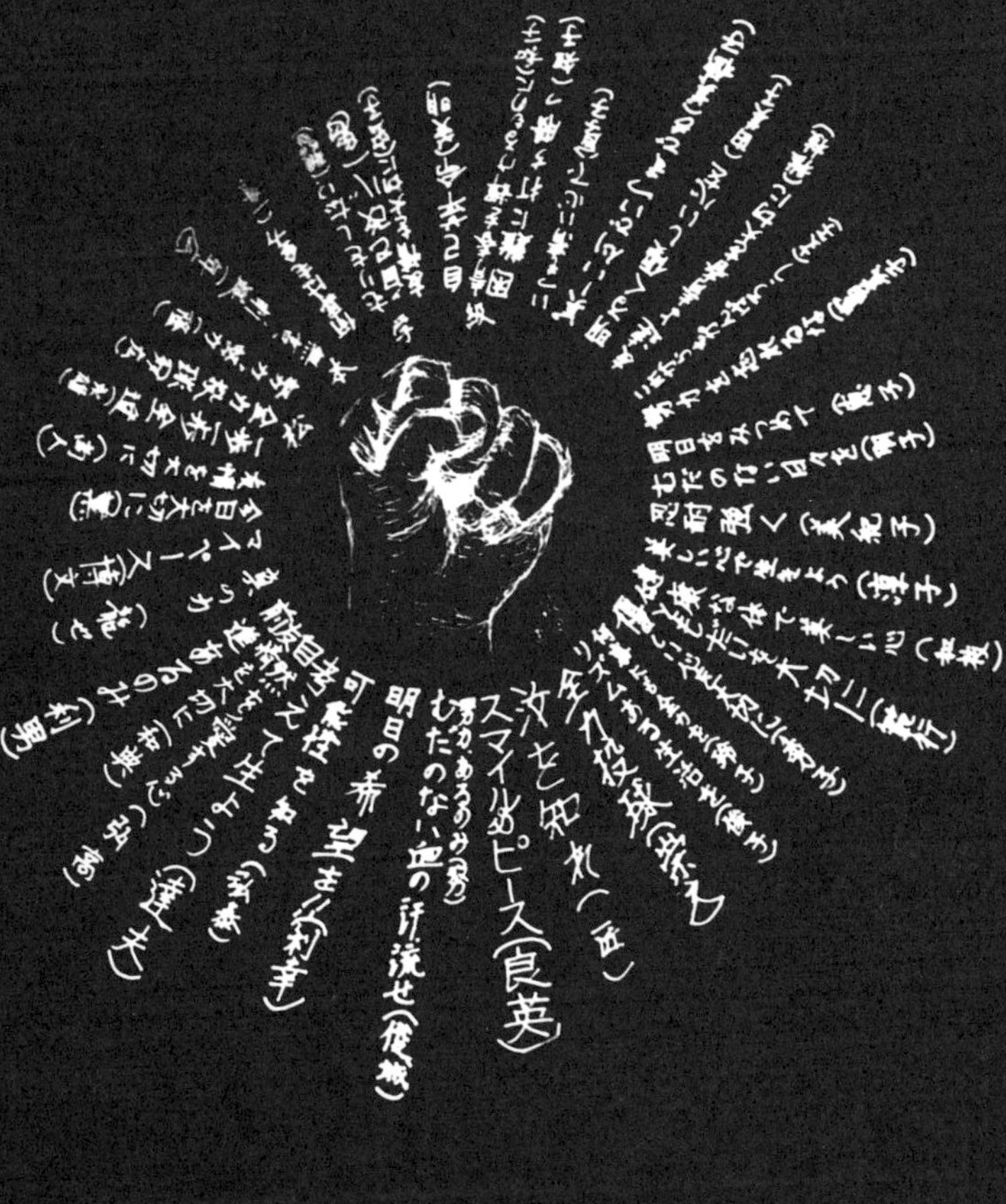

中1頃の寄せ書き。最近ネット経由で同級生が送ってくれたもの。一人だけスマイル&ピース……って。いったいどういうシチュエーションの寄せ書きだったか、まったく覚えてません。

第7話

合唱王国の恐怖

ウィーン少年合唱団
（1968年頃　小3頃）

オレが転校したのは福島市のど真ん中にあった小学校でその名も福島第一小学校。横浜時代、ボロボロの木造校舎で校庭にはプレハブの校舎が立ち並び、仮設の壁で仕切った教室がいくつもある古い講堂で授業をやっていたのに較べて、そこはとんでもないくらいモダンで、なにしろ校舎も体育館も全館鉄筋でプールまである。場所も福島県庁の真ん前、たぶん福島のモデル校みたいな感じだったんだろうなあ。福島イコール田舎のイメージとはずいぶん違っていた。

ところが、校舎のモダンさとは対照的に、転校初日、教室に入った瞬間の光景はあまりに異様で、今でも忘れられないくらいだ。生徒はみな深緑の独特の制服を着ていて、男子の半分は前髪を直線にそろえて刈り上げ、おまけにおとなしくて無表情に思えて……なんて書くと、福島の同級生たちに怒られそうだけど、どうか勘弁してつかあさい。みんな自由な服で、自由な髪型、いつも喧噪と笑いにあふれていたちょっといい加減な横浜の小学校とはあまりに雰囲気が違っていて、きっと怖かったんだと思う。あの深緑色の制服、なんて名前だったかな？　スクールコートっていったかな？　公立の小学校なのに制服、しかもそれが幼稚園児の着るような、どう例えたらいいのかな。ネットでいろいろ調べてみるとですね、「スモック」って言うんだそうです。当時は小学生の制服としてこんなのが全国的にはポピュラーだったのだろうか？　そのへんのところはどうもわからないんだけど、福島市立の小学校は当時どこもみなこんな感じの制服だった。その中でひとりだけ私服でいるのは、さすがに居心地が悪かった。内心こんな服着るの田舎臭くて嫌だなと思ったけど、でも私服でいるほうがはるかに居心地が悪いもん。はやく制服がほしいとも思った。

クラスの男子にしても、都会からなんだかすかした奴が来たと思ったに違いない。なにより自分たちが田舎もんだと思われたことを敏感に感じ取ったのだろう。オレが何かの拍子に「そんなことないじゃん」とかなんとか言った途端、「じゃ～～ん、じゃ～～ん」と言ってからかいだしたのだ。制服男子によってたかってこれをやられたのはさすがにきつかった。こうして転校後すぐに、オレは具合が悪くなって学校に行けなくなってしまったのだ。医者の診断は自家中毒。今ならストレス性なんとかかんとかって病名が付くのかもしれないなあ。これを切っ掛けに、オレは引きこもりがちのおとなしい子どもになって、おかげでラジオの深夜放送を聴くようになり、ポップスやロックにはまって、やがてはギターを手にするようになった……って話を、オレはよくしてるんだけど、これはかな～りはしょった話で、本当はちょっと違う。

どう違うかというと、まず、自分では「引きこもりがちのおとなしい子どもになった」という記憶しかないんだけど、でも、後々、当時の同級生に聞いたら、そんなことは全然なくて、やたらうるさくて目立つ転校生だったらしいのだ。今のことばで言えば、うざいガキだったってことなのかな。そりゃ、嫌われるわいな。ガキ大将だった小杉くんと、いきなりタメをはって喧嘩までしていたらしい。う〜〜ん、そうだったかなあ。小杉くんとは仲良く遊んでいたような記憶はあるんだけど。

それと、深夜放送を聴きだすのは小学校6年、ギターを手にとって演奏しだすのは、もっともっとずっとあとで、この時点では、まだ音楽にはまってなかった。むしろその逆で、この転校を切っ掛けに音楽が大嫌いになってしまったのだ。いや、**「ブルー・ライト・ヨコハマ」**を聴いて切なくなったりとか歌謡曲は大好きだったんだけど、でも音楽の授業のおかげで「音楽」ってことばを聞くだけで鳥肌がたつくらいの恐怖を覚えるようになってしまったのだ。というのもですね、当時、いや今でもかな、福島は「合唱王国」とか「東北のウィーン」とか呼ばれていて、音楽の授業では、まるでウィーン少年合唱団のような声を出して、おまけに全員笑顔で歌うんだけどさ、普段の授業は無表情なのに、今度は全員笑顔で歌だよ……なんて書くと、同級生のみんなに怒られちゃうかな。ごめんなさい、ごめんなさい。別に、みんなや先生をディスる気なんて全然ないっす。ただ、当時は、笑顔で歌いなさいなんて言われてもさ、あまりに謎というか、自分の中にない世界すぎて、もう、正直わけがわからなかったのだ。今まで音楽の授業と言えば、みなめいめいに大声を出して歌っていただけだったのに、つまりは地声で歌っていたわけで、だからみんながファルセットのような澄んだ裏声みたいな発声方法でつくり笑顔で歌っているのを目の当たりにして、体がすくんでしまったのだ。こんな中でいきなり声なんか出せるわけがないよ。誰か助けてくれ〜。それでも頑張って声を出した途端、みなが一斉にオレを見たのだ。

やっちまった……。

地声、しかも音痴。たぶん声もかすれてしまったんだと思う。みな大爆笑だった。その時ついたあだ名が**「森進一」**。いやいや、森進一さんは歌うまいし最高の歌手ですよ、もちろん。でも小3のガキにしてみれば、ガラガラ声で音程をずらしながら歌う人だったのだ。今ならみんなに笑われるなんて、つかみはオッケ～、千載一遇のチャンスくらいに思えるけど、小学生の大友クンにはきつかったなあ。以来、音楽の授業では口だけあけて声は出さなかった。一人一人歌わされるテストのときは口をつぐんで一声も出さなかったのだ。だから音楽の成績はいつも最低だった。まさか将来音楽の仕事をするようになるなんて、この時は夢にも思ってなかったぜ。

それにしても、なんで福島は「合唱王国」だったり「東北のウィーン」だったりするんだろうか？　合唱王国のほうはともかく「東北のウィーン」はおかしくないか？　仮に合唱を盛んにさせたいとしてもだよ、福島は福島でいいではないか。ウィーンになったりする必要なんてあるのだろうか。福島のままでいい歌を歌えばいい……今ならそう思うし、大人にそう主張出来るけど、小学校3年生だったオレには、そんなことを考える能力などあるはずもなく、「日本の小学生たちが、なんで音楽の授業で全員ウィーン少年合唱団みたいな発声方法でニコニコしながら歌わなきゃいけないの」……なんて素朴な疑問すら思いつかなかった。だから音楽の時間は中学を卒業するまで、ひたすら小さくなって目だたないようにしていたのだ。歌のテストのときも、黙ってつっ立ってピアノの伴奏が終わるのを待っているだけだった。抵抗なんてかっこいいもんじゃない。ただ笑われたくなかっただけなのだ。ニッポン国の学校では今でもあんなテストやってるのかな。笑顔で歌わせてるのかな。だいたいなんで音楽にテストが必要なのかもよくわからないしさ、そもそも、歌うときに反射的にニコニコ顔をさせる教育って間違ってねえか？　感情なんて教えるもんじゃねえだろうが。オレ間違ってるのかな。

歌なんてさ、人前で歌いたい奴だけでやりゃあいいじゃねえか。笑いたいやつは笑えばいいし、無理して顔なんてつくらなくていいんじゃないかなあ。違いますかね。オレみたいなガキにとっては、本当に地獄なんだからさ〜。

＊次ページのウィーン少年合唱団の写真。実はこのジャケ写、わたしが物心ついた頃から家にあった7インチ盤なんです。小さい頃は、大好きで聴いていたことを思い出しました。

COLUMN

セーラー服に身を包み、澄んだ歌声でファンを魅了する**ウィーン少年合唱団**。当時は来日公演のCMがしょっちゅうTVで流れてた気がします（今も毎年来日してますが）。キャッチフレーズはもちろん「天使の歌声」。もともとは1498年に宮廷礼拝堂少年聖歌隊として創設され、1924年に「ウィーン少年合唱団」となりました。ハイドン、シューベルト、ブルックナーが在籍したことで知られるほか、全寮制をとり、14歳になると退団、といった独特の規則も有名です。CDもたくさん出てますが、最近のベストということで、ここでは『ザ・ベスト・オブ・ウィーン少年合唱団』（2003、EMI）を挙げておきましょう。

次に、**「合唱王国・福島」**というキーワード。福島県は、世界で一、二を争うほど合唱が盛んな地域で、数々の強豪中学・高校が全国音楽コンクールで受賞してきた実績をもっています。特に郡山市は「音楽都市」と呼ばれるほど。なぜそんなふうになったのでしょう？

その経緯を描いているのが、郡山市の実話を元に作られた『百万人の大合唱』（1972、監督＝須川栄三、出演＝若林豪、酒井和歌子、岸田森ほか、DVDは郡山西ロータリークラブより）という映画。

昭和30年代、郡山は暴力団の抗争が勃発し、「東北のシカゴ」と呼ばれるほど治安の悪い場所だった。高校の音楽教師・新田とレコード店の娘・昭子、病院長の宮原たちは、そんな郡山に音楽を根づかせようと活動を続ける。さまざまな困難の末、ついに団結した市民の力は暴力団を退け、郡山は「東北のウィーン」と呼ばれるほどになった……。

この映画が製作されたのは1971（昭和46）年で、実際に福島でもロケーションを行ったり、高校生の合唱シーンを撮影したりしていたので、福島もこの話題ではそうとう盛り上がったようです。しかし、本作が東宝系で公開された初日は、あさま山荘事件のまさに真っ最中。その影響で、残念ながら、興行的には記録的な不入りに終わってしまったとのこと。しかし、当時の大友少年にとっては、どっちにしても別に知りたくもないやという出来事だったかもしれませんね。

第8話

弁天山と初恋の子

ザ・タイガース「廃墟の鳩」
（1968年　小3）

今回は福島での悲しい初恋の話。甘酸っぱすぎて、照れなしでは書けないや。横浜でも初恋をしてたやないかって厳しいつっこみ来そうだけど、ま、それはそれ、これはこれ、ちっちゃいうちは何度でも初恋ウェルカムってことで。ちなみに、横浜時代もですね、幼稚園のときのさおりちゃん、小1のクボタさん、小3のサトウさんと、初恋を三度しております。恥ずかしついでに告白するとですね、記憶にはまったくないのですが、うんと小さいころは吉永小百合と結婚したいとまで言っていたそうで、あ、そうそう幼稚園のよりこ先生も初恋の人でして……いいかげんにせんかい、ボケ。

実はあんだけ福島への転校が嫌だって言ってたくせに、学校が嫌で嫌でたまらなかったくせに、自分でもあきれるけど、転校早々、オレは強烈な初恋に落ちてしまったのだ。落ちたって言っても、付き合ってるわけじゃないですよ、ただココロの中で密かに想うだけ。想うだけだけど、でも半端ないくらい、想って想って想いまくるくらい、その子のことを好きで好きでたまらなくなってしまったのだ。名まえは吉田さん。あ～、なんか吉田さんって書くだけで今でもきゅんきゅんするぜ。吉田さんはですね学級委員長でありました。頭も抜群に良くて、オレもそこそこ成績はよかったけど、彼女には全然かなわなかった。そしてなによりめちゃくちゃかわいかったのだ。実は当時のクラス写真を探したのだけど、でも彼女の写真だけは残ってなくて。それについては後で書く。

彼女の家は渡利にある弁天山という小さい山のふもとにあって、ウチからも近所で、だから学校の行き帰りも同じコースだったのだ。オレは彼女の姿を遠くにみるのが好きだった。近くで見るなんて出来るわけない。眩しすぎるもん。もちろん「好きです」なんて告白出来るわけもない。あんなに学校に行くのが嫌だったのに、自家中毒にまでなって体が拒否してたのに、おかげで学校に行くのが楽しみで仕方なくなって、転校最高！　って思うようにすらなっていったのだ。いやいや、もちろん音楽の時間は最悪だったし、男の子同士の喧嘩も絶えなかったから、嫌なことだっていっぱいあったと思うけど、そんなことが全てどうでも良くなるくらい、学校に行くのが楽しみでしかたなかった。恋は無敵、恋は盲目だ。

彼女は**タイガース**が好きだった。いや、彼女だけじゃなく、当時多くの女の子はタイガースが好きだった。あ、いきなりタイガースって書くと阪神タイガースだと思われるかな。当時タイガースと言えばですね、**ジュリー**のいたあのタイガースのことで、ものすごい人気だったのだ。彼女がタイガースが好きだって情報は、オレにとって最高の福音だった。だってオレもタイガースが好きだったんだもん。それだけで幸せだったのだ。彼女が好きだった曲は**「花の首飾り」**。さすが、キュートな女子。オレはというと**「廃墟の鳩」**が大好きだった。これを選ぶあたり、将来アングラまっしぐらに向かった少年の面影ありと自分で自分を褒めてあげたいぞ。
なんで好きだったかといえば、メインヴォーカルで圧倒的な人気をほこったジュリーがセカンドヴォーカルにまわり、リードヴォーカルはギタリストの**加橋かつみ**がつとめているというところに、まずはぐっと来たのだ。なんでだって？　いやね全然勘違いかもしれないけど、常に自分が真ん中にいるんじゃないという姿勢を見せたジュリーに男気のようなものを感じたし、そうやって皆で音楽を作っている感みたいなもんが、なんかいいなと思ったのだ。そしてもうひとつ、強くココロに刻まれたのはイントロで聴こえる**岸部一徳**のドゥイドゥイいうベースラインと、それに促されるように歌われる「人は誰も」で始まる歌詞だったのだ。今聴いても本当にすごいので書き出させてもらう。

廃墟の鳩

山上路夫＝作詞　村井邦彦＝作曲

人は誰も悪い事を
覚えすぎたこの世界
築き上げた楽園《ユートピア》は
壊れ去った　もろくも
誰も見えない廃墟の空
一羽の鳩が飛んでる

真白い鳩が

生きることの喜びを
今こそ知る　人はみな

汚れない世をこの地上に
再び創るために
人は目覚めた

生きることの喜びを
今こそ知る　人はみな

2011年の3月、オレはこの歌を突然思いだして聴きたくなってCDを買いにいった。原発事故を前にどうしていいか分からなくなっていたときに、なぜかこの歌のことを思いだして、やっぱり岸部一徳のベースラインと音色の素晴らしさにうなりながら、歌の内容に、素直にそういうことだよなあと思えたのだ。そのくらい、このベースラインと歌は、オレのココロの奥底の記憶の中にあって、もしかしたら、これまでもオレのモノの見方の根っこにすらなっていたのかもしれないなあと思ったのだ。もちろん小学生の頃に、そんなことを考えてこの歌に魅かれたわけじゃない。でも、子どもながらに、当時言われ出していた公害問題やら、学生たちのデモやら、ベトナム戦争のことやらを思いながらこの歌を聴いていて、だからこのちょっとだけサイケデリックなベースラインは、ガキだったオレにとっては、社会に対して自分たちでモノを考えていいんだというメッセージのようにもなっていたんだと思う。今、読み返してみると、「汚れない世をこの地上に」のところとかは、そういうけど人間ちょっとくらい汚れててもいいんじゃないかなあなんて思うんだけど、小学生のガキには、もうグッとくる歌詞だったし、原発事故の直後のオレにもいろいろな意味で涙が出る歌詞でもあったのだ。とはいえ、ガキのオレがなんでこんなにもこの曲にシンクロしたかと言えば、そんなことぜ〜〜んぶ二の次で、やっぱり初恋の吉田さんとタイガースがリンクしたからに他ならない。

吉田さんは、オレが転校して来た半年後、小学校4年の初夏に別の学校に転校してしまった。彼女の写真がないのはそのためだ。転校の日、吉田さんは一家でうちに挨拶にやってきた。親同士が仲がよかったり、吉田さんの弟とオレの弟たちが同級生だったりで、家族ぐるみのおつきあいをしていたのだ。でも、オレだけは挨拶に出て行けなかった。恥ずかしくて、恥ずかしくて、ちょっとすねてもいて2階の部屋にこもっていたのだ。彼女が去って行くとき、オレは、こっそり、窓から彼女の後ろ姿を見送っていた。もう二度と会えないだろうなあと思いながら。

この項、本当はここで美しく終わりたいんだけど、そんな美しい想い出だけでこの話が終わるわけがない。こともあろうに、そのときの様子を、近所の同級生で悪ガキのかずやくんに見られてしまったのだ。彼女の姿が見えなくなった瞬間、突然部屋に上がり込んで来たかずやくんが何も言わずオレの耳元で都はるみの歌を大きな声で歌い出しやがんの。

「さよ〜な〜ら、さよなぁら、好きになった人……ちゃんか、ちゃかちゃか♩」

しかもこのパートだけを延々とリピートしやがる。

「うるさ〜〜〜い、都はるみなんか大嫌いだ〜〜〜〜、演歌も大嫌いだ〜〜〜〜、かずやくんも吉田さんもみんなみんな大嫌いだ〜〜〜〜、タイガースをでかい音でかけろ〜〜〜、ベースをドゥイドゥイ鳴らせ〜〜〜、ジュリー〜〜〜〜ジュリー〜〜〜〜！」

COLUMN

ザ・タイガースは、当時の日本を代表するグループ・サウンズですね。「グループ・サウンズ（略してGS）」というのは、もちろん日本でしか通じない和製英語。

　ザ・タイガースは1967（昭和42）年に「僕のマリー」でデビュー。結成当時のメンバー（カッコ内はニックネーム）は、沢田研二（ジュリー、vo）、岸部修三《おさみ》（サリー、b）、加橋かつみ（トッポ、g）、森本太郎（タロー、g）、瞳みのる（ピー、ds）。69年に加橋は脱退、かわりに岸部修三の弟、岸部シロー（シロー、g）が加入します。岸部修三は、後の俳優、岸部一徳ですね（第17話参照）。

　第2弾シングル「シーサイド・バウンド」は、女性ファンの間で人気爆発。数々のヒットを飛ばすだけでなく、『ザ・タイガース　世界はボクらを待っている』（1968、監督＝和田嘉訓、東宝）などの映画も作られましたが、GS人気も下火になった1971年に、日本武道館でのコンサートをもって解散します。

　解散後、ジュリーはテンプターズのメンバーらと結成したスーパーグループ「PYG」を経て、ソロとして大活躍。セクシーなヴィジュアルやバンド中心の音作りで従来の歌謡曲のイメージを塗り替え、J-POP史上最重要人物のひとりとなりました。つい最近（2017年）も、短髪ヒゲ面でのツアーが話題になるなど、コンスタントに活動中です！

　タイガースは「同窓会」と称して何度か再結成を行っていますが、2013年12月のライヴでは、音楽活動を断ってきた瞳みのるがドラムとして復活、44年ぶりにオリジナル・メンバーが一堂に会しました。

「廃墟の鳩」（1968、ポリドール、**写真**）が入っている『ヒューマン・ルネッサンス』はタイガースの3枚目のアルバムで、これまでお仕着せの曲を歌わされてきた彼らが本格的に取り組んだ意欲作。神と人類の出会いから人類の滅亡までを描くコンセプト・アルバムで、クラシカルな趣きの曲から、すわジミヘンか?!というような曲まで、アイディアがいっぱい詰まっています。メンバーが作った曲が初めて採用されているのも要注目。だけど、綴りが“Human Renascence”になっているのは、いかにも惜しかった……（蛇足ながら、正解はRenaissance）。

第9話

ボクも20世紀少年だった

万博音頭と太陽33
(1970年 小5)

浦沢直樹さんの漫画『**20世紀少年**』の主人公たちの設定は1959年生まれで、1970年の万博のときに小学校5年生。これ、オレとまったく同じ年。でもって、ここに出てくる少年たちの行動や思考は、もう手に取るようにわかるくらい、まったく僕らの世代の少年たちそのもので、万博に行った行かないでものすごく大きな話になるところもまったく同じ、ついでに中学でロックにあこがれギターを手に取ったのも同じで「そうそう」なんてうなずきながら、たまたま喫茶店においてあった一巻目に手を付けたが最後、ついつい夢中になって最後まで一気に読んでしまった。

漫画といえば小学校時代は『少年マガジン』とともにあったといっても過言じゃない。『**あしたのジョー**』や『**巨人の星**』そして『**天才バカボン**』に夢中だった。『**光る風**』や『**アシュラ**』は本当におっかなすぎて怖々読んだ。『**ホモホモ7**』の劇画調のエッチな絵と馬鹿馬鹿しい漫画絵の同居がたまらなかった。『**ヤスジのメッタメタガキ道講座**』は鼻血が本当に出そうになった。どんな境遇の人間でも、人知を絶するような努力と工夫をすれば世界チャンピオンになれるし、魔球を生み出す事も出来る。出来るけど、その代償として必ず本人は滅んでしまうという、なんともかっこいい『あしたのジョー』や『巨人の星』のスポ根もののストーリーに憧れる一方で、なにがあろうと「それでいいのだ」と言いながら常識を超えためちゃくちゃを笑いながらやってしまう『天才バカボン』の大バカ中年のシュールな生き方にも絶大なる影響を受けたのが僕らの世代なのだ。そういえば、ずっと『あしたのジョー』のほうが『巨人の星』より全然かっこいいと思っていたのに、実は両方の原作者が同じ人だと後で知ったときの微妙な言いようのないショックは忘れられない。それまでは忍者やロボット、怪獣が人生の中心にいたのに、僕ら小学校5年生の男子は『あしたのジョー』や『天才バカボン』を通して、ほんの少しだけだけど大人の世界に顔突っ込み出していたってことなのかもしれない。さすがに009になりたいとはもう思ってなかったし、再放送の『**ジャイアントロボ**』も1年前に見たときほどはドキドキしなくなっていた。

そんなところに突然やってきたのが万博だったのだ。それまでは未来もロボットも漫画かテレビからやってきたのに、今回は現実の世界のほうから僕らに向って「未来とかロボットとかは、ウソの話じゃないんだよ……」と言って来ているかのようで、もちろん僕らバカ男子たちは、みんな盛り上がった。盛り上がったけど、悲しいかな、福島は万博の会場の大阪からは遠い。新幹線ですぐだって言われそうだけど、当時は東海道新幹線はあったけど東北新幹線も東北自動車道もまだ影も形もなく、僕らにとって大阪は海外のように遠い場所だったのだ。

たぶんうちだけじゃなく、どこんちの男の子も1回は、いや1回以上は親に大阪行きをねだったはずだ。オレも相当しつこく粘った。

「ねえ、ねえ、夏休みみんなで万博に行こうよ」

でも、これに成功した家はクラスで二人しかいなかった。うちはもちろん無理。母親に、何時間も並んで石1個みるだけだよとか、カレーが何百円もしてものすごくまずいらしいとか、そんな情報を入れられて、テレビで見るのが一番いいんだからと丸め込まれたような気がする。

それでも万博の夢を捨てきれなかった僕らは万博にいった近所のとっちゃんの家に何度も何度もおしかけて、パンフレットやらいろんな写真を見ながら土産話を聞いた。聞きながらうきうきした。何時間もならんで見た月の石の話より、うきうきしたのは自動で人間のカラダを洗ってしまう人間洗濯機とか、動く歩道とかのほうで、このまま行けば各家庭に自動宿題機が設置されることになるかもなんて想像すると、僕らの未来は明るいかもと本気で思っていたのだ。

福島第一小学校5年2組。前列右はじがオレ

大人たちも、子どもなみにもりあがっていた。担任の先生までが
「いまにソロバンはこの世からなくなって、電子計算機が一家に1台の日がくる……」とか言うもんだから、オレは速攻そろばん塾に行くのをやめた。たぶん21世紀には本当に鉄腕アトムのような世界になってるんだろうなあ……子どもゴコロだけでなく、大人ゴコロでも漠然とそう思わせるのが万博だったのだ。その同じ頃、福島の双葉町で東京電力福島第一原子力発電所が動き出したわけだけど、子どもだったオレにはその記憶はまったくないんだよなあ。万博や『あしたのジョー』に較べたらどうでもいい出来事だったのかもし

れない。

万博では、**クセナキス**が来て音楽をやったり、世界中のもの凄い音楽家たちが次々やって来て、コンサートを繰り広げたらしいけど、まだそんなことに興味のなかった僕らにとって万博の音楽と言えば**三波春夫**の歌う**「万博音頭」**だ。

　こんにちは〜　こんにちは世界の国から〜

は、今聞くととても素敵な歌詞で、希望に満ちあふれていて、おまけに**中村八大**の手によるメロディは充分に日本的で素晴らしいなって思えるけど、当時はなんだか田舎臭くて変な歌だなと思っていた。だいたい未来だって言ってるのに、月の石とかあるのに、人間洗濯機まであるのに、なんで歌だけこんな古くさいんだろうって思っていたのだ。

ロボットなんて本当に出来るのか？　電子計算機が各家庭に普及するなんてウソなんじゃねえ。万博に行けなかったオレは、この歌を聴きながら、そんなこともちょっとだけ思うようにもなっていた。

それから43年後の２０１３年、大阪のミュージシャンのＰＩＫＡ☆が中心になって万博会場跡地で数千人をあつめたインディペンデントなフェスティバルが開かれた。その名も「太陽３３」。僕らが２０１１年８月に福島の四季の里でやった「フェスティバル FUKUSHIMA!」を受けてのアンサーのようなお祭りで、会場にはいかにも手作りのステージがあって、中央にはこれまた手作り感満載の櫓《やぐら》があって、その櫓の上にはドラムセットやら太鼓があって、ヒッピーのような自由な格好をしている若者から中年、子どももいっぱいいて、そんな自由な人たちがみなで太鼓を叩きながら櫓の周りをぐるぐる回っている。

遠くには太陽の塔が見える。あれだけ行きたかった万博会場に43年後、オレはやっと行くことが出来たのだ。そういえば電子計算器どころか、今は一家に一台以上のコンピュータがあるし、みんなのポケットにはスマホがはいっているし、まだサイボーグの友人はいないけど、でもまあ十分未来っぽくはなったか。

PIKA☆たちのヒッピーのような踊りを見ながら、これが僕らが夢見た21世紀なのだなあって思うと、なんだか笑いが止まらなかった。自動宿題機は出来なかったけど、過去からみた未来の今は、震災があろうが原発がひどいことになろうが、万博会場で自分たちのフェスがやれる程度には十分明るいぞ……って、小学5年生だったオレに向かって言ってあげたくなった。心の中で万博音頭を歌いながら。

COLUMN

浦沢直樹『**20世紀少年**』（小学館）は、1999年から2006年まで『ビッグコミックスピリッツ』に連載された大ヒット作。平凡に暮らすコンビニ店主ケンヂの身の回りに次々に起こる怪事件。ケンヂはそれが子供のころ友達と遊びで作っていた〝よげんの書〟どおりに進んでいることに気づき、さらに大きな謎に突き当たる……。

ちばてつや『**あしたのジョー**』（1967-73、講談社）と川崎のぼる『**巨人の星**』（1966-71、講談社）はどちらも梶原一騎が原作（前者は高森朝雄名義）。『あしたのジョー』はボクシング、『巨人の星』はプロ野球と競技は違えど、ともに少年たちの血肉を躍らせた熱血スポーツ巨編です。特に後者は「スポ根」（スポーツ根性）ものの一大隆盛を巻き起こしました。

赤塚不二夫『**天才バカボン**』（1967-78、講談社）は、『おそ松くん』でギャグ漫画にナンセンスを持ち込んだ赤塚が、さらに極端な方向へ突っ走った金字塔的作品。当初はバカボン一家をめぐる家族ものでしたが、後期にはマンガの常識や約束事を逐一ひっくり返すメタ・ギャグ漫画へ進化しました。

後に『がきデカ』で一世を風靡する山上たつひこ『**光る風**』（1970、講談社）は、軍国主義が復活する日本の恐怖を描いた激ヤバシリアス作品。ジョージ秋山『**アシュラ**』（1970-71、講談社）は、平安末期の日本を舞台に、人間の愛情を知らぬまま、地獄絵さながらの乱世を生き抜く少年の物語。人肉を喰らうなどの残酷な描写が大きな話題を巻き起こしました。

みなもと太郎『**ホモホモ7**』（1970-71、講談社）は、パロディ漫画の先駆的作品。ひとつの作品の中で、マンガ調の絵柄と劇画調の絵柄が脈絡なく同居するショックは今も新鮮。谷岡ヤスジの『**メッタメタガキ道講座**』（1970-71、講談社）は、ナンセンスと社会風刺とドギツイ描写が一体となって大評判を呼んだギャグ漫画で、スカートめくりをしてパンツが見えると「鼻血ブー」、ド派手な格好のムジ鳥が叫ぶ「アサ〜!」などのギャグが、大人にまで大流行しました。

このころ日本じゅうの話題を集めていたのは、何といっても**大阪万博**、すなわち「人類の進歩と調和」をテーマとして、1970（昭和45）年の3月から9月

COLUMN

まで大阪の千里丘陵で開催された日本万国博覧会です。終戦後、驚異的な経済復興を遂げた日本が世界に向けて放つ一大イベントとなり、77カ国が参加、総入場者数は6400万人を超えました。

ソ連館、スイス館、みどり館、住友童話館、ガスパビリオンなど、未来からやってきたような建造物がずらりと並んでいるのも壮観でしたが、わけても鮮烈なインパクトを与えたのは、お祭り広場を睥睨《へいげい》するご存じ「太陽の塔」、作者は美術家の岡本太郎。「反博」と称する前述の万博反対の立場からは風当たりも強かったようですが、現在でも大阪万博といえば「太陽の塔」、というほどのモニュメントになりました。

万博には現代音楽の作曲家たちも多数参加しており、**ヤニス・クセナキス**（1922‐2001）もそのひとり。数学の理論を使った作曲法で知られ、万博では「ヒビキ・ハナ・マ」を発表しました。その他、現代音楽界のスター、カールハインツ・シュトックハウゼンや、日本からは武満徹、高橋悠治、黛敏郎、湯浅譲二らが作品を提供しています。

大友さんのいう**「万博音頭」**は、正確には万博のテーマソング「世界の国からこんにちは」（作詞＝島田陽子、作曲＝中村八大、『三波春夫　ベスト』［2008、テイチク］などで入手可。写真は『三波春夫Best & Best』［1989、テイチク］）。親しみやすいメロディと三波春夫の明るい歌声で人口に膾炙《かいしゃ》しましたが、発売は1967年に遡り、7つのレコード会社から、坂本九、吉永小百合、山本リンダらのヴァージョンが競作のかたちで発表されています。実は、そのほかにも「万国博音頭」（作詞＝三宅立美、補作詞＝西沢爽、作曲＝古賀政男）もちゃんとあるので、ややこしいですね……。

「太陽33」こと「TAIYO33OSAKA」は、元あふりらんぽのPIKA☆とマッカーサーアコンチのアチャコプリーズを中心とした都会祭り興しプロジェクト。2013年3月3日に万博記念公園で、「太陽大感謝祭」を開催しました。2011年3月の東日本大震災や福島原発事故をきっかけに、芸術やお笑いまでを含むさまざまなエネルギーについて考え直すことをテーマに企画され、入場料はフリー・プライス制（来場者が判断して決める）を採用、当日は会場にさまざまな分野の人が集まって、交流会、上映会、パレード、自転車発電など、さまざまな催しが行われ、来場者は2000人を超えました。実行委員会は13年11月に解散。

第10話

事件はブラウン管の中で起こってる

深夜放送と浅間山荘事件、そして札幌オリンピック

（1971～72年　小6）

小学校6年生になった。せっかく5年生のときのクラスが楽しくなってきたのになぜかクラス変えになって、ちょっと恋心を抱いていた遠藤さんは他のクラス。仲の良かった男子もかずよしくん以外はやっぱり他のクラス。おまけに苦手なSくんやKくんがいる。なんか居心地悪いなあ。そんなときに成長期がスタート。こともあろうに、オレは太り出してしまったのだ。

背だけが高くなればいいのに、成長のしかたがなんか半端で、なんか残念。どう見てもいけてない。おまけにただでさえ体育が苦手なのに、太ったおかげでさらに運動が出来なくなって、逆上がりが出来ないばかりか、走るのもビリ……もうひたすらどんくさい。勉強もあんま面白くないしで、学校にいくのがほんと憂鬱だったぜ。

そんなこともあったからかな、6年になってから外で遊ぶことが少なくなって、切っ掛けは全然思いだせないけど、親に内緒で自分の部屋で寝ているフリをしながらイヤホンをしてポータブルラジオ

ばっか聞くようになっていた。夜も9時を回るころからいろんな国の電波が入り出す。ロシア語や中国語、朝鮮語が飛び交う中に、延々と暗号のような呪文を繰り返すなぞの電波もあれば(これ、今考えると朝鮮のスパイ放送だったのかも)、ソ連や中国の日本語のプロパガンダ放送やら、モールス信号みたいな謎の電波まで。子どもゴコロに、異国から飛び込んでくる聴いたこともない音楽に違和感を感じたり、アメリカや日本をディスりまくる北京放送に恐怖を感じたり。それでも、行ったこともない異国からの電波にウキウキしたなあ。インターネットなんてまだ影も形もない時代、ダイヤルを回すだけで世界中と繋がるラジオに、12歳の少年はココロを躍らせたのだ。

そんな異国の謎電波もいいけど、やっぱり一番の目当ては東京のラジオ局の深夜放送だった。かつて住んでいた横浜の香りがするような気がしたのかな。当時の福島では深夜放送をやってなくて、夜1時以降は東京のラジオ局にダイヤルを合わせるしかなかったってのもあるな。遠くから飛び込んでくるノイズまみれの深夜放送にオレは夢中になったのだ。最初に聞き出したのは亀渕昭信や斉藤安弘、糸居五郎の**「オールナイトニッポン」**。当時の深夜放送はおしゃべりだけじゃなく音楽もたくさんかけていて、このあたりから歌謡曲だけじゃなく、洋楽を意識しだしたような気がする。同時に歌謡曲以外のポップスが日本にあることをはっきり意識し出したのもこのころだ。テレビなんかには出ないけど、確実に若者達の支持を集めてる音楽がどうもあるっぽい。新宿ではフォークゲリラというのがあるらしい。アングラという世界があって、小さい屋根裏や地下室みたいなところで、恐ろしい風体をした人達がおっかない表現をしてるらしい。なにやら、世の中の若者は怒ってるらしく、デモをしたり、機動隊と衝突して催涙弾が飛び交ったり、新宿やお茶の水が学生に占拠されているらしい。三島さんという小説家が自衛隊に突入して切腹したり、日本軍の兵隊が南方の島に何十年も潜伏していて発見されたり……小学生には、なにやら全然わからない話ばかりだったけど、でも、そんな空気とともに、フォークとかロックとかが、ノイズまじりのラジオの向こうからものすごく新しい響きとともに飛び込んできたのだ。

最初に好きになったのは**メラニー**とか**カーペンターズ**とか。カーペンターズは今でもたまに聴くけど、メラニーは、今書いていて、急に思いだした名前で、実はその後一度も聴いてない。YouTubeで探そうかって衝動にかられているけど、今、これを書いているのはマニラから羽田に向かう機内なんで、そんなもん探すこともできないや。アメリカかどこかの女性のフォークシンガーだったと思うんだけど、記憶あってるかな？　あ、女性フォークってことだと時代は多少前後するけど、**本田路津《るつ》子《こ》**とか、**ベッツィ&クリス**とか、**新谷《しんたに》のり子**とか、**カルメン・マキ**とか、あとは、**赤い鳥**とか、それから洋楽だと**キャロル・キング**とか、そんなのがラジオから流れていて印象に残ってる。小学生だったオレは、まだまだディープな音楽にはまる前夜で、なんとなくそういったもんを時代の風のようにラジオから聴いていたんだと思う。

そうそう、これも書かなくちゃ。同じ頃、ボクはラジオを自分で作り出していたのだ。親父が電気技師だったこともあって、「ラジオの作り方」みたいな本を買ってもらったのだ。家には半田ごてもペンチやニッパーなんかの工具もあるし、真空管や抵抗、コンデンサーなんかの部品もごろごろしている。見よう見まねでラジオを作り出したのがこの頃だった。既製品のラジオよりはるかに性能は悪かったけど、自分の作ったラジオから音がでたときは嬉しくて、いつのまにやら回路図が読めるようになり、なんとなくだけど仕組みもわかるようになっていた。これがのちのち人生を動かすくらい役に立つなんて、この頃は思ってもなかった。

同時期にわすれられない国民的大事件がふたつ。ひとつは札幌オリンピック、そしてもうひとつは浅間山荘事件だ。オリンピックは**トワ・エ・モア**の歌う**「虹と雪のバラード」**とともに記憶に残り、浅間山荘事件は小学校の授業を中断して、教室にあるテレビに先生も子どもも夢中になったことで記憶している。もしかしたら札幌オリンピックも授業を中断してテレビに見入ってたような気もするなあ。それまで社会の周辺にあると思っていたフォークが札幌オリンピックのテーマ曲になっているってことに軽い衝撃を覚えたような気もする。今回は万博のときみたいな、ダサい音頭じゃなくて、ちゃんと今の音楽じゃん……なんて生意気に思ってた。まだ社会に対するなんの思いもないオレは、ただただ入ってくるキラキラした情報を受け入れていた感じだったなあ。連合赤軍がなんなのかなんてまったくわからなくて、巨大な金属ボールで家を破壊しながら突入する警察に固唾をのんだり、ジャンプの笠谷の金メダルやら、転んだときの笑顔がたまらなかったフィギュアスケートのジャネット・リンに熱狂していただけだった。

国民的大事件といったって、結局はテレビの中の出来事でしかないわけで、実際に目の前で起こった事件といえば、当時のオリンピック中継の名台詞「飛んだ、決まった笠谷のジャンプ！」を僕ら男の子どもが大声で真似しながら、学校の中庭につくった雪山でジャンプごっこをしている最中に、石灯籠にぶつかってしまい、こともあろうにその灯籠が崩壊、先生にこっぴどく怒られたことくらいだ。激動の事件はブラウン管の向こうで起こりつづけていて、ボクらガキは、そんなこととは無関係に、あいかわらずガキのまま小学校卒業を迎えようとしていた。

＊次ページ写真。これは実際に小6の頃に買った「虹と雪のバラード」（1972、東芝）、なぜかジャケットがぐちゃぐちゃになってしまいました。

COLUMN

この章もふれなくてはいけないことがいっぱいあるので、さしあたりミュージシャンにしぼってサクサクいきます！

メラニー（1947-）は、ふつう最初には出てこない名前だと思うんですけど……ウッドストックにも出演したシンガーソングライター、メラニー・ソフィカのことですね。独特のハスキー・ヴォイスが魅力で、「心の扉をあけよう」は、全米No．1ヒットに。

カーペンターズは、世界ポップス史にその名を残す兄妹デュオ。兄のリチャードがキーボード、妹のカレンがヴォーカル（初期はドラムも）を担当し、「遥かなる影」「愛のプレリュード」「イエスタデイ・ワンス・モア」「トップ・オブ・ザ・ワールド」など数々の大ヒットを生み出しました。1983年にカレンは摂食障害からくる心臓麻痺で亡くなりましたが、リチャードは現在も音楽活動を続けています。まずはベスト『40/40』（2009、A&M）あたりからお聴きいただくのがよろしいかと。

本田《ほんだ》路《る》津《つ》子《こ》（1949-）はフォークシンガー。1970~75年にかけて、「秋でもないのに」、「耳をすましてごらん」（72年のNHK連続テレビ小説『藍より青く』の主題歌）などで、森山良子と並ぶカレッジ・フォークの代表的なアーティストとなりました。現在はゴスペル・シンガーとして活動しています。

ベッツィ&クリスは、ハワイ出身のベッツィとアイダホ州出身のクリスによる女性フォーク・デュオ。デビュー曲の「白い色は恋人の色」（作詞・作曲は、北山修・加藤和彦というフォークルコンビ）は、透明な歌声が評判を呼び、息の長いヒットになりました。1969年にサウンド・オブ・ヤング・ハワイのメンバーとして来日したときにスカウトされたそうですが、デビューしたときには、ふたりともなんとまだ17歳！　73年には活動を休止しています。

新谷《しんたに》のり子（1946-）は、80万枚を超える大ヒット曲「フランシーヌの場合」で有名なシンガー。1969年に発表された「フランシーヌの場合」は、ベトナム戦争やナイジェリア紛争に心を痛めてパリで焼身自殺したフランシーヌ・ルコントを取り上げた曲です。新谷は学生運動の闘士でもあり、現在も社会運動、歌手活動両方を続けています。

カルメン・マキ（1951-）は、劇団「天井桟敷」出身のシンガー。1969年、寺山修司が作詞した「時には母のない子のように」が大ヒット。紅白歌合戦にも出場しましたが、その後ロック・シンガーに転向、72年に結成したカルメン・マキ&OZは、日本を代表するロック・バンドになりました。OZは77年に解散しましたが、マキは現在も元気に活動中。

赤い鳥は、1969年に結成され、74年に解散したフォーク・グループ。69年にヤマハ・ライト・ミュージック・コンテストで、オフコース、チューリップを押さえて優勝した実力派。美しいコーラスワークが持ち味で、「竹田の子守歌／翼をください」はミリオンセラーを記録しました。「翼をください」は、後に合唱曲や他のミュージシャンのカバーで世代を超える知名度を得ています。赤い鳥は、解散後、紙ふうせん、ハイ・ファイ・セット、ハミング・バードの3グループに分かれ、それぞれに活動を展開しました。

キャロル・キング（1942-）は、ポピュラー音楽史にとって忘れることのできないアメリカのシンガー・ソングライターの大御所的存在。1958年に歌手デビューを果たし、最初の夫であるジェリー・ゴフィンとともに、「ロコ・モーション」などの名曲を生み出しました。70年代にシンガー・ソングライターとしての活動を本格的に開始、セカンド・ソロ・アルバムの『つづれおり』（1971、Ode）は、グラミー賞4部門受賞、全米アルバムチャート15週連続1位、その後約6年にわたってトップ100に座を占めるメガヒットとなっています。

トワ・エ・モワは、山室（現・白鳥）英美子と芥川澄夫によるデュオ。ふたりはもともとソロで活動していましたが、渡辺プロダクションからデュオで活動するよう命じられ、1969年にデュオ結成。「空よ」「誰もいない海」、そして札幌オリンピックのテーマ曲**「虹と雪のバラード」**（この曲は大友さんが初めて自分のおこづかいで買ったシングルなんだとか！ **写真**）などのヒットを放ちました。73年に解散、山室はソロ、芥川はソロ～プロデューサーとしてそれぞれに活動を続けていましたが、97年に再結成しています。

第11話

なんで坊主頭にしなくちゃならないの

T・レックスと永山くんと校則と
（1972年　中1）

いよいよその時は迫って来た。今までの人生の中でも、57年生きて来た人生の中でも3本の指に入るくらいの最悪の記憶。オレがいろいろなところで、福島が嫌で嫌で飛び出した……って言ってる理由の半分は、こいつが理由と言っても大袈裟じゃないくらいの大事件。そう、事件はブラウン管の中じゃなく、身に迫っていたのだ。

小学校を卒業した春休み、僕ら福島市の市立中学校に入学する男子は全員坊主頭にしなくてはならなかった。21世紀になった今はもうこんな習慣は福島市のどこにも残ってない。もしかしたら日本中どこを探しても残ってないのかもしれない。坊主頭の強要なんて今や野球部くらいなのかな？　それとも野球部も今どきはどんな髪型でもいいのかな？　その辺のことは全然知らないけど、でも少なくとも1972年の福島市では、男子全員坊主頭にしなくてはならなかったのだ。これを大事件と言わずして、なにが大事件だって言うのよ。浅間山荘も三里塚の闘争も、小説家の割腹自殺も、札幌オリンピックも、こんな大事件に較べれば遠い出来事でしかなかった。

小6の3学期になってその時がさしせまってくると、オレは髪の毛を伸ばしたくて伸ばしたくて仕方なくなった。それもとびっきりの肩までとどくような長いヤツ。出来れば金髪のカーリーヘア。でも当時はそんな髪型をしている小学生は皆無、ってか今もいないか。だいたいそんなんが似合うはずもなく、もちろんそうする勇気も皆無で、ただただその時が来るのを待つしかなかったのだ。でもただ待つのなんて嫌だもんねえ。最後の最後、中学に行く日の直前までオレは粘った。0・1㎜でもいいから伸ばしていたかった。刈り上げだったうしろ髪が、2〜3㎝に伸びただけでも嬉しかった。かすかな抵抗。人世初のレジスタンス！

オレはてっきり他のみんなも、クラスの男子諸君も同じ気持ちだとばっかり思ってたんだけど、驚いたことに誰一人共感してくれないのよ。レジスタンスの連帯をって思ったのに、ただでさえ友達の少ないオレは、もうどうしていいやら。

中学入学式直前、生まれて初めて着る詰め襟の学生服。普通はこういうの嬉しいことだと思うんだけど、本当に、本当に嫌な暗い気持ちだった。鏡を見ると軍人のような詰め襟の上にのっかった丸顔の坊主頭。絶望的なくらいかっこわるくて、涙も出やしない。せめて坊主頭を隠そうと学生帽をかぶってみたんだけどさ、なんでこんな戦時中みたいな格好しなきゃいけないのか、全然理解出来ない。世の中はフォークだロックだ、サイケデリックだって言ってるのに。新宿では若者が髪の毛のばして石投げてるのに、なんでオレはこんな軍人みたいな格好をしなくちゃならないんだ？

嫌々行った中学校だったけど、行ってみると隣の小学校から来た永山くんやら高橋くんやらやたら大人びたヤツらがいて、すぐにそいつらと友達になったような記憶がある。なにしろ一学年400人、小学校の頃より硬軟いろんなのがいて、そんなませた連中と知り合って、坊主頭は嫌だったけど、オレは生き生きしだしたのだ。高橋くんは坊主頭なのに微妙に後襟の髪の毛だけ怒られないギリギリの感じで伸ばしていて、こいつやるなって思ったし、永山くんはたしか学級委員長だったはずだけど、なにより彼に魅かれたのはギターが弾けて、ロックを聴いていたことだったのだ。たぶん彼には兄ちゃんがいたはずで、だからその影響で、他の皆より音楽的にませてたんだと思う。彼の家のステレオで大音量で聴いた**T・レックス**の**「イージー・アクション」**は衝撃的だった。中1のくせにガールフレンドがいて、すでにファーストキッスもすませていた最強のませガキ高橋くんも一緒だったと思う。じゃかじゃかじゃかじゃかじゃかじゃん、ヘイヘイヘイ！　じゃかじゃかじゃかじゃかじゃん、ヘイヘイ！　じゃかじゃかじゃかしたエレキのイントロと、やたら「ヘイヘイ」言いまくるだらしな〜い感じが、僕ら坊主頭に詰め襟の一見全然だらしなくない12歳には最高にかっこいいものに聴こえたのだ。

1学期の中間テスト。オレはどういうわけか突然成績がよくなってクラスで1番、学年でも3位だったか4位だったかで、永山くんも高橋くんも似たようなかんじで成績がめちゃ良かったはずだ。1学期の成績も音楽と体育以外はオール5に近かったんじゃないかな。とまあ、こう書くと、自慢話みたいで嫌な感じだけどさ、ご安心あれ。これがオレの人生のピーク。あとは坂道を転がり落ちるように、成績が急降下したのはご想像のとおり。オレと同じ曲線をたどったのは高橋くん、永山くんは最後まで成績よかったなあ。

そんなあるとき、生徒手帳の校則を読んでいたら、どこにも髪の毛の規定がないことに気づいたのだ。どこをどう見ても、坊主頭にしろなんて書いてない。制服の規定や、女子のスカートの長さや髪型まで書いてあるのに、男子の髪型についてはなんの規定もないのだ。なんでオレ等は坊主頭にしているんだ？　オレは先生に直接交渉してみた。成績が良くて先生の受けもよかったりしたんで、オレは少し調子に乗ってたんだと思う。そんなのもあって、ずけずけものを言ったのかな。でも、これについては相変わらずクラスの男子からはまったく賛同が得られずで、高橋くんはどうだったかな、よく覚えてないけど、オレは単独行動だった。仲のいい連中は仕方ないじゃんって意見だったし、大勢は坊主のほうがいいという意見だったのだ。これは結構衝撃的だった。衝撃的だったけど、本当に坊主頭が嫌だったんで担任に何度もこの話をしたと思う。最終的には担任じゃラチがあかないんで校長にまで掛け合いに行った。親にも相談したけど、親父はそもそも坊主頭の強制なんて間違ってるって考えだったから、お前は間違ってないってかんじで応援してくれて、さらに調子に乗ったのだ。でも、事の顛末は忘れてしまったけど、オレの記憶では校長に言いくるめられて、結局はどうにもならなかったのだ。完敗だった。担任にもそんなことばっか言ってるから成績が落ちるんだと怒られて（問題のすりかえだろ、担任！）、でも、オレ、絶対間違ってないもん。当時はそう思ってた。そんなこともあっていつか大人になったら、このことは必ず言ってやるぞ……って自分に誓ったんだけどさ。だから40年以上たった今になって、しつこくこんなこと書いているんだけど、でも、2000年代になって里帰りしたときに、市内に坊主頭の中学生がまったくいないことに気づいたのだ。街できいてみるとさ、

「ああ、そういえば昔はそんなでしたねえ」

なんていいやがる。せっかく大人になってモノが言えるようになったってのに、世の中のほうがオレに言われるまでもなくとっくに変わっていたのだ。まあ、いいか。でもさ、だったらなんでオレは坊主頭にしなくちゃならなかったんだ？　あの頃のオレは本当に嫌で嫌で面白くなかったのに。そんなこともあったからなのかな、オレはふてくされてロックと深夜放送ばっか聴いていた。勉強よりも

リクエストハガキを出したり、電話リクエストしたりすることに情熱をそそいでいた。そこそこ性能のいいラジオも作れるようになって、家の屋根に大きなアンテナを立てて東京のラジオを深夜に聴くのがすっかり習慣になっていた。一方で2学期3学期と成績はどんどん落ちて行って、1年生の終わり頃にはオレはすっかり問題児になっていたんだけど、この話は次回に。

COLUMN

大友少年が衝撃を受けたというT・レックスは、1970年代前半に大人気を博したグラム・ロック・バンド。リーダーでヴォーカリスト、ギタリストのマーク・ボランは、それ以前にはティラノサウルス・レックスという風変わりなフォーク・デュオで活動していました。ボランのセクシーに揺れる声、夢の世界をさまようがごとき歌詞、相方のスティーヴ・トゥックが叩くコンガ、というスタイルでしたが、1970（昭和45）年にエレクトリック・ギターを導入、相方もミッキー・フィンに交代、さらにバンド名をT・レックスと短縮し、ベースとドラム（さらにきらびやかなメイクと衣裳）も加わると、演奏もギンギンなものに変貌、ボランはティーンエイジャーのアイドル、グラム・ロックの旗手として名をはせることになります。出すシングルはことごとく大ヒット、アルバム『電気の武者』（1971、Fly）、『ザ・スライダー』（1972、EMI）もベストセラーに。それに続くデヴィッド・ボウイやロキシー・ミュージックなどの活躍もあって、グラム・ロックは大ムーヴメントとなりました。

「イージー・アクション」こと“Solid Gold Easy Action”は、1972年に発表されたT・レックスとしては8枚目のシングル。イギリスではヒット・チャートの2位を記録。この時期のT・レックスの特徴は、キャッチーな曲調とナンセンスな歌詞。それでもボランのルックスと独特な声で歌われると、何やら倒錯的な香りが漂ってきます。この曲はオリジナル・アルバムには収録されておらず、『グレイト・ヒッツ』（1973、EMI、**写真**）などのベスト盤でしか聴けません。このころT・レックスは、アルバムに入れないシングルを連発していたんですね。

グラム・ロックは1974年以降急激に失速、T・レックスも人気は陰り、ボランも過去の人扱いをされるようになってしまいます。そして、30歳の誕生日を2週間後に控えた1977年9月16日、「僕は30歳まで生きられないだろう」と自ら予言していたとおり、自動車事故でこの世から彗星のように去ってしまいました。

第12話

はじめての即興演奏

カーペンターズ「遥かなる影」

（1972年　中1）

はじめて即興演奏をしたのはいつだったかな。**阿部薫**とか**デレク・ベイリー**を聴きだした高校生の頃の話だったら、かなりかっこいいエッセイが書けるんだけど、実際はそうじゃない。

話は中学1年生の夏休みのことだ。福島に転校して以来、夏休みは家族で横浜の母方の実家に1カ月近く遊びに行くのが、習慣になっていて、毎年僕は楽しみにしていた。小さい頃のような週末の宴会は、何年か前に家を新築したのと同時になくなってしまったけど、それでも従兄弟たちと皆で遊ぶのは楽しかったのだ。

ところが中1の夏休みは憂鬱だった。だって親戚中に、とりわけ従兄弟連中にオレの坊主頭を見られてしまうのは屈辱以外のなにものでもない。最初のうちはキャップをかぶって凌いでいたけど、夕食のときに帽子をかぶってると怒られるしで、やっぱり坊主頭をさらさなければならず、なんか本当に気がめいってしまった。外を歩くのも嫌で、家の中ばかりにいた。

そんなオレの気持ちを慰めてくれたのがラジカセだった。中学の入学祝いに買ってもらったソニーの黒いラジカセを僕はずっと抱えていた。当時ラジカセは最新アイテムで、中学生憧れのマシーンだったのだ。頭と同じくらいの大きさのソニーの黒くてでっかいヘッドフォンも買ってもらって、ラジカセにこれを繋いで、ラジオやカセットに録音した音楽をいつも聴いていた。ときには歩きながら、ときには列車の旅のときも。ヘッドフォンをしていると、列車の中でよく話しかけられたもんだ。

「あんちゃん、なに聴いてるんだ？」

まだウォークマンがこの世に出る数年前。ラジカセを持ってヘッドフォンをしながら街を歩いたり、列車に乗ってるヤツなんてこの世にいなかったのだ。きっと、オレは、かなりへんな感じの坊主頭中学生だったんじゃないかな。

ラジカセを何に使ったかというと、もちろん一番はテレビやラジオから流れる音楽を録音する……要はレコードを買うのは高いので、ラジカセで録音してそれを聴くために録音機能をみな使っていたわけだけど、それだけではなく、オレは自分たちの声や音を録音したくなったのだ。

外に出たくないオレは、なんとか室内遊びを考えて、みんなで楽しく過ごすことを考えていた。ラジカセをもっていったオレは、双子の弟や従兄弟たちと、バンド（のようなもの）を結成して、ラジカセで録音をはじめたのだ。6つ下の従兄弟が弾いているアップライトピアノが居間にあったし、かつて宴会でおじさんが弾いてたギターもある。あとは学校の音楽の時間で使ってるピアニカやハーモニカ、縦笛、それから昔からあったおもちゃのピアノや太鼓、それにフライパンや段ボールを使って、ドラムセットっぽく打楽器を並べれば、一応バンドっぽくなる。

ジャイアントロボ、ゲゲゲの鬼太郎、あしたのジョー、ウルトラマン……知っている曲をかたっぱしから皆で歌いながら、というかがなりながら、楽器は適当に弾く。コードもチューニングもなにも知らないからとにかくかき鳴らす。要は楽器はメチャクチャをやって、歌だけ「がなり合唱」みたいなかんじかな。これを録音して、みんなで聴いてはゲラゲラ笑っていたのだ。これが記憶する限り、オレの最初の即興演奏、かつ意識的に録音というものをやった最初だ。

でも子どもは飽きるのが早い。中1のオレ以外は全員小学生だもんなあ。こんなもんだけで何日ももつわけがない。演奏がどんどん激しくなり、大きな音競争になりノイズ化していったところで、みんな即興遊びに飽きてしまったのだ。60分のカセットに、歪んだ声とめちゃくちゃな演奏を残したまま、少年少女即興ノイズ楽団はあえなく自然消滅してしまった。そして、こんなことをやっていたことはあっという間に忘れて、みんな虫取りや近所のプールにいったり、裏の山に行くことで忙しくなってしまったのだ。

オレはというと、即興演奏も録音も同じくすぐに飽きてしまったけど、でもさすがにもう虫取りの年齢じゃないし、外に行くのが嫌で、親戚みんなでプールに行く気分にもなれなくて、一人だけ家に残ってヘッドフォンでラジオや音楽を聴きながら留守番をしていた。カセットには**T・レックス**の**「イージー・アクション」**はもちろんのこと、**カーペンターズ**の**「遥かなる影」**や**「雨の日と月曜日は」**、**ポール・マッカートニー&ウイングス**の**「007/死ぬのは奴らだ」**や**ビートルズ**の**「ストロベリー・フィールズ・フォーエバー」**や**「ルーシー・イン・ザ・スカイ・ウィズ・ダイヤモンズ」**なんかが入っていた。夏休みが終わって福島に戻る頃には、みなで録音した即興演奏の上に、FMから流れてきた**クリーム**や**ジミ・ヘンドリックス**が録音されていて、少年少女即興ノイズ楽団の痕跡はあとかたもなく消えていた。

COLUMN

しょっぱなから阿部薫とかデレク・ベイリーという名前が出てきますが、このへんはもうちょっと後でふれますので、少々お待ち下さい！

本文冒頭に出てくる、ラジカセを囲んでわいわいやる感じ、録音自体がまだもの珍しい時代を過ごした年長世代には、ああ、あったあった！　と懐かしくなる経験かもしれません。当時、音楽好きの子は、大友少年と同様、「エアチェック」と称して、ラジオで流れる曲をラジカセで録音したりしていましたね。

では、大友少年がこのころカセットで愛聴していたのはどんな音楽だったのでしょう。

第10話でもちょっと出てきたカーペンターズの**「遥かなる影」**（1970、A&M、**写真**）は、大友さんがラジオでもよくかける透明感に溢れた名曲。作詞・作曲はハル・デイヴィッド／バート・バカラック。カーペンターズのヴァージョンは1970（昭和45）年に発表され、初全米No．1ヒットになりました。原題は「(They Long To Be) Close To You」、訳すと「あなたのそばに（みんな行きたいのね）」。この世界観が70年代の少女マンガに与えた影響はかなり大きいのでは……とも思うのですが、実はこの曲を最初に吹き込んだのは男性。俳優リチャード・チェンバレンが歌う、ややもっさりしたそのヴァージョンを聴くと、その落差になんだかあっけにとられてしまいます。

「雨の日と月曜日は」は、カーペンターズの1971年のシングル。作詞・作曲はカーペンターズのお気に入り、ポール・ウィリアムズ／ロジャー・ニコルズ。彼らのペンになるヒット曲「愛のプレリュード」（1970年）は、今でもアメリカの結婚式で歌われる定番ナンバーです。

ポール・マッカートニー&ウイングス**「007／死ぬのは奴らだ」**は、同名映画（1973、20世紀FOX）のテーマソング。静と動のメリハリがきいた名曲で、ウイングスのライヴのハイライトにもなりました。

ビートルズ**「ストロベリー・フィールズ・フォーエバー」「ルーシー・イン・ザ・スカイ・ウィズ・ダイヤモンズ」**は、どちらも1967年に発表されたジョン・レノンの大傑作。リスナーをサイケデリックな異世界へと誘います。

第13話

冤罪ヌード事件

エマーソン・レイク・アンド・パーマー（1973年　中1）

「大友、ちょっと来い！」

中1の3学期のある日の放課後、突然担任の松本から生活指導室に呼び出されたのだ。あ、てか、曲がりなりにも担任だった人を呼び捨ては良くないな、失礼しました、訂正、松本先生です。悪い人じゃなかったと思うんだけど、でもこの先生はオレとはどうも反りが合わなかったなあ。でもって、室内はこの担任の松本とオレだけ。

「これ書いたのお前だな」

A5くらいの紙に女性のヌードの下手糞な絵がかいてあって、その裸の女性から出ている吹き出しのなかには「〇〇くん好きよ」って書いてある。

なんじゃこりゃ？

もちろん書いたのはオレじゃないし、まったく見たこともない代物だった。

なんで書いたのがオレってことになっているのかまったくわからないし、なにより不名誉だったのはその絵があまりにも下手糞で幼稚だったことだ。そもそも女性のヌードに「○○くん好きよ」って言わせるような幼稚な悪戯《いたずら》をオレがしているなんて思われることも不愉快だった。この頃オレはもっと大人だって自覚もってたもん。

「オレじゃないです。それにオレだったらもっと上手に描けます！」

オレはカバンから自分のノートを出して、もっとずっと上手いタッチの長髪サイケデリックなロックバンドの似顔絵の落書きを先生に見せながら、きっぱりと言ってやったのだ。これで冤罪は晴れると思ったし、絵が下手糞だって思われてることが何よりも嫌だったんだけど、でもこの反論は逆効果だったのだ……って当たり前か。やっぱ自分が思ってるより、ずっとガキだったってことなのかな。

結局はそのノートを取り上げられて、職員室にまで連れて行かれ、これだけたくさんノートに落書きをしてることがそもそも問題だし、その中には女の子の絵もあるから、このヌードの絵も大友だって理屈になって、他の先生まで巻き込んで、オレのせいにされてしまったのだ。

オレは抵抗した。だってそんな理屈全然意味がわかんないもん。

「オレだったらこんなひどいデッサンの絵はかきません！」

オレは主張しつづけた。自分の落書きのデッサンの正確さに較べてヌードの絵はなってない……ってことまで言ったのに。

その日のうちに、松本はオレの家にまで行って、事を荒立てやがって……。もう何を言ってもまったく聞いてもらえなかった。今でもすごいなと思うのは、オレの親はこれについては一言もオレに言わなかったことだ。信頼しててくれたのかな。坊主頭事件もそうだったけど、そのことだけが救いだった。

ただでさえ成績は落ちてるし、髪の毛問題でひと悶着あったし、ロックにはまってサイケデリックな落書きばっかしてるし、高橋くんとつるんで教室の後ろの方でいつも騒いでいたしで、今にして思えば、担任の先生にとってオレは厄介な存在だったのかもしれないし、先生なりにこいつをどうすればいいか悩んだのかもしれない。松本くんよ、呼び捨てにして悪かった。あんただって大変だったよなあ。でもさあ、オレは実際やってないわけで、やっぱ今思いだしても腹が立つんだよなあ。

以来、オレは松本先生の授業のときは、教科書も開かずにひたすら先生をにらみつづけた。松本先生は本当にやりにくかったと思う。1年終了のまぎわだったと思う。

「あれはやっぱりおまえじゃなかったのかなあ」

弱気になった松本先生に言われたけど、でもオレは先生に優しい言葉は返せなかった。

この頃になると、永山くんとレコードの貸し借りをするようになっていて、そんな中に**エマーソン・レイク・アンド・パーマー**の『**タルカス**』というアルバムがあって、これが最初に聴いたシンセサイザーのアルバムだったと思う。21世紀の現代にこんな話をしても、わかってもらえないと思うけど、今までに聴いたこともない、なんだかふにゃふにゃしてぶっ飛んだシンセサイザーの未来的な音色がものすごいものに聴こえたのだ。しかも当時NHKでやっていた『ヤング・ミュージック・ショー』という数少ないロックのテレビ番組に出て来たエマーソン・レイク・アンド・パーマーのキース・エマーソンが、なんだかスイッチやつまみに囲まれた中で演奏してるだけでもかっこいいのに、ハモンドオルガンにナイフを刺してひっくり返したりしながらフィードバックさせていて、いや、今改めて見てみると、なんだか子ども騙しみたいなところもあるんだけど、ただのガキでしかなかったオレを騙すのには充分すぎるくらい暴力的で、もっと刺せ！　もっとぶっ壊せ〜って思いながら、ぐっと来てしまったのだ。でもってスイッチやつまみがやたらたくさんついているシンセサイザーがほしくてほしくてたまらなくなった。あの機械をごちゃごちゃといじりたおしたかったのだ。

テレビ番組なんかに出るときに決まって**ジミヘン**を見たのがノイズ的なものに興味をもつ切っ掛けでした〜みたいなことを言ってるんだけど、確かに実際にそういうものに深くハマる大きな切っ掛けはジミヘンのモンタレーポップスフェスの映像なんだけど、でも、それはもう少し後のことで（たぶん中2か中3のときじゃないかな）、最初にステージで楽器をぶっ壊す姿にぐっときたのは実はキース・エマーソンだったのだ。でも、そのことを正直に言うのは、なんかかっこ悪い感じがするのはなんでかな。ジミヘンって言った方があきらかにかっこいいもんなあ。実際エマーソン・レイク・アンド・パーマーが旬だったのは半年くらいのことで、なんか、ちょっと幼稚かもと思ってすぐに飽きてしまったのだ。音楽を聴いて、幼稚……とかって思う心情ってなんなんだ？　でもって、ちょっと幼稚かもって考え出すと同時に、**キング・クリムゾン**や**イエス**といった当時流行り出していたプログレッシヴ・ロックにがっつりハマってしまうことになるんだけど、その話はまた次回。

COLUMN

エマーソン・レイク・アンド・パーマー（ELP）は、プログレッシヴ・ロックの代表的なバンドのひとつとされていますが、そもそも**プログレッシヴ・ロック**とは、1960年代後半から、ロックの表現の拡張を目指して、クラシック、ジャズ、現代音楽、民族音楽など他ジャンルのイディオムや発想を取り入れるなどして作り出してきた音楽のことでした。略称「プログレ」。歌詞も読みでのあるものが多かったですね。70年代後半に入り、パンクが勃興すると、こうした音楽は時代遅れとみなされ、退潮していきました。

ELPは、キース・エマーソン（1944-2016、k、元ナイス）、グレッグ・レイク（1947-2016、b、vo、元キング・クリムゾン）、カール・パーマー（1950-、ds、元アトミック・ルースター）からなるキーボード・トリオ。シンセサイザーを大々的にフィーチュアし、クラシックやジャズの要素を取り入れた音作りで、世界的人気グループとなりました。ルックスもよかったので、アイドル的な人気もありました！ 青池保子『イブの息子たち』（1975-79、秋田書店）っていう少女マンガは、彼らをキャラのモデルにしていたくらいです。

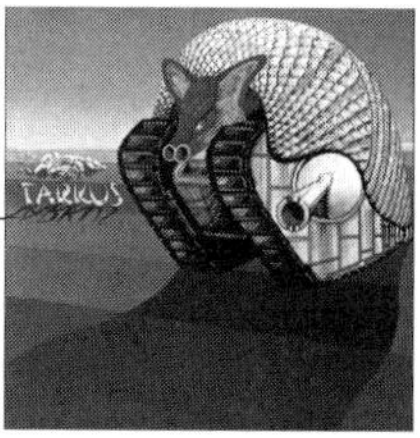

1970（昭和45）年に結成されるや、すぐにスーパーグループとして大評判を呼び、セカンド・アルバム『**タルカス**』（Cotillion、**写真**）を発表した71年には、『メロディ・メイカー』誌のポップ・ポールでレッド・ツェッペリンを押さえて首位の座に。組曲「タルカス」のテーマは、2012年のNHK大河ドラマ『平清盛』に使われたので、ご記憶の方も多いでしょう。1972年には来日し、後楽園球場で約3万5000人を集めてコンサートを開きました。

その後も『恐怖の頭脳改革』（1973、マンティコア）などの傑作を発表しますが、78年以降は人気を落とし、80年に解散。その後、何度か再結成をしていますが、2016年にエマーソンとレイクが相次いで亡くなったのはいささかショックでしたね。

ジミ・ヘンドリックスの紹介は、第20話のコラムに譲りましょう。

第14話

Fが押さえられない

キング・クリムゾン「太陽と戦慄」「暗黒の世界」（1973〜74年　中2〜中3）

中2になった。クラス替えで、晴れて松本学級ではなくなったオレは、本当に心が晴れ晴れって気分だった。クラスにはあの永山くんもいる。彼は学校にときどきフォークギターを持ってきていて、**井上陽水**の「**傘がない**」とか**サイモンとガーファンクル**の「**スカボローフェア**」をまるでレコードと同じように弾いてくれるのだ。羨ましかった。ギターが上手いから羨ましかったんじゃなくて、それを見てる女の子たちにちやほやされている永山くんが羨ましかったのだ。

ギターがほしくなった。オレも永山くんみたいにギターを弾いて、女の子たちに、「わ〜〜すごい、もう一回弾いて〜」とか言われたかったのだ。

当時はフォークブームで、永山くんだけじゃなく、クラスの半分とはいわないまでも、かなりの子がギターを買ってもらっていた。オレも親にねだってすずらん通り（現・パセオ通り）にある福島楽器でギターを買ってもらった。でもそのことは誰にも言えなかった。永山くんにも言えなかったのだ。なんでかな。プライドが許さなかったのか、はたまた、せっかく買ってもらったのに上手くならなかったら恥ずかしいからか、それとも女の子たちにちやほやされたいという動機にうしろめたさを感じたからかな。

買ってもらったのは7000円のごくごく普通の形をしたフォークギターだった。当時の初心者用の普及品だ。段ボールのケースの中には、おまけのチューニング用の笛とギター教本、そして替えのフォーク弦セットが入っていた。家に持ち帰って、ゆるゆるの弦を笛の音にあわせて張ってみるものの、いったい笛の音と弦の音が同じ音程になってるのかどうかすらわからない。何時間もかけて、あであもない、こうでもないと弦を弛めたり張ったりしているうちに、細い方の弦が2本とも切れてしまったのだ。もしも替えの弦も切れてしまったら、また楽器屋に新しい弦を買いにいかなくてはならない。今と違って当時の弦は結構高くて、そんなのとても無理だった。ギター購入初日から泣きそうだった。

それでもどうにか弦を張れたのが2日目。これで教本どおり演奏すればオレも女の子にちやほやされる。でも、そうは問屋が卸すわけがない。弦をまったく押さえられないのだ。頑張って押さえても、弦がうまく響いてくれない。永山くんはなんでこんな固いもんを押さえることが出来るのだ？　同じ人間、同じ中2の男子じゃないか。いきなりめげそうだった。

絶対に永山くんに習いたくないと思ったけど、意を決してギターを持って永山くんの家に行ったのは1週間後。

「あのさ、そこを押さえるんじゃなくて、フレットとフレットの間を押さえるんだよ、大友」

言われた通り押さえてみたら、なんと、鳴るじゃん。わ〜〜い。それまでオレはずっとフレットの真上を押さえていたのだ。これじゃいくら力をいれても弦がミュートされて鳴るわけがない。なんか悔しかったけど、それ以上にコードを押さえられたのがうれしかった。ついでにチューニングをちゃんとやるといい響きがするんだってことも教えてもらった。確かに！　さんきゅ〜！　永山くん。

オレはいきなりEm、E、Am、G、そしてDが押さえられるようになった。Emが一番簡単だったけど、なんか響きが辛気くさくて好きじゃなかった。一番好きだったのは明るい響きがするD。それから毎日Dのコードばっかり弾いていた。そう言えば今でもDコードの響きが好きだけど、それはこんときの記憶からきてるのかな。

エマーソン・レイク・アンド・パーマーのファーストアルバムのラストに入ってる曲**「ラッキー・マン」**の冒頭がフォークギターでDとGコードを繰り返すものだった。そのことを永山くんに教えてもらった僕は、くる日もくる日もこの曲の頭ばかり弾いていた。それで最初のうちは充分満足だった。楽しい！

でも、あるときふっと気づいたのだ。これでは女の子にちやほやされない。やっぱ永山くんのように、なんかの曲をちゃんと弾かなくてはダメなのだ。コードが出ている歌謡曲集をぱらぱらとめくっても、知ってるコードだけで演奏出来る曲がほとんどない。あってもあんまり知らない昔の曲だったりして、これじゃちやほやされないもんなあ。やりたい曲も、たいていは途中で弾けないコードが出て来て挫折してしまう。この弾けないコードの筆頭がFだ。ギターを弾いたことがある人ならわかると思う。最初にぶつかるのは、人差し指をつかって全部の弦を押さえなくてはいけないこの憎っくき「F」コードの壁なのだ。しかも、このコードがかなりの頻度で出てくる。

まいった。いくらやっても全然押さえられないのだ。永山くんにコツを聞いても、さっぱりだった。才能ないのかな。そもそもFだけじゃなく、ほかにも押さえられないコード、いっぱいあるし、永山君みたいなアルペジオやスリーフィンガーなんて、夢のまた夢、まったく到達出来そうにない。なんか楽器って難しい。オレには無理かも。

そんな頃に出会ったのが**キング・クリムゾン**だった。最初に聴いたのがアルバム『**クリムゾン・キングの宮殿**』の中の「**21世紀の精神異常者**」。誰に教えてもらったのか思いだせないけど、いったいなんでこんな音が出ているのか見当がつかなくて、本当に21世紀の精神異常者みたいで、衝撃的だった。これがサックスの歪んだ音だなんて知ったのはずっと後のことだ。

この歪んだ音に、当時の僕は痺れたんだと思う。カセットに録音したものをヘッドフォンで大音量で聴いていた。そしてこれまた誰に録音してもらったか覚えてないけどキング・クリムゾンの『**太陽と戦慄**』にドンばまりしてしまったのだ。なにしろ1曲目から、リズムがなくて普通のポップスやロックと全然違う。そして突然出てくる大音量のビート、当時の中学生にはめっちゃ前衛的に聴こえて、これをでっかい音で聴くのが大好きだった。もっとデカい音で聴きたくて、近くの電機工場のゴミ箱から拾ってきたスピーカーを十数個、部屋のいたるところにとりつけて、そいつをラジカセにつなげてヴォリュームを10にしてガンガン歪ませながら聴いていた。

「何時だと思ってるんだ！　いいかげんにしろ～」

こんなことしたら親に怒られるに決まってる。

「いやスピーカーをたくさん繋げば、ステレオよりすごい音になると思って」

電気技師だった親父は、このオレの浅はかな間違いを丁寧に正してくれた。

「お前なあ、ステレオってのはそもそも……」

ええぇっ、ステレオってスピーカーが複数あることじゃないのか。

もう少し後の話になるけど、出たばかりのキング・クリムゾンの新譜『**暗黒の世界**』を国道沿いにある中芝レコードで見つけたのは中3になった頃だったかな。ざらざらとした荒っぽいテクスチャーの紙ジャケにドキドキして、中身も聴かずに人生初のジャケ買いをした。このジャケなら絶対にいいに決まってる、そう思ったのだ。テープコラージュで曲が途中で事故のように切れるところとか、もう痺れすぎて繰り返し何度も何度も聴いた。本格的なオープンリールのテープレコーダーがほしいなあと思いだしたのはこの頃だったんじゃないかな。

そんなもんにはまっているうちにフォークギターとか、だんだんどうでも良くなってきた。と当時はおもっていたけど、今考えると、それはウソだ。本当はFが押さえられなくてギターが弾けない自分を認めたくないというか、それで女の子にちやほやされる夢が果たせなかったなんて思いたくなかったのだ。そんなこともあって、オレはフォークギターからどんどん遠のいてしまった。いつのまにか永山くんの家にもいかなくなり、中2の冬にはギターにうっすらと埃がかぶっていた。

COLUMN

前話で紹介したＥＬＰの「**ラッキー・マン**」は、グレッグ・レイクが、子供のころに作ったフォーク調の曲。キース・エマーソンは曲の終わりでシンセサイザーをかぶせているだけなので、このバンドのシングルとしてはいかがなものかと思っていたとのこと。キースの本領は、次作『タルカス』でいよいよ発揮されます！

　そのグレッグ・レイクも参加していたのが、**キング・クリムゾン**。ギタリスト、ロバート・フリップをリーダーとしてプログレッシヴ・ロックの方向性を示し続けた名バンドです。１９６９（昭和44）年、『クリムゾン・キングの宮殿』が「英国で『アビー・ロード』を抜いてトップに立った驚異のアルバム」（現在、こうした事実は未確認とされているようですが）として大ヒット。名曲「エピタフ」は、ザ・ピーナッツや西城秀樹にもカヴァーされています。初めて聴いたときには、腕達者ぞろいの中に、楽器を演奏しない作詞家ピート・シンフィールドが堂々とメンバーにクレジットされているのも驚きでした。なお、長らくバンドの代表曲だった「21世紀の精神異常者」が、今では「21世紀のスキッツォイド・マン」という表記になっているのは、大友さんには内緒でお願いします！

　72年にはフリップ以外のメンバーを総入れ替え、音楽性も一新して『**太陽と戦慄**』を73年に発表します。ツアーも精力的にこなすものの、74年には『**暗黒の世界**』（**写真**）『レッド』（以上、アイランド）を残して解散。大友さんも大好きなこの時期のクリムゾンは、ロックの即興演奏の最上の例のひとつを示しています。『宮殿』でもフィーチュアされていた即興演奏をさらにアクティヴに展開した『太陽と戦慄』では、その推進役をパーカッショニストのジェイミー・ミューアが務めています（本作限りで脱退）。ミューアはクリムゾン以前にはミュージック・インプロヴィゼーション・カンパニーに参加していましたが、実はこの中心人物が、本書の後の方に出てくる即興演奏のキーパーソン、デレク・ベイリーなのです……このへん、かなり重要な伏線かも！　なお、クリムゾンは、その後も再編と解散を繰り返しながら、現在も活動を続けています。

第15話

シンセサイザーを作るぞ

ロバート・ムーグ博士
（1973年　中2冬）

フォークギターにうっすらと埃がかぶりだした頃、オレが熱中していたのはシンセサイザー作りだった。スタジオを埋め尽くすような巨大な機械だったシンセが、この頃持ち運びが出来る程度の大きさになりだしていて、当時出たばかりの小型シンセ、ミニムーグは僕らプログレ少年の憧れの楽器で、ロバート・ムーグ博士って人が開発したんだなんて記事を読むと、ウキウキが止まらなかった。なにしろ博士だよ。音楽なのに博士なんて、もう未来はそこまで来たか感半端ないみたいな感じだもん。とはいえ、ミニムーグってたしか定価が80万円くらいだったんじゃないかな。仮にバイトをしまくって、さらに親にねだったとしても、とても中2の子どもに手が届くような代物じゃなかった。なかったけど、どうしてもこいつが欲しくて欲しくてたまらなかったのだ。今回はそんな中2少年のしょぼいお話を。

時間は少しだけ巻き戻って中2の夏休み。オレはいつものように自転車に乗って、レコード屋に行って、ひたすらジャケットを眺めていたり、店員さんにせがんでレコードを試聴させてもらったり、本屋でロック雑誌や漫画の立ち読みをしたりの毎日だった。そんなときに、たまに買っていた自作ラジオの作り方なんかが出ている雑誌『初歩のラジオ』に、なんとシンセサイザーの回路図が出ているのを発見したのだ。

「これなら出来る！」

思わず本屋で飛び上がってしまった。すでに簡単なトランジスタや真空管のラジオくらいは作れるようになっていたオレは咄嗟に「自分で作れる」と判断、この雑誌を即買いしたのだ。これ、どんな程度の回路図だったのかな。子どもが自分で作れるなんて思う程度だから、シンセなんて代物じゃなく、ただピーって音が出る発信器が鍵盤ごとについてる、まあ電子オルガンよりも原始的なもんだったと思うのだけど、でも、当時は、そんなこと思うより何より、一刻も早く製作して音を出したいと思ったのだ。ちなみに、今回これを書いていて、どんな回路図だったのか確認しようと古本をあたったけど、なかなか見つからなくて、ただ『初歩のラジオ』（1973年7月号）にこの記事が出てたってのだけは確認。ってことは夏休み前に見つけたのかな。

夏休み、横浜の実家に行った際には秋葉原に行くのが習慣になっていて、あ、当時の秋葉原は今のメイドやフィギュア、コスプレの人たちの聖地秋葉原とは全然違って硬派な電気部品の街。ジャンク品と呼ばれる部品取り用の破棄された電気回路の一部分やらを売っているジャンク屋というのがあって、そこでいろんな掘り出しもんをあさったり、あとは、畳1畳分もないような小さな部品屋さんがたくさん並んでいるラジオ会館やラジオデパートに行っては、格子状に仕切られた小さい木の升目のなかにあるコンデンサや抵抗、トランジスタなんかが整然と大量に並んでいるのをうっとりと眺める……そんなガキだった。

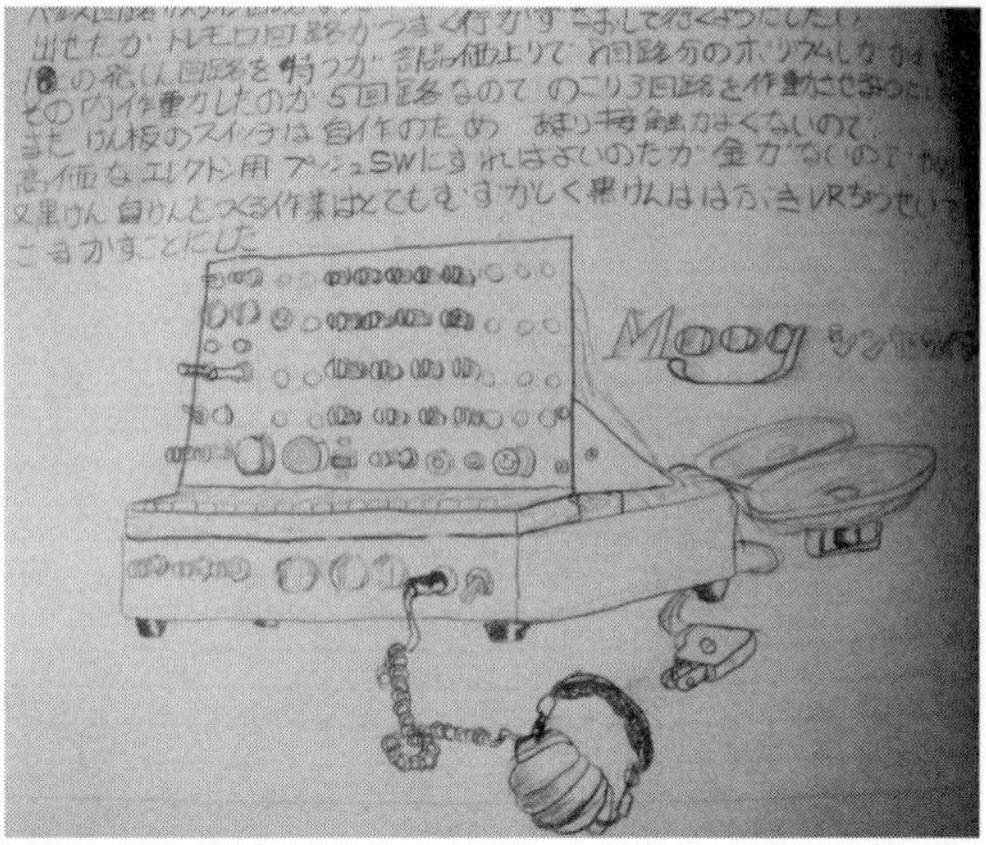

中２時代の日記より。初めて作ったシンセサイザーのことが、ことこまかに書かれている

このときも、『初歩のラジオ』に出ていたシンセ回路図を持って、少しでも安く部品を手に入れるべく、ジャンク屋や部品屋の前を何往復もしていた。それだけで楽しかったのだ。夏休みが終わるころには回路図に出ている部品がそろって、製作に入っていたけど、いやいやどうして、いくら簡単な回路図とはいえ中2ですからねえ、なんだか試行錯誤の連続で、たまに親父が見かねて、

「おまえなあ、そんなハンダの付け方してたらトランジスタがお釈迦になるぞ」

なんてアドバイスをくれたり、あ、「お釈迦になる」ってのは死んでしまう、つまりダメになっちゃうってことで、トランジスタは熱に弱かったりするんで、ハンダ付けに手こずると、熱でダメになってしまうことがあるのだ。お釈迦になる……って言い方、今もするのかな？　親父はこのことばをよく使っていたなあ。

オレは無器用だった。いや、世間一般の基準で言えば「器用」の部類に属すると思うけど、父も母も、弟もハンダ付けや工作が上手かった我が家では、オレの手先が一番無器用だったのだ。思いだしたけど、小学校の頃は、親父が持ち帰ってきた電気部品の内職を一家でやっていて、たとえばある部品のコードの部分を同じ長さに切って、根本をハンダ付けするとか、そんな程度の単純作業を大量に

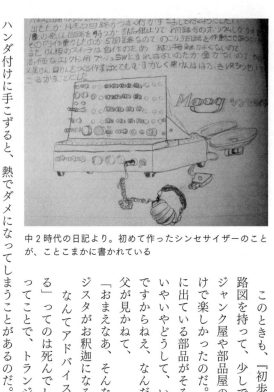

やるんだけど、これを一家でやっていて、オレも弟もそれでお小遣いをもらったりしてたのだ。そのときに一番下手糞だったのがオレ。一番上手かったのが母親。なんかオレ、当時からなにをやっても無器用だったのだ。手先も無器用なら運動も無器用で運動神経ゼロ。なのに楽器をやりたがったり、シンセを作りたがったり、まあ、下手の横好きってやつだったのかな。

シンセ作りは思いの外難航した。それでもトランジスタを使った発振回路はなんとかなって、音は出たんだけど、むき出しの電子基盤だけじゃ面白くない。いや今ならそれも面白いって思えるけど、当時はやっぱミニムーグみたいな見た目が欲しかったのだ。自分でアルミ製の板やシャーシを工夫して、そこにヴォリュームをつける穴をたくさんあけて、なんとか見た目もミニムーグっぽくしたかったのだ。一番の問題は鍵盤だった。いったいどうやってあれを作ったらいいのか、見当もつかなかった。結局、家の押し入れに転がっていたおもちゃのピアノを分解して、その鍵盤部分の裏にアルミを小さく切った電極みたいなもんをつけて、鍵盤を押すと、その下にある電極に触れて通電する仕掛けを作り終えたのが冬休みも終わりの頃。シンセ製作に数カ月もかかってしまったのだ。今だったら電極それぞれにスポンジのようなもんを入れるとか、いらなくなったキーボードをみつけてそれを使うとか思いついたかもしれないけど、中2の子どもにはこれがいっぱいいっぱいだったなあ。

八つの鍵盤から音がでれば完成だったけど、実際は回路がいくつかうまくいかなくて半分の四つから音がでるだけ。それでも鍵盤を押してつまみをひねると「ひゅい〜〜〜ん」と音程が上下して、あのシンセ独特の宇宙っぽい音がする。ロバート・ムーグ博士のシンセとはえらい違いだけど、でも、「ひゅい〜〜〜ん」ってだけでなんだか有頂天だった。こいつを学校に持っていけば、みなからチヤホヤされるに違いない。もしかしたらバンドをやってるって噂の8組の桑原くんや阿部くんから声がかかるかもしれないし。そうなれば女の子にもキャーキャー言われるし、学校のヒーローになれるかも。冬休み中は、シンセを学校にもっていったらどうなるかって妄想だけで生きていたようなもんだ。こうしてフォークギターは、完全に忘れ去られ、埃がかぶってしまった。

いよいよ3学期の始まり。オレは、冬休みの自由課題で自作シンセを学校に持って行った。いきなり教室の前に置くのもえげつないから、後ろの方の棚に目立たないように置いた。いや、目立たないように置いたって、あなた、シンセですからねえ、否応なく目立つに決まってるじゃありませんか……って思った自分が甘かった。

「なんだかわけのわかんねもん作って来たな、大友は」

反応は担任の先生のこの一言のみ。あとは誰も注目すらしてくれない。音を聴きたいの一言もないのだ。どうして～？　一人で音をだしてみたものの、そのころ年中つるんでいたクラスメートの竹島くんやしんちゃん、明彦くんたちも「ふ～～ん」って感じで、あんま興味を示してくれないし、「これでなんか曲は出来ないの？」の一言で終わってしまったのだ。事実、オレはなんの曲も弾けなかった。ただただ「ひゅい～～～～ん」といってるだけ。この「ひゅい～～～～ん」に感激してくれないと、お話にならないもんなあ。クラスの女の子たちの目線もなんだか冷たかったなあ。すっかり気持ちがくじけてしまって、結局8組に持って行って桑原くんたちに見せる勇気もでないままで終わってしまったのだ。なにしろ、当時はまだ桑原くんとは面識がなくて、そこまで積極的な子どもじゃないしで、なんだか残念な気持ちでいっぱいのままオレは誰にも見られないようにシンセを新聞紙でくるんで自転車の荷台にくくりつけた。この日ばかりは、家までの道のりが遠く感じたぜ。

COLUMN

シンセサイザーといえば、70年代前半のロック少年にとっては夢のような響きをもつことばでした。なにせ「どんな音でも出せる！」「一台でオーケストラに匹敵する響きが出せる！」というふれこみでしたからね。その代表格だったのが、「ムーグ・シンセサイザー」。今になって「モーグ」という読み方が正しいといわれても、子供のころに刷り込まれた記憶はなかなか抜けなくて、困ったものです。

その製作者たる**ロバート・モーグ**博士は、1934（昭和9）年、ニューヨーク生まれ。コロンビア大学で電気工学、コーネル大学で機械物理学を修めた後、64年に自らの名を冠したモーグ・シンセサイザーを発表します。「タンス」というアダ名をもつモーグ・モジュラー・シンセサイザーをはじめ、量産型のミニモーグ、フルポリフォニックなポリモーグ、ベースペダル・シンセサイザーのタウラスなどを次々と発売し、ビートルズ、ウォルター（後にウェンディと改名）・カルロス、キース・エマーソン、リック・ウェイクマン、冨田勲、スティーヴィー・ワンダー、クラフトワークなど、数多くのミュージシャンに愛されました。

シンセサイザーが電気的発振をもとにした楽器であること自体は間違いありませんが、大友少年が『初歩のラジオ』で見たというシンセサイザーがどんなものだったのか、いささか興味を惹かれるところです。

一方、それからしばらくしてどうにか手に入るようになった国産アナログ・シンセサイザー（当然非モーグ）たるや、誰もが「あれ？　どんな音でも出せるんじゃなかったの？」といいたくなるようなシロモノで、人生なかなか思い通りにはゆきません。

80年代に入り、デジタル・シンセサイザーやサンプラーの時代になると、ややモーグ・シンセの影は薄くなりますが、2004年になってモーグ博士のドキュメンタリー『MOOG〈モーグ〉』（監督＝ハンス・フェルスタッド、ナウオンメディア、**写真**）が製作され、その独特の世界観が世界中で評判を呼びます。しかし、惜しくもその翌年には、モーグ博士は脳腫瘍でこの世を去ってしまうのでした。享年71歳。

第16話

オレはロックをやりたいんだ

井上堯之バンドと8組の桑原バンド
（1974年　中3）

そういえば、中2まで書いていてふと思いだしたんだけど、オレ、すごい嫌な性格の子どもだった。たしか小6の頃、あまりにも嫌われていて、先生に呼び出されて「お前は、もう少し性格というものを考えた方がいい」みたいなことをいわれたんだった。そんときは何言ってるんだこいつって思いつつもかなり落ちこんだけど、今考えると先生のおっしゃる通り。たしかに年がら年中喧嘩していたし、なんかっちゃ憎まれ口を叩いてたもんなあ。特に先生には嫌われた。授業中に先生が間違ったことを言ったりすると、すかさず揚げ足を取ったりで、大人になついたりするような子じゃなかったから、なおさら先生受けは悪かったんだろうなあ。あ〜、思いだすだけでも恥ずかしい。嫌なガキだったのだ。同級生にもなんか申し訳ない気がする。

いや、嫌なガキどころか、今でもオレ嫌な性格してるなって、これは自分で思うんだから間違いない。まあ比較的ニコニコしていることが多いから「いい人」って思われがちなんだけどさ、いやいや、そんなことは全然ないっすよ〜。ステージでむちゃくちゃなノイズを出しているときのほうが、オレの本性なんだから。だまされちゃいけないっすよ、みなさん。

まあ、こんな話はどうでもいいか。話を中学校にもどそう。前回も書いたけど、オレのいた中学校にもロックバンドが出来たのだ。8組の桑原くんがギター、阿部くんがベース、吉見くんがサックス、ドラムはだれだったのかな。ときどき放課後に練習の音が聴こえて来て、なんだかものすごく羨ましかった。阿部くんや吉見くんとは小学校の同級生だったけど、なんだか二人ともすごく大人になったように見えて、眩しすぎて声なんてかけられなかった。オレはただただ遠くの教室で漏れ聴こえてくる音を聴いていたのだ。

このバンドが学園祭のときに、体育館のステージに出て**井上堯之《たかゆき》バンド**の**「太陽にほえろ」**のコピーをやって、これがまたかっこよくて学校中から拍手喝采だったのだ。もう言葉に出来ないくらい身震いするほど羨ましかった。体の全細胞がバンドやりたいって震えだしていたのだ。オレもステージにたって歪んだ音をブイブイ出して女の子にキャーキャー言われたかった。

「やっぱシンセじゃなくてエレキだ！」

ロック雑誌の広告のページに出ているエレキギターの写真ばかりを見るようになった。でもおまえさあ「F」のコードも押さえらんないじゃん。そんなんでエレキ弾けるわけないじゃん。そろそろ受験勉強もしなきゃいけないってときだったけど、頭の中はエレキのことばっかり考えていた。

悩みに悩んだ挙げ句思いついた結論は、

「そうだエレキベースにしよう」

ベースなら、コード押さえなくていいし、弦も4本だからギターより簡単かも。それに見た目はエレキギターよりネックが長くてかっこいいし……そう思ったのだ。**ジミヘン**もかっこいいけど、**キング・クリムゾン**の**ジョン・ウェットン**やら**クリーム**の**ジャック・ブルース**の歪んだブイブイいうベースがカッコよく思えて、よっしゃ！　ベースでいくぞ！　そんな風に思ったのだ。

そんなわけで悩んだ挙げ句オレはギターではなく、エレキベースを買うことにしたのだった。福島の楽器屋さんにあったベースが結構高くて手が出なかったのもあって、中3の夏休みに横浜の母方の実家に行った際に新宿厚生年金ホールの裏にあったエルク楽器ってお店で「Gibon」というブランドのSGベースを買ったのだ。SGにしたのは、もちろんジャック・ブルースが使っていたからだ。これが、あなた、エレキギターの本家本元の「Gibson」と一文字違いのとんでもバッタ品で、ものすごく安かったのよ。たしか2万円しなかったと思う。今だったら完全にアウトのコピー商品だけど、当時の楽器屋はそんなもんもたくさん売っていた。でも馬鹿にするなかれ、コピー商品とはいえ、70年代の日本製は意外と品質が良かったのだ。このときに音を歪ませるエフェクター、エルクのビッグマフも購入、これもエレクトロハーモニックス社のビッグマフのコピー商品だったけど、実はこれも結構良くて、つい最近まで現役で使っていたくらいだ。

受験勉強をしなくちゃいけない時期だったのにオレはベースを弾くことに夢中になった。といってもちゃんと弾けてたわけじゃなくビッグマフで歪ませてぎゃ〜〜ってなった音をヘッドフォンで聴いて、一人悦に入りながらクリムゾンやクリームにあわせて適当に弾いていたのだ。ぎゃ〜〜〜、ぶわ〜〜〜〜。なんかすでに今とやってること、あんま変わらないなあ。でもって、ただ弾いてるだけじゃもちろん物足りず、オレは人前でも弾きたくなったのだ。とはいうものの、時すでに中3の冬受験の季節で、桑原バンドもすでに活動していなかった。なんか機会はないものか、オレだって、ベースでブイブイやれるぞ。そう思っていた矢先、チャンスはやってきたのだ。

中3の3学期の音楽の時間。小学校以来音楽の授業が本当にアレルギーのように嫌いだったんだけど、唯一中3のときの中島先生の授業だけは大丈夫で、というのも、なんだかこの先生からは自由の香りがしていて、というかちょっとだらしない感じもしていて、音楽は苦手だったけど、なんとなく先生のことが好きだったからだと思う。この先生が、3学期の最後はみな自分の好きな音楽を自由に発表していいというテーマを出したのだ。歌う人、クラリネットを演奏する人、ピアノを弾く人、みんな思い思いに、自由に演奏してよかった。オレは意を決してベースを弾くことにしたのだ。クラスに一緒に演奏する人はいなかったからソロで。選んだ曲は**ビートルズ**の**「イエスタデイ」**。この曲ならみんな知っている。エレキベースの教則本に出ている「イエスタデイ」のベースラインの譜面を見ながら毎日練習というものをした。譜面を見ての練習なんて生まれて初めてだ。めちゃくちゃ弾くのとは勝手が違って、なかなか上手く弾けなかったけど、それでもビートルズのレコードにあわせて、なんとか、多少はそれらしく弾けるようにはなってはきた。よし！　これならいける！　オレもとうとう女の子たちにキャーキャー言われる時がきたぞ。

ベースを音楽室にあったオーディオアンプに繋ぐ。重低音が教室中に響きわたる。よっしゃ、いける！

「ビートルズのイエスタデイを演奏します」

4弦の低音が唸りだす。いい感じだ。ミストーンもないぞ。演奏が終われば拍手喝采が待っている。人生初人前演奏は超順調……オレはそう思っていた。でも演奏の途中から、なにか微妙な空気が教室中に充満してるのに気付いてしまったのだ。「ん？」オレはひるんだ。その瞬間先生がすかさず声をかけてきた。

「はい、よしよし、ここまで！　ここまで！　今のはなんだ？『太陽にほえろ』か？」

教室中大爆笑だ。オレは事態が呑み込めず呆然とした。よくよく考えてみれば「イエスタデイ」のベースラインを歌もなしでただ弾いたところで、ベースが低音で鳴っているだけで、なんの曲かなんてわかるわけもない。ましてやド初心者の弾くベースだ。みんなにも先生にも、オレが嬉しそうに延々とボンボンとめちゃくちゃやってるだけで、いつまでたっても終わらなそうな感じがしたんだと思う。でも、そんなことに気づきもしなかったオレは、なんで笑われたのかもわからない。ただただ呆然としただけだった。音楽の時間が終わったあと仲間のしんちゃんや竹島くん、明彦くんが、何が起こったのかを言ってくれるまで、オレはこの事態を理解できなかったのだ。そして事態を理解したあとは、もう恥ずかしくて恥ずかしくて、オレはこのまま消えたいと思ってしまった。学校に行く時は、ベースを見えるように持ち歩いたのに、帰りはベースを新聞紙に包んで、だれにも見られないように帰った。シンセに続いて、二度目の新聞紙だ。冬の福島の風は無情なくらい冷たくて、阿武隈川にかかる天神橋を渡るときには、このままベースを川に捨ててしまおうかと思ったくらいだ。雪が横殴りにオレのほおを叩き付けていた。ロックへの道のりは果てしなく遠かった。

COLUMN

井上堯之は、これまでのコラムにもところどころ名前が出てきたGS、ザ・スパイダースのギタリストでした。1941（昭和16）年、神戸生まれで、ギターはなんと独学とのこと。

スパイダース解散後は、沢田研二と元ザ・テンプターズのショーケンこと萩原健一を擁するスーパーバンドPYGに参加しつつ、並行して井上堯之バンドとしての活動をスタートさせます。PYGのデビュー・シングルとなった名曲「花・太陽・雨」は、作詞＝岸部修三（後の岸部一徳）、作曲＝井上堯之によるもの。

しかし、大友さんのみならず、70年代に少年時代を送ったものになじみ深いのは、何といっても『太陽にほえろ!』と『傷だらけの天使』（第17話参照）の音楽でしょう（『太陽にほえろ!』のテーマを作曲したのは、やはりスパイダース〜PYGの仲間でもあった大野克夫。『傷だらけの天使』のテーマは、井上と大野の共作、**写真**）。

今でもパロディにされることが多い『**太陽にほえろ!**』ですが、そろそろ「これパロディみたいだけど、元ネタは何なの?」と思われる方がいらっしゃるかも。

これは石原裕次郎を中心とした七曲警察署捜査第一係の刑事たちの活躍を描いたTVドラマで、1972年から86年にかけて日本テレビで放映されました。制作は東宝テレビ部。当初は、ベテランたちの中で新人刑事が成長していくところを描くのがドラマの主眼で、事実、萩原健一、松田優作、勝野洋、渡辺徹らは、この番組をきっかけに俳優として大活躍するようになりました。刑事たちがお互いをあだ名で呼び合うのと、新人刑事は殉職していくのがお約束でしたが、そのうちベテラン刑事もどんどん殉職していくという何だかおかしな事態になっていきました。

さて、井上堯之は、その後も沢田研二のバックバンドとしてジュリーの黄金時代を盛り立てたり、映画やミュージカルの音楽を担当したり、HOUND DOGの音楽プロデューサーを務めたり、俳優として活躍したりと、さまざまな活動を展開します。2005年には、自伝『スパイダースありがとう!』（主婦と生活社）を上梓。09年、プロミュージシャンとしての引退を公式サイトにて発表。現在もボランティアのかたわら、マイペースな音楽活動を行っています。
ところで、1975年まで井上堯之バンドのベースを弾いていたのが、元ザ・タイガース〜PYGの岸部修三こと現・岸部一徳さん。この方については第17話のコラムをご参照いただくとして、本文を読むと、岸部さんのような太くて存在感たっぷりのベースが大友さんのお気に入りのようですね。ジョン・ウェットンのベースも、キング・クリムゾン在籍時の少し歪んだ音は激シブだし、ジャック・ブルースも、クリーム時代からベースラインを弾くというよりいつもベースソロを弾いているような感じでしたからねえ。
ジョン・ウェットン（1949-2017）は、モーガル・スラッシュ、ファミリー、キング・クリムゾン、ロキシー・ミュージック、ユーライア・ヒープ、U.K.などを渡り歩いたすご腕ベーシストにしてシンガーです。80年代に入って結成したエイジアが大ヒットを記録しますが、メンバーチェンジが激しすぎて安定せず。ソロやコラボなどの活動も並行して続けていましたが、惜しくも、2017年に病気で亡くなりました。
ジャック・ブルース（1943-2014）は、ロック史に残る名グループ、クリームのメンバーとして知られるベーシスト。クリームはエリック・クラプトン（1945-、g）、ジンジャー・ベイカー（1939-、ds）を擁するトリオで、1966年に結成されて多大な影響をロック・シーンにもたらしましたが、エゴのぶつかり合いの末、68年には解散。ブルースはソロやセッションでの活動に移行しましたが、2005年にはクリーム再結成コンサートが開かれています。2014年に、やはり病気で亡くなりました。
ビッグマフは、エレクトロ・ハーモニクス社が1969年に発表したギター用歪み系エフェクター。エレキ・ギターをアンプに過入力させると音が歪んでカッコいい感じになるので、それをもっと簡単にできるように、と開発されたのがこの系統のエフェクターでした。そのはしりが、いわゆる「ファズ」ですね。ビッグマフは、その歪み系の中でも定番となった商品で、音の伸びがいいのでサスティナー系ファズの元祖的存在とされています。愛用するミュージシャンは、ジミヘンから坂本慎太郎まで数知れず！

第17話

傷だらけの天使と高校受験

キング・クリムゾンに現代音楽、そして山口百恵
（1974年　中3）


『傷だらけの天使』の人生におけるボディーブロウのような衝撃をどう書いたらいいかな。

受験勉強の追い込みをかけなくてはいけない中3の秋その番組は突然始まった。主人公の探偵、木暮修を演じるのはショーケンこと**萩原健一**、そしてその弟分のリーゼントの乾亨《いぬいあきら》に水谷豊。福島では日曜の深夜枠、みなが寝静まった頃、居間で一人こっそり見る……そんな番組だった。なにしろ普通にセックスシーンが出てくる。そんなもの家族と見れるわけないもんなあ。だから深夜枠でよかったのだ。

番組が始まると、『傷だらけの天使』はたちまちクラスの男子のあいだで評判になった。月曜朝の男子はというと、みな大抵はショーケン風か水谷豊風の表情としゃべり方だ。オレもそうだった。こんなのは中2のときにクラス中の男子がブルース・リーになって以来だ。ちなみにブルース・リーのときは、クラス一の長身石川くんと、クラス一の巨漢南條くんのヌンチャク対決があって、それ以後学校にヌンチャク持ち込み禁止になったのは言うまでもない。運動神経のないオレはブルース・リー

にはとてもなれなかったけど、このしょうもない探偵達にならなれるかもしれない……きっとそう思ったんだと思う、オレもショーケンや水谷豊の真似をした。「あにき〜〜〜〜」

とはいえ、この時期、本当はもう高校受験最後の追い込みの時期でそれどころではないのだ。一応進学校を目指してオレも、テレビなんかは見ずに勉強することになってた。実際これでも、まあちょっとは受験勉強もしていた関係で、中3になるとテレビはあんまり見なくなっていたんだけど、でも『傷だらけの天使』だけは別だった。そしてなにより**井上堯之バンド**の劇伴が最高にかっこよかった。今聴いても**岸部一徳**のベースラインなんて最高だ。そして**市川森一**等の脚本、**深作欣二**、**神代辰巳**《くましろたつみ》、**恩地日出夫**、**工藤栄一**等そうそうたる監督陣、**岸田今日子**、**岸田森**、**西村晃**等、強烈な脇役陣、**池部良**、**緑魔子**、**吉田日出子**、**桃井かおり**等、当時ピカピカに輝いていたゲストたち。テレビでこんなことやってもいいんだの連続で、中3の男の子には本当に面白かったのだ。のちのちショーケンの自叙伝のなかに、このときの撮影のクレージーな様子が包み隠さず語られているけど、やっぱりなあと唸ることしきり。芝居ってよりは本物だったんだなあ。

でも冒頭に「ボディーブロウのような衝撃」と書いたのは、そのことを伝えたいからではない。この先は、なんだか青臭いことを書かねばならないけど、でもまあ中3男子が当時考えていたことだ、青臭いのは仕方ない。恥ずかしいけど書くぞ。めっちゃ青臭いこと書きます。

え〜と、受験勉強して、いい学校に行けたとして、でもって、その先いい大学とかに入って、いい会社に行って……みたいなもんに、そういうのを普通に言ってくる大人達の価値観に、ロックとかが好きだった少年たちは当時デフォルトのように反発をしてたわけで、オレもそんなロック少年の一人だったのだ。中学生にとっては大人文化vsカウンターカルチャーみたいなとっても分かりやすい構図もあったんだと思う。でも同時に、この若者達がささえるカウンターカルチャーというのは、オレよりもだいぶ年上の人たちがやってるわけで、実は、そこともかなりのギャップを感じていたんだよなあ。それがどういうことなのか、当時は自分ではうまく説明できなかったけど。

とりわけ、そのギャップを強く感じたのが学生運動とか革命運動みたいなやつで、中3のオレには今ひとつ分からず、というか三里塚もパレスチナも浅間山荘も、学生運動じゃないけど三島由紀夫の割腹自殺も正直まったく意味不明で、でもなんか支持して当然でしょみたいな感じも青年たちのあいだにはあって、なのにクラスの中ではそんなのは話題にもならずで、なんだかいろいろとモヤモヤしてたのだ。おまけに受験勉強もいま一つ乗れなくて、なんでこんなことやってるのって思ってしまって、じゃ他に居場所があるかっていうと、友達の家に遊びに行く以外の居場所なんてあるわけでもなく、モヤモヤの毎日だったのだ。ラジオの深夜放送に夢中になってひたすらハガキを書いたりしてたのはそのせいなのかな。そんな、なんだかはっきりしない、大人にやらされてる感のある受験の季節に、この中学中退の主人公が挫折しつづける『傷だらけの天使』がず〜〜んと来たんだと思う。主人公達はいつもうまく行かないし、大人達に騙されたりして、割り切れない感情が残ったまま、番組は毎回終わって行くし。

そんなこんなで、他のみんなが受験勉強を真剣に始めたせいもあるのかな、同時にベースに夢中になったりとかもあって、オレの成績は綺麗な右肩下がりで下降の一途をたどって、受験のときにはぎりぎりボーダーだった。このままだと落ちるかも、そう思っていたのに、予想に反して無事目指す進学校に入ってしまったのだ。でも、気分は複雑だった。受験なんてって思ってたくせに合格してしまって、同時に同じ学校を目指していた友達が落ちるのを目の前に見て、なんとも言えない気持ちになったのだ。今まで、みんな一緒に遊んでいたのに、なんで序列みたいなもんが出来ちゃうんだ？　当時はそのことをうまく言葉で言うことなんて出来なかったし、なにより自分が合格してしまっている以上、そんなことを言う立場ではないような気もしたんだけどさ、でも、なんか嫌な気持ちで、合格したことが嬉しくなかったのだ。今考えても青臭いなって思うけど、でも気持ちは、本当に、どうにもならないくらい沈んでいた。

この頃、オレが一番良く聴いていたのは**キング・クリムゾン**の『**太陽と戦慄**』と『**暗黒の世界**』、そしてＮＨＫ－ＦＭでやっていた現代音楽の時間、それから**山口百恵**だった。中3最後はそれしか聴いてないってくらいだった。でかいヘッドフォンをしてひたすらデカい音量で聴いていた。現代音楽のなんたるかなんて当時はまったくわからなかったけど、あ、今もわからないけどさ、でも名前も聞いたことのないような人が作ったテープコラージュや電子音を使った作品がＦＭから流れるとうきうきした。エレキベースは挫折したけどこれなら自分で出来るかもって思ったからだ。懲りないやつ。今考えると、それらは**シュトックハウゼン**や**エドガー・ヴァレーズ**、**小杉武久**あたりの作品だったんだと思う。とても中学生に出来るようなもんじゃないのに、シンプルに聴こえたしロックと同じようなもんに思えたのだ。

部屋にはでかい山口百恵のポスターがはってあった。山口百恵を眺めながら『暗黒の世界』や現代音楽を聴いていたのだ。クラスの男子は**桜田淳子**派と山口百恵派に二分していて、桜田淳子派8割、山口百恵派2割と、当時は圧倒的に目のクリクリした桜田淳子が優位だったけど、オレは憂いを帯びた細い目で低い声で歌う山口百恵が好きだったのだ。媚びてない感じがしたのかな。たった一つ年上なだけのアイドルがえらく大人でかっこいいもんに見えたし、たぶん明るい音楽は聴きたくなかったんだと思う。今の言葉でいうなら、こじらせてたってことなのかな。

中学最後の春休みの終わりに『傷だらけの天使』は終わった。結局主人公木暮修は海外に逃亡することは出来ず、相棒の亨は風邪をこじらせて死んでしまう。どこにも出口なんかないままだ。クラスのみなと最終回の話をしたかったけど、受験でバラバラになってしまったみんなが集まる機会はなかった。高校に入ったオレはやっと髪の毛が伸ばせる……そのことばかりを考えていた。

＊次ページ写真。この『百恵の季節』にはいっている「夢の恋人」が中3当時、一番好きだった百恵ちゃんの曲でした。

COLUMN

TVドラマ**『傷だらけの天使』**（日本テレビ）のオンエアは、1974（昭和49）年10月から1975年3月のたった半年間でしたが、やっぱりショーケンと水谷豊のコンビの印象は強烈でしたね。熱心なファンも数多く、ずいぶん時間が経ってから、阪本順治（映画、1997年）、やまだないと（マンガ、2000年）、矢作俊彦（小説、2008年）がオマージュ作品を作っています。

岸部一徳さん（1947-）は、俳優としてもベーシストとしても大友さんが熱くリスペクトする存在。1947年生まれで、ザ・タイガースのリーダーとして、大人びた魅力を放っていました。当時のあだ名「サリー」は、岸部さんが181cmと長身だったことから、ロックンロールの名曲「のっぽのサリー」にちなんでつけられたもの。1975年に音楽活動に区切りをつけて本格的に俳優の道を歩みだし、名脇役として活躍しておられます。

映画・TV業界で活躍する方々はちょっと名前が多すぎるので、生没年と代表作だけ挙げておきますね。

市川森一（1941-2011）脚本家、『ウルトラマンA』（TV、1972-73）、『淋しいのはお前だけじゃない』（TV、82）、『異人たちとの夏』（88）。**深作欣二**（1930-2003）監督、『黒蜥蜴』（1968）、『仁義なき戦い』（73）、『バトル・ロワイアル』（2000）。**神代辰巳**《くましろたつみ》（1927-95）監督、『四畳半襖の裏張り』（1973）、『青春の蹉跌』（74）、『棒の哀しみ』（94）。**恩地日出夫**（1933-）監督、『伊豆の踊子』（1967）、『生きてみたいもう一度・新宿バス放火事件』（85）、『蕨野行』（2003）。**工藤栄一**（1929-2000）監督、『十三人の刺客』（1963）、『逃がれの街』（83）、『必殺！III 裏か表か』（86）。

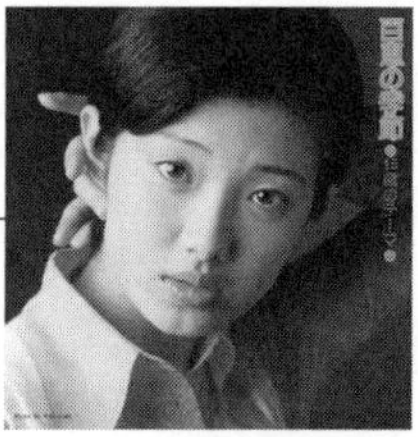

岸田今日子（1930-2006）俳優、『黒い十人の女』（1961）、『卍（まんじ）』（64）、『犬神家の一族』（76）。**岸田森**（1939-82）俳優、『怪奇大作戦』（TV、1968-69）、『吶喊《とっかん》』（75）、『歌麿　夢と知りせば』（77）。**西村晃**（1923-97）俳優、『赤い殺意』（1964）、『水戸黄門』（TV、83-92）、『帝都物語』（88）。**池部良**（1918-2010）俳優、『青い山脈』（1949）、『乾いた花』（64）、『昭和残侠伝　死んで貰います』（70）。

緑魔子（1944－）俳優、『非行少女ヨーコ』（1966）、『帰って来たヨッパライ』（68）、『盲獣』（69）。**吉田日出子**（1944－）俳優、『日本春歌考』（67）、『上海バンスキング』（88）、『ピーター・グリーナウェイの枕草子』（97）。**桃井かおり**（1951－）、『あらかじめ失われた恋人たちよ』（1971）、『もう頬づえはつかない』（79）、『SAYURI』（2005）。

大友少年が当時聴いてたNHK－FMでやっていた「現代音楽の時間」は、当時近藤譲さんがパーソナリティを務めていた**「現代の音楽」**（1957－）ですね。この番組がきっかけとなって現代音楽にふれることになった子供は意外にたくさんいたはず。ちなみに現在も西村朗さんを解説に迎えて放送中！

カールハインツ・シュトックハウゼン（1928－2007）は、若くして天才と謳われ、世界初の電子音楽を作ったり、音列技法を駆使してみせた作曲家。作風を何度か変えつつ、晩年まで積極的に活動していました。その活動の意義については第21話のコラムでふれましょう。

エドガー・ヴァレーズ（1883－1965）は、打楽器、電子楽器、はては楽器でないものまでを使って、西洋音楽にまったく新しい響きをもちこんだ作曲家です。打楽器のみで構成された作品「イオニザシオン」で、少年時代のフランク・ザッパに衝撃を与えたこともけっこう重要……かな？

小杉武久（1938－）は、芸大在学中からフルクサスに参加したり、「グループ・音楽」を結成したり、マース・カニングハム舞踊団の音楽監督を務めたり、タージ・マハル旅行団を結成したりと、一貫して自在を旨とする作曲家・演奏家。

山口百恵（1959－）と**桜田淳子**（1958－）は、1970年代の歌謡曲を語る上では欠かせない存在ですね。ふたりとも1972年に「スター誕生！」でデビュー、森昌子と合わせて「花の中3トリオ」と呼ばれました。百恵さんはいわゆる「青い性」路線で大人気となり、21歳で三浦友和と結婚するため引退（**写真**は、山口百恵『百恵の季節・15歳のテーマ』［1974、CBSソニー］）。淳子さんはしだいに女優としての活動がメインになっていきましたが、統一教会の信者であることが取りざたされて、芸能活動を休止することになりました。

第18話

雪に書いたあの子の名前

ジュークボックスのＢＢＡ
（1974年　中3）

あ、忘れてたことがあった。なんかしめっぽいこと書いたけど、実際の日常はもっとずっとおバカだったたって話を。

『傷だらけの天使』が最終回になる直前の春休み、オレは同じクラスの信ちゃん、かずきの二人と蔵王に1泊か2泊でスキーに行ってたんだった。たしかかずきの親戚だかがロッジをやってるってんで、そこの2階の4畳半のような部屋に泊めてもらってスキーをやったのだ。え？　オレがスキーをやったなんて意外だって？　そもそも運動神経悪くて、体育の授業が苦手って言ってたじゃん……って突っ込みがきそうだなあ。でも、オレ、福島に転校してからスキーだけは週末にちょこっとだけどやってたのだ。下手糞だったけど、一応は自由が利く程度には滑れたのだ。

蔵王でどんなスキーをしたのかはまったく覚えてないけど、友人だけでロッジに泊まるという初めての経験にウキウキしてたのだけはよく覚えている。夜になると男子3人、当然のように誰が好きかの告白大会が始まる。僕らは、雪の上にしょんべんで好きな子の名前を一筆書きで書けたら想いが叶という、誰が言い出したのか、わけのわからないどうしようもない願掛けをして、おのおの想いを秘めた子の名前を雪の上にでっかく書いた。

「れいこちゃ〜〜〜〜ん」

オレは雪の上にしょんべんででっかい文字を書いた。しんちゃんもかずきも見事な一筆書きで意中の子の名前を書いていた。

あ〜、男の子って本当にバカだよなあ。前回書いた暗くて青臭いこじらせた青春もたしかにあったんだけどさ、このしょうもないおバカっぷりも、まぎれもないオレだったのだ。

ここのロッジには大きなジュークボックスがあって……、ジュークボックスって今の子はわかるかな。100円とか50円を入れて好きな曲のボタンを押すと、機械の中にたくさん収納されているドーナッツ盤をロボットアームみたいなもんが取り出して来て、それをプレイヤーにのっけて、でかい音で再生してくれるマシーンなんだけど、この説明でわかるかな。わからん人はネットで動画でも検索してくれ。でもって、このジュークボックスにはフォークとか歌謡曲がたくさんはいっていたんだけど、その中でたまたま入っていたのが**BBA（ベック・ボガード&アピス）**の**「迷信」**と**「スイートサレンダー」**だったのだ。かずきがリクエストしたのかな？　信ちゃんのほうかな？　それともロッジにいた他の人だったのかな、とにかくこのでっかい音で流れる「迷信」のブイブイ腹にまで響く歪んだ**ティム・ボガード**のベースラインと**カーマイン・アピス**の荒っぽいバスドラにオレは痺れてしまったのだ。**キング・クリムゾン**やら現代音楽やら**山口百恵**やらと、暗めな音楽にはまっていたオレに、久々にやってきたロックンロールリバイバル。こんな感じは中1の**T・レックス**以来だった。ジュークボックスのスピーカーに頭を突っ込んで何度も何度も聴いた。いえ〜〜〜い！　高校に行ったら、オレは**ジェフ・ベック**みたいな髪型にするぞ……って、なんかおい、前回書いていたことと、辻褄が合わねえじゃねえか。う〜〜ん、たしかに合わないけどさ、あっちの角度からみたらこうで、こっちの角度からみると全然違っててみたいな感じで、どっちも間違いなくオレなのよ。

一筆書きの子とその後どうなったかというと、まあ、書くまでもないですよね。信ちゃんの家に集まったある日、みんなにいいようにおだてられたんだと思う。オレは意を決して、その場でれいこちゃんに電話をしたのだ。お調子もんだったのよ。なにが暗い音楽が好きだっただよ、まったく。ところがせっかく電話をしたのに、緊張のあまり告った相手は、れいこちゃんのお姉ちゃん。しかもこの姉ちゃんはオレ等の小学校からの同級生ときてる。以後、オレがどんなふうに姉ちゃんのほうに告ったかが同級生連中に知れわたったのは言うまでもないし、れいこちゃんからまったく相手にもされなかったのも、信ちゃんやかずきの恋も片思いで終わったのもみなさんの予想どおり。雪にしょんべんで一筆書きをしてもなんの効果もないということだけは学習した中学最後の春だったのだ。お粗末！

COLUMN

BBA（ベック・ボガート&アピス）は、ジェフ・ベック（g）と、元ヴァニラ・ファッジのティム・ボガート（b）、カーマイン・アピス（ds）によるスーパーグループ。1972（昭和47）年に結成されたものの、『ベック・ボガート&アピス』（1973、エピック、写真）1枚を残して解散。当時日本のみでの発売だったライヴ盤を聴くと、いまだにそのパワフルさに打ちのめされます。

その**ジェフ・ベック**（1944-）は、ロック史に燦然と輝くギター・ヒーロー。60〜70年代育ちの人にとっては、ベックといえば断然こちらの方ですね。日本では、彼と同じくヤードバーズに在籍していたエリック・クラプトン、ジミー・ペイジと並んで「三大ギタリスト」と呼ばれて人気を集めました。ヤードバーズを脱退後も、ブルージーな第1期ジェフ・ベック・グループ、ファンキーな第2期ジェフ・ベック・グループと、それぞれに素晴らしい成果を残しますが、それに飽き足らず、以前からバンド構想を温めていたふたりと組んだのがBBAでした。しかし、結成はしたものの、前述のとおりあっけなく解散。70年代半ばには、フュージョン寄りのインストゥルメンタル・アルバム『ブロウ・バイ・ブロウ（ギター殺人者の凱旋）』（1975、エピック）、『ワイアード』（1976、エピック）を連発、ギター小僧をKOします。その後もエレクトロニカやドラムンベースに取り組んだりもしていて、その音楽的探究心は衰えを知りません。ベックの世代より後のギター・ヒーローたちが、指の速さ、というより目まぐるしさをひたすら追求するのに比べると、ベックが大事にしているのは、フレージングやピッキング、音色の微妙な変化、多彩なアイディア、そして存在感といえましょうか。

ティム・ボガート（1944-）は、フレージングや音色の面からそれまでのベースのあり方を根本的に変えてしまった革新者のひとり。**カーマイン・アピス**（1946-）もハード・ロック・ドラミングのパイオニアとされており、今さらながら、このトリオでもう1枚くらいアルバム出してほしかったなあ、と思わずにはいられません……。

第3章

1975-1978

福島時代その2
高校、浪人編

呂志さんとのDUOセット。演奏が終わると大歓声が巻き起こりました。撮影 Peter Gannushkin/DOWNTOWNMUSIC. NET

第19話

4畳半のピンク・フロイドとワールド・ロック・フェスティバル

GOK SOUND 近藤祥昭
（1975年　高1）

高校に入った途端、オレはまったく教科書を開かなくなっていた。なんだか突然無気力な感じになってしまったのだ。授業中も眠くて眠くて、ほとんど寝てるだけ。受験が嫌だったとはいえ、それまでは社会も理科も数学も好きだったのに、そういった科目への興味も完全になくなっていた。友達もすぐには出来なかった。なんだか気が抜けたような、無気力な日々だったのだ。学校が終わって部屋に戻ると、入学祝いに父から買ってもらったソニーの4チャンネルのオープンリールテープレコーダーを漠然といじくる……それだけの毎日だった。

入った高校は中学でやたら勉強ができたような奴らが集まってくる男子高で、授業はいきなりハイレベル、そしてハイスピードだった。目標は大学受験だもんなあ、当然だ。そして、高1春の最初の中間テストでオレはいきなりクラスでビリの点数を取ってしまったのだ。あとでわかったけど、クラスでビリってだけじゃなくて10クラスある学年でもビリだった。以来オレはずっとほぼビリベスト10でありつづけた。かといって、不良になったりバンドをやったりするでもなく、ただただ早く髪の毛が伸びないかなって思いながらうつろな目で漠然とオープンリールをいじってる、そんなぼや〜〜っとした高1の春だったのだ。自作シンセもベースも埃をかぶっていた。今考えると、もしかしたら軽い鬱にでもなっていたのかもしれないなあ。当時の記憶があんまりなくて、ただ、あれだけ好きだったキング・クリムゾンも山口百恵もどうでも良くなっていて、BBAをひたすらでかい音で聴くのが快感だった。

そんなときBBAのギタリスト、ジェフ・ベックが自分のバンドを率いて来日するって情報が流れて来たのだ。その名もワールド・ロック・フェスティバル。1年前の中3の夏に郡山でやった日本初のロックフェス「ワンステップフェス」に乗り遅れたオレは、今度ロックフェスがあったら絶対に行きたいと思っていて、ましてやジェフ・ベックが生で見れるならってことで、絶対行くと決めていたのだ。1975年夏、伸びかけた髪の毛にベルボトムのジーンズにサイケな柄のTシャツ、肩からラジカセを下げて大きなヘッドフォンをしたへんてこな高校生のオレは、急行列車に乗って4時間半かけて福島から上京。目指すは「ワールド・ロック・フェス」が行われる後楽園球場だ。

オレの席は最前列のはずだった。期待に胸が膨らむとはこのことだ。ところが球場に入ってみて愕然とした。確かに席は最前列だけど、ステージは遥か向こう、2塁と外野のあいだあたり、ステージにいるのが誰なのかかろうじてわかる程度だ。おまけに演奏が始まると、もっと愕然とした。最初は四人囃子だったかカルメンマキ&OZだったか。もちろん演奏はかっこよかった。すげえって思った。でもかんじんの音が遥か遠くに聞こえて、風が吹くと、なんだか音が流されてよく聞こえない。ジュークボックスをがんがん鳴らすあの感じにすら及ばないのだ。今のPAとはまるっきり違って、当時のサウンドシステムは、後楽園球場でロックをやるのには、まだまだ非力だったのかもしれない。大音量の脳髄までガンガン響くようなロックコンサートを想像していたのに〜。

とはいえ目当てのジェフ・ベック・グループではさすがに気持ちは上がった。しかも、いきなり1曲目に**「迷信」**のイントロだ。「わ〜〜い」、飛び上がりそうになった。ところが、演奏のほうはBBAと全然違ってなんだかジャズっぽいというかファンクっぽいインストで、しかも音が他のバンドよりさらに小さくて、風が吹くと音がかき消される。わざわざ東京まで来たんだもの、なんとか好きにならねばって思いながら聴いていたけど、風で音が飛んでしまうたびに、気持ちはどんどん落ちてしまった。せっかくのニューヨーク・ドールズも音小さかったなあ。それでもフェス最後の**ジョー山中**や**内田裕也**、**竹田和夫**、**フェリックス・パッパラルディ**等のワールド・ロック・フェスティバルバンドが出たときには、他のお客さんたちと一緒に全開で踊りまくってはいたけどね。ロックコンサートってこんなもんなのかなあ。行きとはうってかわって、複雑な気持ちで、帰りの電車にゆられていた。

福島にもどって数日後、高校の先輩達がやっているロックバンドがライブをやるって情報が入って来た。場所は、当時高校3年でキーボードを演奏していた手塚さんの家。オレはロック好きな友達と押しかけた。コンサートったって、木造の家の4畳半の部屋にオルガンやシンセサイザー、アンプやドラムセットがところ狭しと並んでいるだけ。なにしろ当時の福島市にはライブハウスも貸しスタジオもなくて、公民館や学園祭みたいなところでコンサートをやる以外はだいたいはこんな感じだったのだ。それでも目の前で本物のシンセやレスリースピーカーを見るのは初めてで、それだけでも気持ちがあがった。

真夏の福島はものすごく暑い。35度は普通に超えるし湿度も半端ない。おまけに当時はクーラーなんてない。数人ほどの高校男子たちは土間に体育座りの観客席で汗だくになって演奏開始を待った。ドラムの席に座っているのは見たことのない長髪の大学生、たぶん手塚さんの先輩だ。同じく高3のギターの人がいきなりコードを鳴らして演奏が始まった。デカい！　ものすごく音がデカいのだ。それだけで痺れた。曲は**ピンク・フロイドの「原子心母」**のコピー。しかも、あまりの音の迫力に本物よりもすごいんじゃないかって思うくらいだったのだ。これだよこれ！　これこそオレが思い描いていたロックだ。そういえばドラムセットを目の前で聴くのもこれが初めてで、音の迫力もさることながらものすごく格好良く見えたのだ。微妙だったワールド・ロック・フェスティバルの記憶はすっかり飛んでしまった。やっぱりロックをやりたいなあ。デカい音のロックをやりたい。どかんどかんバスドラが響くこんな音楽をオレもやってみたい。汗だくになりながら、そんなことをぼや〜〜んと考えていた。

この話には後日談がある。それから30年もたった2000年代のある日、オレはよく使う吉祥寺にあるGOK SOUNDというアナログのレコーディングスタジオで録音をしていた。オレの音作りに大きな影響を与えてくれたエンジニアの近藤祥昭《よしあき》さんが運営する個人スタジオだ。実は近藤さんは高校の三つ先輩で、オレが高1の頃には、すでに東京に出ていてエンジニアの仕事を始めていた人なのだ。といっても一緒に仕事をするようになったのは90年代に入ってからで、高校のときに面識があったわけではなかった。最初にご一緒した仕事はたしか梅津和時さんが仕切る映画音楽の録音だったかな。僕らのような音楽をやっていれば、大抵は近藤さんと出会うことになるわけで、だから、このときは高校が一緒だったのはたまたまだと思っていた。

それ以来、近藤さんのスタジオには1カ月とあけずお世話になった。録音の合間には、くだらない話から音楽の話まで、いろいろするのが常だけど、この日……つまりは2000年代にはいったある日のことだけど、どういうわけか最初に衝撃を受けたコンサートはって話になって、オレは高校時代に手塚さんの家で見たピンク・フロイドがどれだけ衝撃だったかって話をしたのだ。その瞬間、近藤さんがなんとも言えない独特の、ちょっと困ったような反応をしたのだ。手塚さんは二つ上、近藤さんは三つ上だから、もしかしたらこの二人のあいだになにかあったのかな？　へんなこと言ってしまったかなと、一瞬心配になったそのとき、

「そのときのドラム、オレだよ！」

えええええ⁉　近藤さんがあのときの大学生ドラマー！！！？？？？　そういえば高校時代はドラムを叩いていたって話、聞いた事あったような気もする。気もするけど、でもまさかあのときの長髪の大学生が近藤さんだったとは。ということは、最初から近藤さんの影響で音楽を始めてたってこと？　たまたま近藤さんのスタジオに行って、それで近藤さんの影響を受けたってんじゃなくて、そもそもこういう音楽始めたこと自体が近藤さんの影響だったってこと？　オレは必然的に、導かれるように音楽を始めて、それで近藤さんのスタジオまでたどり着いたってことなの？　う〜〜ん、なんか、そうかもだけど、素直に認めたくないなあ。だいたい、あのときのピンク・フロイド・コピーバンドは本当にそこまで凄かったのだろうか？　単にオレが目の前ではじめてロックを聴いたって衝撃だけだったんじゃないだろうか？　なんの録音も残ってない今となっては、確かめるすべもないけど、でも、高1のオレには、バンドをやりたいと思うのに充分なインパクトがあったのも事実なのだ。

COLUMN

そうか、ヨーコ・オノも参加したことで有名な「**ワンステップフェスティバル**」って、たしかに福島県だった！　それは大友さん、見られなくて残念でしたね。開催は1974（昭和49）年8月4〜5日と8〜10日、会場は郡山市開成山公園の総合陸上競技場でした。内田裕也、クリエイション、外道、沢田研二、シュガー・ベイブ、はちみつぱい、四人囃子など、30組以上の日本のミュージシャンが集結して、「日本最大のロックフェスティバル」と呼ばれました。2013年に、当時のライヴ音源・映像がまとめてリリースされています。それにしても、なぜ郡山だったのかな？

　その翌年に、札幌、名古屋、京都、東京、仙台で行われたのが「**ワールド・ロック・フェスティバル**」。内田裕也（後出）が、日本のミュージシャンも海外のミュージシャンも対等の立場で演奏するという悲願をようやく実現した企画です。後楽園球場で開催されたのは、1975年8月7日。大友さんお目当てのジェフ・ベックは、ちょうど『ブロウ・バイ・ブロウ』をリリースした直後でした。見たかったなあ！

四人囃子、カルメン・マキ&OZ、クリエイションは、70年代半ばの日本のロックの立役者たち。**四人囃子**は、バンド名はフォーク、ギターはブルース、全体としてはプログレッシヴ・ロック、みたいなバンドで、『一触即発』（1974、東宝）は必聴の名盤。**カルメン・マキ&OZ**は、第10話のコラムでご紹介したカルメン・マキがロックに転向して始めたバンド。代表曲「私は風」は、後に中森明菜がカバーしたことでも有名ですね。**クリエイション**は、当時のNo.1ギタリスト、竹田和夫（1952-）が率いるバンドで、現在も活動中。「スピニング・トーホールド」は、アメリカのプロレス兄弟チーム、ザ・ファンクスの入場テーマ曲にも使われて、広く親しまれました。

ニューヨーク・ドールズは、グラム・ロックの中から登場しながら、後のパンク・ロックに多大な影響を与えたことで知られるバンド。「ワールド・ロック・フェスティバル」で来日した後にジョニー・サンダース（g）が脱退、「ドールズ」と改名します。

ジョー山中（1946-2011）は、フラワー・トラベリン・バンドのヴォーカリストでしたが、バンドは1973年に解散、このフェスのころには、ソロ活動を行っていました。77年には映画『人間の証明』（監督＝佐藤純彌、KADOKAWA）に俳優として出演、自ら歌った「人間の証明のテーマ」も50万枚以上の大ヒットとなりました。

先ほども名前が出た**内田裕也**（1939‐）は、日本のロックンロールの守護神的な存在ですね。いわゆるヒット曲こそないものの、強烈な存在感はいまだに健在。『コミック雑誌なんかいらない！』（1986、監督＝滝田洋二郎、ハピネット）などでの俳優としての活躍も見逃せません。

フェリックス・パッパラルディは1939年生まれで、クリームなどのプロデューサーとして活躍していましたが、1969年よりハード・ロック・バンド、マウンテンを結成、ベーシストとして72年の解散まで活動します。その後プロデューサー業に復帰、前述のクリエイションを担当したことは日本で大きな話題となりましたが、83年、妻に射殺されるという衝撃的な最期を遂げました。

ピンク・フロイドは、プログレッシヴ・ロックの代表的なバンド。初期は、鬼才シド・バレット（1946‐2006、g、vo）を中心としたサイケデリックで奔放な演奏を聞かせていましたが、バレット脱退後は、ロジャー・ウォーターズ（1943‐、b）を中心に、浮遊感に溢れた音作りと、風刺的なコンセプトを打ち出します。1973年の代表作『狂気』は5000万枚、79年の『ザ・ウォール』は3000万枚を売る大ヒットを記録。『ザ・ウォール』は映画化もされて、カルト・クラシックとなりました。85年にウォーターズは脱退しますがバンドは継続、2014年にラスト・アルバム『永遠／TOWA』発表と同時に解散しました。

『原子心母』（Harvest、**写真**）はピンク・フロイドの1970年の作品で、クラシック楽器を大胆に導入して、「ロックとクラシックの融合！」と騒がれました。牛だけが写っているジャケットも世界に衝撃を与えましたが、このデザインを担当したのは、シド・バレットの高校の同級生ストーム・ソーガソンを中心とするデザインチーム、ヒプノシス。その後、シュールなイメージ作りを武器に、世界的な売れっ子になります。

第20話

エレキが欲しい！

モンタレーのジミヘンと福島のジミヘン（1975年　高1）

エレキギターが欲しい。中学時代にフォークギターやエレキベースに挫折したことはすっかりなかったことにして、オレはエレキギターが欲しくなっていた。NHKテレビでやったウッドストックでの**ジミ・ヘンドリックス**の破壊的なアメリカ国歌の演奏の衝撃もあったし、BBAの影響もあったと思うけど、なにより高校の先輩達のピンク・フロイドのライブにぶっ飛んだのが切っ掛けだった。その後、ライブがあるって情報があると自転車で、どこにでも行った。大抵は地元のアマチュアバンドの演奏だったけど、川っぺりの田舎の公民館みたいなところでブルースセッションみたいなのをやっていて、そのときに左利きでジミヘンのようにストラトを左右ひっくり返しにして弾いているギタリストがいて、その演奏のかっこよさにぶっ飛んだのだ。あんなふうになりたい！　羨望の眼差しでオレにはジミヘンの再来にしか思えないサウスポーギタリストを見ていた。今となっては名前も思いだせないし、当時の福島の友達に聞いても、みな覚えてないというし、もしかしたらあれは幻だったのだろうか。福島のジミヘンは誰だったんだろう。たぶんオレより三つ四つ歳上のギタリストだったと思うんだけど。

高1の冬、例の蔵王のスキーに行ったかずきのお父さんが勤める郵便局でオレはバイトをはじめていた。時給230円だったのを今でも覚えている。もちろんエレキを買うために。実は、その時期、ほんの数カ月間だったけど、オレは高校のスキー部に所属していた。なんとなく軟派な奴らがあつまっていて楽しいかもと思ったのだ。前項で友達もすぐには出来ず、勉強も出来ずって書いたけど、勉強は相変わらず出来なかったけど、でも、あんま勉強の出来ない連中とはつるむようになっていて友達もなんとなくは出来た時期でもあったのだ。そんなこともあってチャラチャラした奴らに誘われて成り行きでスキー部に入ったのかな。それとも、部活くらい形だけでもやってないとって思ったのかな。その辺の記憶はさだかじゃないんだけど、冬休みになって、山に雪が積もって、さあこれからスキーが出来るぞってときに、オレはスキー部をやめてしまったのだ。なんか成り行きでスキー部の合宿で山にいってみたら、各学校のスキー部が集まっていて、もちろん指導教官達もいて、大会に出るためのものすごく厳しい練習をさせられたのだ。ただ楽しくスキーをやればばって思っていたのに、これはさすがに違いすぎる。ってかそんなモチベーション、オレの中のどこにもない。それよりロックをやりたい。エレキがほしい。家でぼや〜〜んと音楽雑誌のエレキの広告ページばかりを見てるような状態の人間に、厳しいスキー合宿が耐えられるわけもない。

「オレ、競技とかじゃなくて、楽しくスキーやりたいだけなんです」

みたいなことを先生に言ったら怒られた、怒られた。結局、スキー合宿3日目の途中で、オレは山を降りてしまったのだ。

バイトでためたお金と、スキー合宿の残りの費用の返金分を持って、その足でオレはスズラン通りにあった福島楽器に直行した。もちろんエレキを買うために。グレコ製3万円のサンバーストカラーのストラトキャスターを持ってオレは家にもどった。

「ただいま〜」

スキーではなくストラトを持って、1週間もはやくオレは家にもどってしまったんだけどさ、自分でもさすがにまずいと思って、親にどう説明していいものやら、悩んだと思う。でも実際にどんな説明をしたのか、そしてそのとき親がどんな顔をしたのか、今となっては全然思いだせない。当然親にめっちゃ怒られると思ったんだけど、全然そんなことはなかったのだけは覚えている。あとでわかったことだけど、そもそもお袋も親父も音楽をやることに全然反対ではなかったのだ。

COLUMN

ジミヘンこと**ジミ・ヘンドリックス**といえば、いわゆるギター・ヒーローの中でも、いちばん偉い人ということになるでしょう。ギタリストとして非常に優れたテクニックとセンスをもち、派手なステージアクションで観客を魅了するばかりか、アンプやエフェクタなどを最大限に活用して、エレクトリック・ギターの表現力をまったく異なる次元にまで引き上げた功績は誰にも否定できないでしょう。要は、エレキギターのあり方そのものが、彼以前と以降でまるっきり変わってしまったんですね。

1942年、アメリカに生まれたジミは陸軍を除隊後、66年に渡英して、ノエル・レディング（b）、ミッチ・ミッチェル（ds）とジミ・ヘンドリックス・エクスペリエンスを結成。「ヘイ・ジョー」でデビュー、続く「パープル・ヘイズ」で大ヒットを記録、ジミはいちやく音楽界の寵児となります。エクスペリエンスは名盤『エレクトリック・レディランド』（1968、リプリーズ）など、オリジナル・アルバム3枚とベスト盤を残して69年に解散。そして翌年の1970年9月には、ジミは就寝中の嘔吐による窒息で亡くなってしまいます。享年27歳。あまりにも早すぎる、取り返しのつかない死でした。

大友少年が衝撃を受けた「アメリカ国歌」は、ウッドストックで演奏された「星条旗よ永遠なれ」。1969年8月15日から3日間にわたって開催されたウッドストック・フェスティバルは、愛と平和をスローガンに掲げた60年代アメリカのカウンター・カルチュアのシンボル的なイベントで、野外の大規模なロックフェスのはしりとなりました。観客は約40万人。ウッドストックなくして、夏フェスなし！

ジミは最終日のトリとして翌朝になって登場、大部分の観客が帰ってしまったまばらな会場で、ベトナム戦争への批判として、爆撃機による空襲の音や、泣き叫び、逃げまどう民衆のようすをギターで表現したといわれています。フェスの模様は映画やサウンドトラック・アルバムにもなり、ジミの姿も『ウッドストック』ディレクターズ・カット版（1970／2009、監督＝マイケル・ウォドレー、ワーナー）で見ることができます。**写真**は『エクスペリエンス・ヘンドリックス』（2012、ソニー）。

第21話

うじうじ、うじうじ

シュトックハウゼンとピエール・シェフェール
（1975年　高1）

エレキギターを買ったはいいけど、ギターが弾けるわけじゃないオレは、まずはギターの改造、そしてギターで出せる変な音をオープンリールテープレコーダーに録音して、回転を変えたり、逆回転にしたり、切ったり貼ったりしながらさらに変な音にしたりすることに夢中になった。び〜〜〜〜〜ん、ぎゅるぎゅる、グキ、ガガガガ……。う〜〜ん、なんか今やってることとそんな変わらない感じもするなあ。冬休みはこれに終始した。

もちろん当時はノイズミュージックを知ってたわけじゃなく、ってかそういうものはまだこの世になかったし、即興演奏のことも知らなかった。ただＮＨＫ－ＦＭの現代音楽の時間から流れてきた**シュトックハウゼン**の**「コンタクテ」**とかの電子音ものや、**ピエール・シェフェール**の具体音楽（ミュージックコンクレート）、**ビートルズ**の**「レボリューション9」**とかのテープコラージュものなら出来るかもって生意気にも思っていたのだ。中学時代から手に入れては挫折を繰り返したおかげで安物とはいえギターにベース、自作のシンセにファズなんかのエフェクターもあったし、マイクやスピーカーもジャンク品を見つけて来てはなおしたり改造したりしていて、それらを組み合わせればテープ操作の音楽が作れそうな気がしたのだ。楽器屋の店頭で捨て値同然で売っていた電動オルガンも手にいれた。電気オルガンと違ってモーターで空気を送り込んで音を出す、昔学校の音楽室にあったやつだ。こいつにファズをつないでテープ操作で録音したりしてるとなんだか現代音楽みたいに聴こえて、しばらくはそんな現代音楽ごっこにはまっていた。

この時録音したテープの一部は今でも残っていて、今の耳で聴いても、悪くないなあって思うんだけど、でも当時は、はまってはいたけど、いいとは全然思えなかったのだ。なんで思えなかったかといえば、楽器もちゃんとできないのに、こんなことやってもインチキだって思っていたのもあったし、本物の現代音楽に較べるとなんかのろくさい。それに、ロックバンドをやりたかったのに、それが出来なくてこんなことをやってるような気もしたんだと思う。今考えると、こっちのほうこそうじうじせずに堂々と続けていたら、全然違う音楽人生だったかもなあって思うんだけどね。なんかオレ、いろいろ弱かったのだ。

高1の3学期になると、例の中学のときにバンドをやっていた桑原くんや阿部くんとの交流も始まって、うちにも遊びにくるようになっていた。みな高校は別々だったけど、狭い福島、ロック好きはなんとなくどこかで繋がったりして、中学の頃憧れだった彼らとも、いつとはなく交流がはじまっていたのだ。

2月のある日、桑原くん、阿部くんとオレでオレの家のオープンリールをつかって『**クリムゾン・キングの宮殿**』を録音しようってことになった。ええ？　そんなこと出来るの？　当時まわりでオープンリールを持っていたのはオレだけだったから、もしかしたら遊びにきた二人はこれが目当てだったのかもしれない。桑原くんがギターと歌、阿部くんはベース、オレは桑原くんに教えてもらってオルガンと、あとは楽器以外の特殊な音を担当した。即興や現代音楽ごっこではなく、なにかの楽曲を人と一緒にやったのは、これが初めてだった。桑原くんも阿部くんもバンドを既にやっていたから、そんなこと別に思わなかったと思うけど、オレにとっては、これが生まれて初めての合奏体験で、なんだかもうひたすら嬉しかったのだ。1年前、中学の講堂で演奏した彼等を見て、本当に羨ましくて、羨ましくて仕方なかったんだもん。なにより桑原くんや阿部くんと一緒に演奏出来たことが嬉しかったのだ。この日は嬉しすぎて、天にも昇るような気持ちで録音したテープを何度も何度も聴いた。

やっぱ、家でごっこをやってるだけじゃなくて、バンドやりたいなあ。この録音を機に、強く思うようになった。でも圧倒的に上手かった桑原くんや阿部くんには、とても一緒にバンドやろうなんて言えない。なにしろ桑原くんは福島の高校ロックシーンでは、すでに有名になっていて、オレみたいな初心者からバンド組もうなんて言える相手じゃなかったし、それ以前に、オレ、現代音楽ごっこ以外は、なにも弾けなかったもの。

どうしよう。うじうじ悩んだ挙げ句、オレは高校の同じクラスのやっぱりあんまり勉強出来ないチームに属する楽器初心者の岩崎くんに相談して、手塚先輩のいる軽音楽部に一緒に入ることにしたのだ。ここでギターアンプに楽器をつないで先輩達に教えてもらって……そんなことを考えていた。でも一人じゃ怖くて、入れてくださいなんて言いにいけないもの。それで仲の良かった岩崎くんを道連れにしたのだ。なんか、オレやっぱめっちゃ弱い。

ところが、オレの弱さをなめちゃいけなかった。オレはエレキギターを、岩崎くんはオレのエレキベースを持って軽音楽部の前に行ったんだけど、そこにはものすごい人数のロックギタリストたちがいて2台しかないギターアンプの順番待ちをしていたのだ。音を出していたのは、例の手塚バンドにいたギターの先輩。**ウィッシュボーン・アッシュ**の曲を、まるで本物のように演奏していて、オレも岩崎くんもこれを見てビビってしまった。こりゃオレたちじゃとても無理だ。ボクらは一目散に逃げるように軽音楽部の部室をあとにした。

そのときだ。長髪で猫背、だらしない風体の謎の先輩に声をかけられたのは。

「おい、こら！　おまえら、まて！」

細くあけた目が死んでいる。こいつ誰なんだ？　本当に高校生なのか？

あまりの怖さに身がすくんだ。

これが運命の出会いだったんだけど、つづきは次回。

COLUMN

シュトックハウゼンとシェフェールっていうのは、大友少年なかなかいいところを突いてますね！ 彼らの音楽自体がポピュラーになったとはいえませんが、その発想がそれぞれシンセサイザーとサンプラーに結実していくようなところがあるわけですから……。

第17話でもふれた**カールハインツ・シュトックハウゼン**（1928‐2007）は、20世紀現代音楽の最重要人物のひとり。音高・音価・音量・音色などを数列化して自動的に音楽を生み出すミュージック・セリエルの旗手であると同時に、世界初の電子音楽の作曲者でもあります。セリエルと電子音楽では原理は全然違っているようですが、実はどちらも音楽あるいは音をさまざまなパラメータに分解して、それを自由に再構成することで無限の表現力が生まれる、という発想では共通しているのかもしれません（**写真**は『コンタクテ』1975、日本コロムビア）。

対して、**ピエール・シェフェール**（1910‐95）は、ミュジーク・コンクレートの創始者。日本語にすると「具体音楽」ですが、要は磁気テープに録音された楽音や騒音を再構成することで音楽を作ろうという発想ですね。ほら、それぞれシンセサイザーとサンプラーにあたるでしょ？

シュトックハウゼンはその後、不確定性を導入したり、楽譜ではなくテクストの指示に従って演奏する「直観音楽」を始めてみたり、演奏家をヘリコプターに乗せて演奏させたり、と迷走しはじめますが、おそらくこれから本格的な再評価が進んでいくでしょう。シェフェールは、1960年以降は残念ながらあまり作品を発表しなくなってしまいましたが、彼の相方を務めた作曲家ピエール・アンリは、後年テクノの文脈で脚光を浴びることとなりました（2017年没）。

ウィッシュボーン・アッシュは、1969年に結成されたイギリスのロック・バンド。ツイン・リード・ギターを看板で、結成時のメンバーは、アンディ・パウエル（g、vo）、テッド・パウエル（g、vo）、マーティン・ターナー（b、vo）、スティーヴ・アプトン（ds）。メンバーチェンジを経て現在も活動中ですが、代表作となると、やっぱり初期の『百眼の巨人アーガス』（1972、USM）になっちゃいますね。

第22話

間違ってジャズ研に入ってしまった

コルトレーンとエルビン・ジョーンズ
（1975年　高1）

前回からのつづきを。

軽音楽部のハードルの高さに、岩崎くんとオレは一目散に逃げるように部室をあとにしたわけだが、そのときだ。長髪で猫背、だらしない風体の謎の先輩に声をかけられたのは。

「おい、こら！　おまえら、まて！」

細くあけた目が死んでいる。こいつ誰なんだ？　本当に高校生なのか？

あまりの怖さに身がすくんだ。

「おまえらロックやりたいんだろ」

「は、はい」

「ロックってのはなあ、ジャズが出来れば簡単なんだよ」

ん、こいつ死んだ目で何を言ってるんだ。

「あのなあ、うちに来い。うちならすぐにギターアンプ使えるぞ」

ん、なんで、オレらの考えてることがわかるんだ。謎すぎる。ってか、その見た目があまりに怖くて、あまりの怖さに黙っていると、

「いいからついてこい！」

「はい」

僕らは、この猫背先輩にくっついて、野球部の部室がある校舎のはずれの方につれていかれた。かつあげだったらどうしよう。もしかしたらギターやベースが目当てなんじゃないか、こいつ。いろんな妄想が頭を駆け巡る。

野球部の部室というのが、なぜか校舎の中にではなくて校庭のはじっこに建っていて、これがまたいかにも昭和の学校って感じの木造の古い小屋みたいな建物なんだけど、そのさらにはじっこに入り口みたいなもんがあって、先輩はそこにずかずかと入って行く。オレらもついて入ると、なんとドラムセットにギターアンプ、ベースアンプまで置いてある。なんだここは？　学校に1年近くもいて、こんな場所があったのを知らなかった。

「おまえら知らなかったろ。ここがな、ジャズ研の部室。今部員が3人しかいないし、3年が卒業するとオレしかいないから、お前ら入れ。いいな」

いや、いいなって言われても……うじうじしてると、

「お前、ちょっとベース貸せ」

岩崎が持ってたベースをむしるようにとった猫背先輩、いきなりアンプにつないで、ブイブイ鳴らしだす。

「いいか、これがジャズだ」

ブイブイブイ〜〜〜♪、ブブブブブイ〜〜〜〜ン♪

ええええ？？？？？　全然ジャズに聴こえない。なんかメチャクチャやってるようにしか見えない。

「おまえもギター貸せ」

ぐぎゃ、ぐぎゃ、ぐぐぎゃぎゃ、ぐぐぐ〜〜〜

「これがジャズだ」

えええええ？？？？？？　大丈夫かこの人。やばい人につかまっちゃったなあ。はやく楽器を返してもらって逃げ出さねば。

30分くらいは、この猫背先輩の謎のベースとギタープレイを聴かせられたろうか。本人もさすがに飽きたみたいで、

「じゃオレがドラム叩くから、おまえらなんか弾いてみろ」

いやいや、そんなもん、いきなり出来るわけないじゃないですか……なんて思ってる間もなく、猫背先輩はドラムをたたき出す。

ドカン、ガガガズン、ズズズズ〜〜〜〜ドシャン、ガガガガ〜〜〜♪

いきなりものすごい音だ。この隙に逃げよう。オレと岩崎の目があった。

いまだ！

ところが、体が動かなかったのだ。怖かったからじゃない。ドラムの演奏が凄かったのだ。ロックとは全然違う、なんだか嵐のようなむちゃくちゃな連打の演奏に、ボクらはあっけに取られたのだ。

再び30分も演奏しただろうか。啞然としてその演奏を見てしまった。すごい、こんな高校生がいるの

か……素直にそう思った。

「おまえら**エルビン**って知ってるか」

全然知らない。またもや何を言ってるんだこの人。ドラムはすごいかもだけど、やっぱ変な人には変わりない。

「あんなあ、**コルトレーン**のバンドのドラマーだよ、エルビンってのは。今オレがやったのはエルビンの8分の6拍子、わかるか？　適当にフリーをやったんじゃねえぞ。全部テンポがあって小節もしっかりある演奏。な、これがジャズだよ、これが出来ればロックなんてすぐに出来るんだから。だからおまえらジャズ研に入れ、あ、それからオレにベース貸せ。ちょっと練習したいから、な」

やばい。この人につかまったら終わりだと思った。今度こそ岩崎と目があった瞬間に僕らは走って逃げだした。

ところが事態はこれで終わらなかった。翌日もこの先輩の勧誘にあったのだ。岩崎はもう完全にあんなヤツと関わる気はないと、男らしくきっぱりと断ってしまった。でも気の弱かったオレは、なんとなくまた部室に連れて行かれてしまったのだ。正直言うと、単に気が弱かっただけじゃなくて、あそこにあったギターアンプにギターをつないでみたかったのだ。

猫背先輩は、昨日と同じくいきなりドラムを叩き出した。叩きながら目でギターアンプを見ながら、弾けってしぐさをしている。オレは恐る恐るギターアンプに繋いで鳴らしてみた。どうやっていいかまったくわからないから、とりあえずぐわ〜〜〜って感じでメチャクチャにやってみた。これでいいのかな？　しばらくはデュオが続いたけど、ドラムの音がぴたりと止まり、いきなり怒られた。というかあきれられた。

「おまえ、なんも弾けないのか？　なんか弾ける曲ないのか？」

オレが全然なにも弾けないことがバレると、いきなり、

「わかった、おまえ金持ってるか」

オレが500円持ってるのを確認すると、猫背先輩がつれていったのはジャズ喫茶だった。生まれてはじめてのジャズ喫茶にドキドキしてると、いきなり猫背先輩はポケットから煙草を出して吸い出した。

あ、断っておくと、当時の高校生は、結構普通に煙草を吸っていて、猫背先輩が特別ってわけではなかったと思う。今ほど10代の喫煙とか飲酒にうるさくはなかったのだ。先輩はオレにむかって煙草を差し出したけど、オレは断った。

「おまえダメだな、だからギターが上手くならないんだよ」

煙草とギターの腕前はまったく関係ないと思うけど、とりあえずは口答えせずに逆らわないでおいた。でも煙草はやっぱり口にしなかった。なんだか高校生が吸っている姿が、大人ぶってるように見えて、かっこ悪いなと思っていたのもあったとおもうし、なんでも猫背先輩のいいなりになるのが嫌だったたってのもあったかもしれない。

猫背先輩、今度はお店の人に偉そうにリクエストしてる。流れたのはコルトレーンの『**トランジション**』。ドラムはエルビン・ジョーンズだ。巨大なアルテックのスピーカーから流れてくるコルトレーンはすごい迫力だった。それまでジャズには全然興味がなかったけど、古臭い大人の音楽くらいにしか思ってなかったけど、このとき初めて面白いかもと思ったのだ。

「おまえ、このリズムわかるか？　どこが頭か、何拍子か、どうやってポリリズムを叩いてるか」

言ってる事がさっぱりわからない。ぽかんとしてるオレの目の前で、猫背先輩がドラムのスティックを出して机をたたき出す。

「いいか、よく見てろ、ここがリズムの頭、で、3拍子と4拍子が、こうやって混ざってるだろ、わかるか、で、ここにハイハットのアクセントが入って……」

説明はいいけど、ものすごい大きさでスティックで机を叩いていて、いつお店の人に怒られるかと気が気じゃない。しまいには勢いあまって、コーヒカップを床に落として割ってしまう。あ〜〜まずいよ、先輩、いくらなんでも、これはまずい。

「島田くん、これで3度目、いいかげんにしなさい、これ以上やったら出入り禁止よ」

お店のママさんにこっぴどく怒られて、ぼくらは店をとぼとぼ出ることになった。

そうか島田くんっていうんだ、この先輩。

「そういえば、お前なんて名前だ」

僕らは、お互いに名前も知らずに、2日間も一緒にいたことになる。そして、それ以来、オレは毎日のようにジャズ研の部室にかようようになった。順番待ちの軽音楽部とちがって、ここではアンプを独占出来た。へんな先輩が一人いるけど、まあクセはあるし、この人の言うジャズは全然わからないけど、でもドラムはすごいし、悪い人じゃなさそうだし、1年我慢すれば、猫背先輩も卒業だから、あとは自由にロックとか出来るし……。

なんか、こういうことを考える自分のセコさにあきれるけど、でもそんな気持ちもあってオレはジャズ研に入部してしまった。でも、それが全ての間違いの始まりだったのだ。

COLUMN

1975（昭和50）年のジャズ界では、クロスオーバー（後にフュージョンと改称）が大流行していました。しかし、「そういうのは商業主義的でヨクない！」と考える人たちにとっては、ジャズといえばまだコルトレーンだったと思います、たぶん。

　そんな**ジョン・コルトレーン**（1926-67、ts、ss）は、ひとことでいうとズバリ「ジャズ界の巨人」。マイルス・デイヴィス（第24話参照）やセロニアス・モンク（第37話参照）のグループで修業した後、ソロ・デビュー。「シーツ・オブ・サウンド」と呼ばれる、音を敷き詰めるような奏法で注目を集めます。

　しかし、コルトレーンがスゴいのはここからで、ハード・バップからモード・ジャズ、さらにフリー・ジャズへと、自らのスタイルをどんどん変えていきます。そのあくなき探究心と求道心が、特に日本のジャズファンの心を捉えたのでしょう。実際の活動期間の短さに比べて、録音が非常に多いのがコルトレーンの特徴ですが、『ジャイアント・ステップス』（1959、アトランティック）、『至上の愛』（1964、インパルス）の2枚が定番なのは間違いなさそう。

『トランジション』（1965、インパルス、**写真**）は、コルトレーンが『アセンション』（1965、インパルス）で本格的にフリー・ジャズに取りくみはじめた直前に録音された過渡的な作品ですが、コルトレーンの音楽の変遷をたどる上では興味の尽きない内容です。

エルヴィン・ジョーンズ（1927-2004）は、長くコルトレーンの片腕でもあった名ドラマーで、マッコイ・タイナー（p、第27話参照）、ジミー・ギャリソン（b）と合わせて、「黄金カルテット」と呼ばれました。その後は、自ら「ジャズ・マシーン」というバンドを率いて活動しています。

　猫背先輩、もとい島田先輩いうところの「ポリリズム」とは、たとえば4/4と3/4、4/4と7/8など、異なる拍子が同時に進行すること。柔軟なリズム感覚をもつエルヴィンは、ポリリズムを叩き出す名手としても知られており、コルトレーンの『アフリカ/ブラス』（1961、インパルス）はエルヴィンがいなかったらとても実現できなかったのでは。

第23話

ジャズ喫茶の日々

チャーリー・パーカーとエリック・ドルフィー

（1975〜76年　高1〜高2）

ドラムとギターのデュオというへんてこな編成で、ジャズとは似ても似つかぬ即興セッションをしだして数日目。授業を終えてジャズ研の部室に行ってみると、見たことのない私服のイケメンが薄目でショートピースをくゆらせている。誰だ、こいつ。

「おぅ、お前が新入りか、ちょっとなんか弾いてみろ」

なんか偉そうだけど、大人にはさからえないもんなあ。猫背先輩とやっている感じでいつものメチャクチャな演奏をすると、

「話には聞いてたけど、本当に下手糞だな、お前。コードとか押さえられるのか？」

ジャズ研にいたのは猫背先輩だけではなかった。さらにその先輩、ジャズ研を作った初代部長の大森先輩が東京での受験を終えて戻って来たのだ。まだ在学中だってのに、薄いブルーのベルボトムに同じ色のジージャン。うっすらひげまではやして、どこから見ても高校生に見えないうえに、女の子を何人も泣かしてそうな雰囲気まで漂わせている。ショートピースをくゆらせながら、傍らに置いて

あったテナーサックスに手をかけ、いきなり、ものすごい勢いでバラバラとジャズのフレーズを演奏しだしたときには、この人は本当に高校生なんかじゃなくてプロなんじゃないかと思ったほどだ。

ただ一緒に音を出すだけだった猫背先輩と違って、大森先輩のほうは、いたって紳士的で、オレにまずはジャズのコードの基本を教えてくれた。なるほど……と思いながらCm7 F7 B♭7とコードを押さえていくと、なんだかジャズらしい響きになる。その日のうちにオレは、大森くんの家にいった。

「大友、ジャズの基本は**チャーリー・パーカー**だから、まずはそこから聴かなくちゃ」

パーカーのダイヤル盤の古いレコードを次々かけてくれる。今でこそパーカーの大ファンだけど、ロック少年だったオレには、パーカーは全然わからなかった。というか、コルトレーンなんかと較べるとものすごく古くさく聴こえて、なんだか面白いとは思えなかったのだ。だいたいオレ、ジャズやりたいわけじゃないし、なんでジャズの基本とかやらなくちゃならないのかなあ。

「大森くん、オレ、パーカー、なんだか古くさいし、あんま面白いと思わないや」

オレは弱虫のくせに生意気なガキだったのだ。だいたい初めてあった先輩を「大森くん」呼ばわりしてるし。でもマイペースで紳士な大森くんは、そんなことにはかまわず次々いろんなレコードを聴かせてくれる。今思うと、自分がつくったジャズ研の存続には、唯一入って来たこの1年生をジャズファンにするしかないと思ったのかもしれない。違うかな。でも、どれも古い音楽に聴こえて全然面白いと思わなかった。

そんな中で唯一オレの興味を引くレコードがあったのだ。**The Sextet of orchestra USA** 名義による『**Mack The Knife**』というアルバムがそれだ。これ、あまり知られてないアルバムだと思うけど、**クルト・ワイル**の名曲を**マイク・ズワーリン**がアレンジしたジャズの隠れた名盤で、この中に出てくる突拍子もない**エリック・ドルフィー**のアドリブにぶっ飛んだのだ。こんなジャズがあるんだ。これがエリック・ドルフィーとの最初の出会い。
そんなこんなしているうちに、オレは、すっかりジャズ研に入り浸るようになっていった。まったくわけの分からなかったジャズのリズムとかコードが、ほんの一部だけどわかるようになり、下手くそながらも大森くんや猫背先輩と一緒に音を出すようになっていった。

オレは高校2年になった。大森くんは大学受験に失敗して、まあ、当たり前だよな、で、予備校にかようかたわら、時間を見てはジャズ研の部室にきていた。3年の猫背先輩は相変わらず、ドラムを叩き続ける毎日。オレはというと、すっかりジャズ研になじんでしまって、このあたりから次第に学校の授業をさぼるようになっていった。さぼって、何をしてるかというと、大抵はジャズ研の部室にいるか、市内に何件かあるジャズ喫茶かロック喫茶に入り浸るようになっていったのだ。ジャズが好きだからってよりは、ジャズ喫茶の大人な雰囲気や、そこに集まる大学生やら、なにが本職なのかわからないサングラスや長髪の大人達の近くにいるのが好きだったんだと思う。
最初によく行ったのは福島の駅前からほど近い裏通りにある「涅雅《ネガ》」。開店してまもない店で数席のカウンターとテーブル席が二つ三つあるだけの小さなお店だった。ここにはアルティクのでかいスピーカーがで～んとあって、ここでジャズを聴くとものすごくいい音だった。猫背先輩も大森くんももちろんここの店の常連だ。ここに来るとコーヒーは注文せずに260円のカレーを頼んだ。それで何時間も粘るんだから店としてはまったくもうからない客だったと思う。今考えると本当に申し訳なかったなって思う。親には弁当は午前中に食べちゃうんで、お昼のパンを買わないと体がもたないとかなんとか言って、パン代をもらって、その金でここに通っていた。ママさんが素敵で、たぶん今考えると20代中頃だったのかな、高校生のガキからみるとものすごく大人な感じがして、だから半分はママさんの顔を見にいっていたようなもんだ。ここに通ううちに、古くさいと思っていたジャズにどんどんハマっていくわけだけど、その話はまた次回。

COLUMN

チャーリー・パーカー（1920－55）、通称「バード」。即興演奏の極限をきわめた超大天才アルトサックス・プレイヤーにして、ビバップの語法をほぼ独力で作り出した「モダン・ジャズの父」。その一方で、酒、麻薬、女性にとことんだらしなく、自らの命を縮めては、たったの34歳でこの世からおさらばした男です。

1942年にニューヨークに出てきたパーカーは、45年に初リーダー作の録音を行い、それから短い期間に溢れる才能を爆発させます。作品はどれも活力とひらめきに満ちたものばかり。ロック全盛の時代には古臭く聞こえたかもしれないけど、ラヴェル、ヒンデミット、バルトーク、ストラヴィンスキーまでを愛聴していたパーカーの音楽は、今の耳にこそめちゃくちゃ新鮮に響くはずです！

エリック・ドルフィー（1928－64）もジャズ史の最重要人物のひとり。ONJO（大友良英ニュージャズ・オーケストラ）のセカンド・アルバム『アウト・トゥ・ランチ』（2005、doubtmusic）は、ドルフィーの同名アルバム（1964、ブルーノート）を全曲大友さんならではのやり方でカバーしたものでした。

このドルフィー、本文で大友さんも驚いているとおり、まずソロが突拍子もない！ それから元祖『アウト・トゥ・ランチ』をはじめとしたスタジオ盤で窺える構想力が、なにかとんでもない。

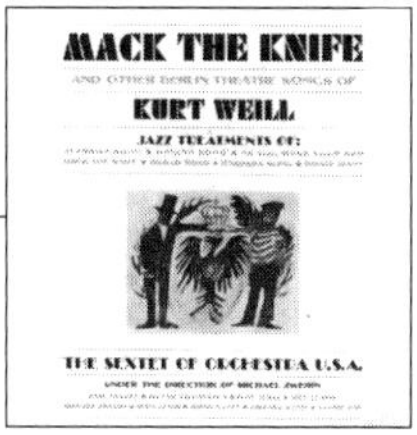

さらに、サイドメンとして参加した作品が、いずれもひとくせありすぎる名盤ばかり。オーネット・コールマン『フリー・ジャズ』（1961、アトランティック）、チャールズ・ミンガス『チャールス・ミンガス・プレゼンツ・チャールス・ミンガス』（1960、キャンディド）、ジョージ・ラッセル『エズセティックス』（1961、リヴァーサイド）……そしてこの**セクステット・オブ・オーケストラUSA**のブレヒト&ワイル曲集、**『マック・ザ・ナイフ』**（1964、RCA、**写真**）。今思うと、ジャズ史のさまざまな転換点に、それとわかって姿を見せているとしか思えません。パーカー同様、ドルフィーも早逝してしまいましたが、彼の目にはどんなジャズの未来が映っていたのでしょうか。

第24話 パスタン

レイテッドX、山下洋輔トリオ、そして阿部薫
（1976年　高2）

高校時代の後半からオレはほとんど学校に行かなくなってしまった。そのかわりにオレが通ったのはジャズ喫茶とロック喫茶だった。今回はその話を。

ジャズ喫茶の「涅雅《ネガ》」ではすっかり顔を覚えられて、それもなんだか嬉しかった。猫背先輩は、いたずらが過ぎて出入り禁止になっていたけど、オレは猫背先輩がいなくてもここに通うようになっていた。ここで出会ったのがエレクトリック時代に突入したばかりの**マイルス**で、とりわけ『**ゲット・アップ・ウィズ・イット**』に入っている**「レイテッドX」**が大好きだった。今聴くと激しいファンクが基調になっているんだけど、当時はひたすらメチャクチャに聴こえてエレクトリックフリーくらいに思っていた。そして、同級生の加藤くんが本屋でこれ読んでみるといいよと教えてくれた山下洋輔初の本『**風雲ジャズ帖**』が切っ掛けとなって、**山下洋輔トリオ**もヘビーローテーションで聴くようになっていった。涅雅の巨大なスピーカーで爆音で流れる神風のような勢いの**坂田明**のサックスに**森山**

威男のドラムス、そして山下洋輔のドシャメシャな演奏に浸かっているのが快感だったのだ。当時はまだパンクなんて言葉は福島までは届いてなかったけど、でも、オレにとっては、「レイテッドX」も山下洋輔トリオもたぶんパンクだったんだと思う。もしもこの二つを聴くより前に、先にパンクがオレの耳に届いていたとしたら、きっとそっちにぐ〜〜〜っと引き寄せられたんじゃないかな。

ロック喫茶で行ったのはパワーハウス。ここは顔を覚えられるってほどでもなくて、中学時代からの桑原くんやら、潤ちゃん、篠木くん、阿部くんあたりと、たまに行った感じだった。ちょうどロックからジャズに大きく興味が移る時だったのもあったのかな、いつのまにか行かなくなってしまったけど、でも、この時期このあたりで知り合った吉田さんって名前のヒッピーのような外見をした大学生だったのかな、それとももう学校は出ていたのかそのへんはさだかではないけど、ロックコンサートの企画をしている兄さんがいて、そのヒッピーさんのアパートに皆でつるんで行ったりしていて、吉田さんが手伝っているライブの手伝いをしたりチラシまきなんかを手伝っていて、確か**サンハウス**とか**安全バンド**、**憂歌団**なんかのコンサートを見に行った記憶があるなあ。この吉田さんとは後々、震災後福島で盆踊りをやるようになったときに再会することになって、今はさすがにヒッピーのような外見じゃないけど、でもしっかりと当時のスピリットのようなものがにじみ出ていて、それだけでもものすごく嬉しかったなあ。吉田さん、本当にお世話になりました。

そしてジャズ喫茶のほうは涅雅以外にもう一軒、どこよりもよくかよったのが福島大学の近くにあったジャズ喫茶パスタンだった。今は大学がみんな郊外に出てしまったけど、当時は福島市内にいくつか大学があって、だから街中には大学生がうろうろしていて、喫茶店も繁盛していた時代だった。だれが決めたのか知らないけど、大学を郊外になんか出さない方が良かったと思うけどね。若い連中が街中にうろうろしているほうが街にとってもいいし、学生にとってもよかったんじゃないかな。パスタンも大学生たちが出入りしている店だった。

なんでパスタンに出入りするようになったのか、切っ掛けは忘れてしまった。パスタンはジャズをかけるだけじゃなくて、ライブもちょくちょく企画していて、そこにやってきた**阿部薫**、**高柳昌行**、**金井英人**、**中村達也**といったフリージャズのミュージシャンたちのライブや、評論家の**副島輝人**氏が持って来た当時ドイツで始まった前衛ジャズ祭メールス・ジャズ・フェスティバルの8㎜フィルムのドキュメンタリーなんかを、高校生だったオレは度々見ているのだ。ジャズを聴きだしたばっかりのオレには、難しすぎてちんぷんかんぷんだったけど、でも、それが後々のオレの人生を大きく左右したことは間違いない。十数年前にそのことを、雑誌『遊歩人』２００2年11月号に書いたんで、その一部を引用しよう。

ジャズ喫茶に出入りしだした高校2年も中頃になると、学校を越えて変な仲間が沢山出来た。当時のロック喫茶やジャズ喫茶は学校をふける連中の溜まり場にもなっていたからだ。とはいえケンカのつよいツッパリみたいな連中ってわけじゃなく、もっと軟派な、高校生のクセに女を知り尽くしたような顔をした奴とか、たばこや酒で大人ぶる奴、哲学や現代音楽の話を我が物顔にする奴……。ガキだったオレと違い、みな大人で、カッコ良く見えた。そんな連中と遊んでいるうちにいつのまにかオ

レも本当にジャズにはまっていった。ロックがやりたくてジャズ研に入ってしまったオレも、いつのまにか猫背先輩みたいにジャズをやりたいと思うようになっていたのだ。

あるとき「パスタン」ですごいコンサートがあるという。言われるままに顔を出してみると、ほとんど客のいない店で、汚い格好をしたヒッピーのような人がめちゃくちゃにドラムをたたいている。それが終わると今度は突然狂ったようなサックスソロを1時間。当時山下洋輔の特攻隊のようなフリージャズや、エレクトリックマイルスのクラスターオルガンなんかの激しい音楽が好きになりだしていたオレにとっても、これは難解でさっぱりわからなかった。わからなかったのだけれど、なぜかひっかかってしまい、次の週もまた彼のコンサートに足を運んでしまった。例によって客は数人。会場につくなり、ギターを貸してくれという。で、いきなりはじめたのが、ものすごい音量のフィードバックギターソロだった。ただただひたすらハウリングするだけ。え、こんなんあり？ と当時は本気で思ったもんだ。これが終わると、またあのすごい音のサックスソロ。う～ん、やっぱりわからん。それでもオレは彼が来る毎に足を運んだ。この男が当時すでに伝説化していたサックス奏者の阿部薫だなんてことは知らなかった。ただなぜか強烈に引っかかった。

ここに出てくる阿部薫やフリージャズの話は、もう少しあとのことなんで、また項を改めて書くけど、なんかこの文章を読んでいたら突然思いだしたんだけど、パスタンのホットサンド、美味かったなあ。ホットサンドなんてハイカラなもんは、それ以前には見たこともなかった。中身はゆで卵とマヨネーズをまぜこぜにした、え～～と、あれはなんていうんだろう、よくあるタマゴサンドの具なんだけど、これをはさんだサンドをですね、プレスするみたいな機械であったためてトースト状にしたの

がホットサンドで、これが美味くて美味くて。涅雅のカレーとともに、高校時代、外で一番食べた食いもんはここのホットサンドだったと思う。のちのちこの味がなつかしくて、一人暮らしをしていた20代の頃に、ホットサンドを作る機械を買って、ゆで卵とマヨネーズの具も自分で作って、毎日そればっかり食べていたこともあるくらい。

そういえばオレは、コーヒーを飲むと、ほんの少しだけ残す癖があって、それって高校時代に、ジャズ喫茶でコーヒーを注文したときに、おかわりをする金銭的な余裕なんてなかったんで、4分の1だけコーヒーを残して何時間も粘った頃の名残なんだよなあ。コーヒー一杯で粘っていろんなジャズを聴いた。この頃になると、激しいジャズばっかり聴くようになっていった。聴く方はどんどん耳年増になっていったけど、ジャズ研での演奏は、あいかわらず下手クソで、お話にならない状態だった。

COLUMN

やっぱりマイルスの**「レイテッドX」**は、みんなアガりますよね！　バンドが一丸になって轟音で演奏しているときに、スタジオのミキサーを使って、予想もしないところに人工的にブレイクを作る曲でしたが、ライヴでやろうとすると、なかなか合わないという……。

さて、その**マイルス・デイヴィス**（1926-91）。トランペット奏者として、先輩のディジー・ガレスピー（1917-93、tp）と正反対の個性を練り上げ、繊細かつ緊張感溢れる音世界を構築しただけでなく、若いころから、クール・ジャズ、ハード・バップ、モード・ジャズ、エレクトリック・ジャズ、フュージョン……とジャズの新しい領野を常に開拓し続けた才能とパワーは、まさに「ジャズの帝王」と呼ぶにふさわしいものでしょう。『カインド・オブ・ブルー』（1959、コロムビア）と『ビッチェズ・ブリュー』（1970、コロムビア）が歴史的二大名盤。「レイテッドX」が収録されている『ゲット・アップ・ウィズ・イット』（1974、コロムビア、**写真**）は、コンピ的な作りながらファンの多い、いわゆる「電化マイルス」期の傑作です。

日本発フリージャズの雄として、60～80年代にトリオで日本国内のみならずヨーロッパを荒らしまわった**山下洋輔**（1942-）は、現役でも大活躍中のジャズピアニストにして、エッセイスト・作家。鍵盤にひじ打ち、頭突きをぶちかますアグレッシヴな演奏や、意味を超えて跳ね回るドシャメシャな文体が有名ですが、野放図な人というよりはシャレのめす人、という方が正確か。タモリを発見したり、全日本冷し中華愛好会の初代会長を務めたりと、その影響は音楽を超えて広がっていきました。**タモリ**については、次項のコラムをごらんください！

阿部薫は第38話、**高柳昌行**、**副島輝人**は第26話のコラムで詳しくふれましょう。**金井英人**（1931-2011、b）、**中村達也**（1945-、ds）とも、高柳昌行と縁の深かったミュージシャンです。なお、こちらの中村さんは、もちろん元ブランキー・ジェット・シティの人とは同名異人で、現在世界に活動の場を広げています。

第25話

ソバヤ・ソバヤ

タモリのオールナイトニッポン（1976年　高2）

ジャズ研の話ばっかり書いたけど、実はジャズ研だけじゃなく、高校も2年生になると、学校に行かなくなったせいかな、学校の外にもロック系の音楽仲間ができてって話を。あ、その前に**タモリ**の話をしなくては。

ラジオ、とりわけ深夜放送が好きだったって話は前に書いたけど、中学校の頃に比べると、ラジオはずいぶんと聴かなくなっていた。テレビに至ってはほとんど見なくなっていた。あれだけテレビっ子だったのに、テレビより現実の世界のほうが面白くなっていったからかなあ。それとも、家にいる時間が激減したのが大きな原因かも。以後、今日に至るまで、テレビはそんなには見てない。テレビ業界で仕事してるってのに。おかげでなのか、オレは70年代後半から今日に至るまでの流行みたいなもんをあんまり知らない。もうひたすら音楽、音楽、音楽って感じだったって言えば聞こえはいいけど、たぶん、本当のところは、進学校でドロップアウトしてしまって、世間の基準の中に自分を置いてしまうと苦しかったからじゃないかな。高校生のオレも、楽器なんか下手くそでも、ちっともジャズが演奏出来るようにならなくても、音楽世界のはしくれに、ちょこっとでも身を置いているほうが楽だったのかもしれない。あ、これは今でも同じか。でも、高校の頃は、そんな風には考えてなかった。世間が幼稚だ……って解釈をオレはしだしていたのだ。今だったら、きっとツイッターとかに、社会へ唾を吐くようなことを書いたり、有名人をこき下ろしたりしてたんじゃないだろうか。前衛音楽家が朝ドラの音楽なんてやろうもんなら、きっとクソ味噌にディスったに違いない。

「あいつも終わったな」

って具合に。

だから深夜放送もなんだかガキ向けになりやがって……くらいに思って、以前ほどは聴かなくなっていたのだ。70年代初頭とは違って、社会や政治の話をしたり音楽を紹介したりする番組が減ったせいもあるかもしれない。でもまあ、一番の原因は、自分自身が一言でいえば「なまいき」になったってことだと思う。

そんなときだった。漫画家の**高信太郎**のオールナイトニッポンでタモリに出会ったのは。九州から出て来たばかりだという無名のおっさんが、突然出て来て、今まで放送メディアでは聞いたこともないような芸を、毒舌を吐きながらやりまくったのだ。意味不明の造語ハナモゲラ語にはじまり、4カ国語国際麻雀、フォーク歌手の**三上寛**が真似をする警察学校の先生の真似という何重にも真似されてオリジナルがわからなくなっている物真似……おまけに**赤塚不二夫**や**山下洋輔**、**坂田明**、**筒井康隆**といった、オレにとってはアンダーグラウンドヒーローといってもいい人たちとの交友関係もバシバシと出てくる。衝撃だった。笑いという意味では、**クレージーキャッツ**以来の衝撃と言ってもいい。

ほどなくタモリのオールナイトニッポンが始まった。当時福島のラジオ局ではオールナイトニッポンはやってなくて、夜になると東京から飛んでくるニッポン放送の電波を拾って聴いていた。かつて深夜放送が大好きだった頃の名残で屋根の上の長いアンテナ線は張ったままだったのだ。雑音まじりのタモリのオールナイトニッポンを、オレはむさぼるように聴いた。毎回録音して、そこに出てくる音楽と笑いのネタをノートに取るほどの熱心さで。アンダーグラウンドな音楽、毒のある大人の芸、そして毒舌。完璧だった。オレにとっては完璧な世界がそこにあったのだ。

今でも忘れられないのは、忘年会の生中継。どこかのスナックで行われている忘年会をそのまま中継してるんだけど、恐らくは放送されていることを知らない酔っぱらった坂田明さんまでが出て来て、ハナモゲラ語でしゃべり続けながら、しまいにはそこにいるミュージシャンたちの強烈なアフロビートの生演奏に乗ってタモリとのかけあいでメチャクチャな言葉で**「ソバヤ・ソバヤ」**を歌いだす始末。今の人たちにいきなり「ソバヤ・ソバヤ」と言ってもまったく意味が通じないだろうけど、ってか、ハナモゲラ語の意味も通じないと思うけど、まあ、この辺については、須川さんが書いてくれる解説にお任せしよう。

いつしかオレはタモリみたいな人になりたいと思うようになっていった。暗いもんだとばかり思っていたアングラな世界からやって来た光り輝く黒い笑いにどんどん引き寄せられていったのだ。オールナイトニッポンにハガキを出すようになり、何度も読まれたもんでオレはすっかり調子に乗ってしまった。挙げ句に得意のテープレコーダーでオーバーダブをやって声の回転数までかえて「ソバヤ・ソバヤ」の**「帰って来たヨッパライ」**みたいなバージョンを作って投稿したら、その録音がばっちり放送で流れたのだ。嬉しかった。そしてさらに調子に乗った。

そこに調子がある限り乗りつづけてしまう的な性格のオレはとうとう「ソバヤバンド」を結成することにしたのだ。どこかから使い古しのボンゴを手に入れて、当時のロック仲間だった潤ちゃんや篠木くんらと、ほかにもたくさんいたけど、そんな仲間とパーカッションアンサンブルを結成、ハナモゲラ語でソバヤを歌いだしたのだ。福島市の文化センター小ホールで高校生のアマチュアロックバンドばかりを集めたコンサートみたいなのがあって、オレはこのソバヤバンドでステージに出たのだった。コンサートに出たくてもバンドをやってなかったり、楽器ができなかったりした連中をたくさん集めての即席バンドで、オレも出たくても出られないそんな一人だったのだ。この辺は、なんだか今やってることとあんまり変わらないなあ。そして、これが、学校以外の場所での初のライブ体験だったんじゃないかな。

ソバヤバンドは、最初のうちは最高に楽しかったんだけど、客席はどん引きだった。みんな大乗りになって会場中大ソバヤ大会になるかと思ったのに、なんだあいつら……って感じの反応だったのだ。さすがに、オレはしょぼんとなってしまい、演奏のテンションはどんどん下がってしまった。テンションが落ちた高校生のソバヤなんて聴けたもんじゃないもんなあ。タモリへの道はほど遠かった。

そのときトリのステージでは、ギターの桑原くん、キーボードの中潟くんやベースの村上くんといった当時の福島の高校生の腕っこきを集めたスーパーバンドで**キング・クリムゾン**の**「太陽と戦慄パート2」**を演奏していて、これが、もう信じられないくらいかっこ良かったのだ。ジャズをやりだしたといっても、なんだかまだまだだったオレは、彼等がめちゃくちゃ眩しく見えた。中学校のときに桑原くんに憧れていたことを再び思いだしてしまった。でも、このときには、正直もう女の子にキャーキャーいわれたくてって感じではなくなっていた。もっともっともっと音楽をやりたい。出来ることなら一生音楽だけやっていたい。ギターももっともっと上手くなりたい。ソバヤで挫折したオレはそんなことを考えていた。いたんだけどさ、あいもかわらず道のりは、果てしなく遠いものに思えた。

COLUMN

現在の**タモリ**（1945－）のTVタレントとしての素晴らしさについては、皆さんもご存じのことと思いますが、昔のタモリのヤバさについてはあらためてちょっとふれておいた方がいいかもしれませんね。

1972（昭和47）年、九州ツアー中の山下洋輔トリオの宴会にたまたま乱入したタモリは、面白がられて上京を繰り返すことに。その芸はたちまち周りのミュージシャン・文筆家・漫画家等を引き込んで、あれよあれよとテレビ出演を果たします。「タモリのオールナイトニッポン」が始まったのは1976年10月、芸能活動2年目の新人ながら大人気となりました。名物コーナーには、NHKニュースの音源を脈絡を無視してつなぎ合わせる「NHKつぎはぎニュース」なんてのがありましたね。

当時のタモリはアイパッチ姿で、持ち芸もイグアナのモノマネ（もともとは全裸で行われていた）や、デタラメ外国語を駆使した4カ国語麻雀（もともとは毛沢東・マッカーサー・ヒトラー・昭和天皇という設定）などの危ないネタが中心で、テレビでは完全にキワモノ扱い。昼間の電波では危なくて流せない、といわれていたタモリをあえて昼の時間帯にもってきたのが、あの伝説的長寿番組『笑っていいとも！』だったのです。

ハナモゲラ語は、タモリの仲間たちの間で流行っていたナンセンス言語で、たとえばこんな感じ。「あまぞぱら　へりさきむるぱ　くしゅみけれ　むがるのじゃまぬいでちゅはんそれ」。もともと「日本語のモノマネ」というアイディアから始まったものですが、その祖先は、藤村有弘や大橋巨泉（万年筆のCMでの「はっぱふみふみ」ですね）あたりでしょうか。完全にランダムだと、この面白さは出ないところがまた深い。

「ソバヤ」も彼らの鉄板ネタ。『タモリ』（1977、東芝EMI、**写真**）収録の「アフリカ民族音楽〝ソバヤ〟」では、ドンドコドンドコ太鼓を叩きまくるバックの上に、コール&レスポンスで「ウガラヌシメヤマ（ソバヤ・ソバーヤ）フロヤノニカイデ（ソバヤ・ソバーヤ）」とタモリが延々叫びまくります。まさに狂乱！　これなら絶対盛り上がるはず、と大友少年がふんだのもムリはなかったのですが……残念！

第26話

ノイズとストリップ劇場と

高柳昌行ニューディレクション
（1977年　高3）

1977年春、追試を山のように受けて、僕はどうにか高校3年にはなった。受験に備えクラス替えがあったけど、ジャズ研以外に顔を出さなかったオレにはどうでもいいかんじだった。それでも担任の大内先生が変わらなかったことにオレはほっとした。授業に出なかったことも、成績がいちじるしく悪かったことも、全部温かい目で見ていてくれたというか、今考えると、こっそり便宜をはかってくれていて、オレもそんな大内先生に甘えていたんだと思う。申し訳ないなとおもいつつも、でも、結局授業にはほとんど出ず、ジャズ研の部室とジャズ喫茶の日々が続いていた。

世間では**ピンク・レディー**が大流行、大好きだった**山口百恵**は**「イミテーションゴールド」**や**「夢先案内人」**で相変わらずの人気だった。オレはというと、この年、最高にココロをときめかせたアイドルは資生堂のCM「マイピュアレディ」に出てくる**小林麻美**だった。ボーイッシュなショートヘアで競技場を走り抜けるCM見たさに、ほとんど見ることのなかったテレビにかじりつき、同級生の岩崎くんとデパートの踊り場に張ってあった「マイピュアレディ」の大きなポスターを万引きしたっけ。

もちろん**尾崎亜美**が歌うテーマ曲のドーナッツ盤もゲットして愛聴していた。このポスター、今見ても、なんだかココロがときめくんだよなあ。当時は録画する手段なんてないから、ポスターや雑誌の切り抜きしか手がなかったのだ。せっかくだから写真も載せるぞ〜。麻美ちゃ〜〜〜ん。

　とかなんとか言ってたくせに、一方で東京のアングラなジャズシーンへの憧れが押さえきれなくなっていったのもこの時期だった。最初は**渡辺貞夫**や**渡辺香津美**といった日本のジャズのライブを福島や東京でみることからはじまったけど、いつのまにか**タモリ**のラジオや**山下洋輔**の本や音楽の影響もあって、どんどんアングラな方向に興味がいってしまったのだ。とりわけ一番大きかったのは、フリージャズミュージシャン**阿部薫**のライブを地元福島にあったジャズ喫茶パスタンで度々見たことだったと思う。お客さんのほとんどいない店で、彼はほぼ毎月のように即興演奏をしていた。難しすぎて全然わからなかったけど、それでも高校生だったオレの出来の悪い脳髄に、言葉に出来ないような痕跡を残してくれたんだと思う。彼以外のフリージャズも見てみたい。春休みや夏休みに東京に行くと、新宿PIT INNや歌舞伎町にあったタロー、西荻窪のアケタの店ってあたりに行ってはフリージャズを見るようになっていった。

マイピュアレディのポスター

　とりわけ衝撃的だったのは渋谷のジァン・ジァンで見た**高柳昌行**の**ニューディレクション**のコンサートだった。ジャズスターだった渡辺香津美の師匠として知られていた高柳昌行だったけど、その実は、日本の前衛ジャズを60年代から牽引してきたグル……なんて書いたら怒られるかな、とにかく日本のフリージャズやノイズを語るのに欠かすことの出来ない第一人者こそが高柳さんだったのだ。二人のエレクトリックギター、サックス、ベース、二人のドラマーで、今まで聴いたこともないような大爆音でひたすら何十分も演奏し続ける。カウント出来るようなリズムもなければメロディもない。ひたすら大爆音のノイズが拡散され続ける感じだ。あまりの音量に、体が椅子に押し付けられてるような感じすらして、終わったあとは耳鳴りでなにも聴こえない。聴くというよりは体感すると言った方がいいようなコンサートだった。

客席は十数人いたかな。ひょっとしたら一桁の聴衆だったんじゃないだろうか。それでも、そんな中には敬愛する**殿山泰司**さんの顔や、ジャズ評論家の**清水俊彦**さん、**副島輝人**さんの顔も見える。それだけでドキドキした。殿山さんの『ＪＡＭＪＡＭ日記』の中で、高柳さんのライブを「お月さままで飛んで行く音」って形容していたけど、まさにそんな感じだった。

このコンサートに感銘を受けて、すぐさま、高柳さんの門を叩いて弟子入り……なんてことになっていたら、この連載も書きがいがあるってもんだけど、オレの人生そんな格好良くない。正直、高校3年生のオレには、この爆音のコンサートはまったく分からなかったのだ。これに較べれば山下洋輔さんのフリージャズはかなり分かりやすいと思ったくらいだ。ただ分からなかったけど衝撃だったのには変わりなく、いったいこの経験をどう解釈していいかすらもわからず、強烈な耳鳴りがしたまま渋谷から新宿までふらふらと夜の街をあるいてしまい、たどりついたところにあった新宿モダンアートという名のストリップ劇場に吸い込まれるように入ってしまったのだ。あ〜情けない。なんだこの反応。

ストリップ劇場は初めてだった。もちろん女性の裸を見るのも初めて。網タイツ以外は一糸まとわぬ姿で、赤い照明の中に浮かび上がる女性の下半身と、ニューディレクションの轟音の耳鳴りが、オレのアタマの中でグルグルと楕円運動をはじめてしまって、もうわけがわからなくなってしまった。踊り子さんが近づいてくると強い香水の香りがしてくる。それまで不快にしか感じたことのなかった香水の香りに、自分の体が異常に反応しているのがわかった。このとき、いったいどんだけの時間この劇場にいたのか、その後どこに泊まったのか、今となってはまったく思いだせない。今と一緒で、当時もまったくお酒なんて呑めなかったし、東京のことは全然知らなかったから、その後バーにいったりしたってことはないはずだし、だとすると始発までここにいて福島に帰ったのかな。それとも東京に出てきてる大森くんか猫背先輩あたりのアパートにでも転がり込んだのかな。

このモダンアートがあった場所に、今は新宿PIT INNがある。まさかこのときには、後にこの場所でオレがライブをやることになるなんて想像もしてなかったし、まさかこのわずか数年後に高柳昌行の門下に入ることになるなんて予想だにしていなかった。

COLUMN

小林麻美（1953-）は、元歌手・女優・モデル。細い肢体と長い顔（失礼！）がトレードマーク。1972（昭和47）年に歌手デビュー、資生堂やパルコのCMで人気爆発。所属する田辺エージェンシーの社長（にして、ザ・スパイダースの元リーダー）、田邊昭知と結婚して芸能界を引退しました。

尾崎亜美（1957-）はシンガーソングライターで、こちらはバリバリ現役です。松田聖子「天使のウィンク」、杏里「オリビアを聴きながら」など、生み出した名曲は数知れず。

そして、大友さんにとって決定的に重要な人物が、**高柳昌行**（1932-91）です。ジャズ・ギタリストとして、19歳のときにプロデビュー。1958年に、銀座のシャンソン喫茶「銀巴里」を拠点に「新世紀音楽研究所」を組織するなど、日本のジャズ史を語る上では欠かせない人物です。渡辺貞夫（1933-、as）のバックを務められるほどジャズのオーソドックスな語法を熟知しつつ、一方で、阿部薫との『解体的交感』（1970、サウンド・クリエイターズ、**写真**）のようにノイズ・ミュージックの先駆にあたる音楽を作り出すという、非常に特異な活動を展開しました。渡辺香津美さんについては次項で！

殿山泰司（1915-89）は、一度見たら忘れられない面構えの俳優ですが、ジャズ好きでも知られ、よくPIT INNやSTATION '70といったライヴハウスにも顔を出していたとか。筆の立つ方で、『大友良英のJAMJAM日記』（2008、河出書房新社）は、実は殿山さんの日記のタイトルを拝借したものでした。

清水俊彦（1929-2007）さんは、詩人・音楽批評家。前衛ジャズに造詣が深く、最晩年になっても現場に足を運び、最新の表現に身をさらしつづける姿には、頭が下がるというほかありませんでした。著書に『ジャズ・オルタナティヴ』（1996、青土社）。

副島輝人（1931-2014）さんも音楽批評家ですが、その活動は文筆にとどまらず、世界の前衛ジャズ・ミュージシャンを日本に招聘し、逆に日本の先鋭的な音楽を世界に紹介し続けた功績は、計り知れぬほど大きいものでした。著書に『日本フリージャズ史』（2002、青土社）。

第27話

初めての放送事故

ソニー・ロリンズにウェザー・リポート、尾崎亜美に小林麻美

（1977年　高3初夏）

テレビから流れる小林麻美のマイピュアレディのCMはいつの間にか終わっていた。ビデオなんてない時代、動画を保存する手段のなかった僕らはピンナップやポスターを音楽とともに眺めては脳内動画再生していた。**尾崎亜美**の**「マイピュアレディ」**を聴きながら巨大な小林麻美のポスターをぼ～～っと眺めては、ストリップ劇場で見た網タイツの下半身の妄想をするのがオレの日課だった。なんか情けないくらい健全な高校生だ。ショートヘアで微笑む小林麻美がまぶしかった。

高2の終わりにオレは自動的にジャズ研の部長になっていた。なにしろ今や一番部員歴が長い。あれだけあこがれたギターアンプも今や使い放題だった。いつのまにか桑原くんと一緒に**クリムゾン**のコピーバンドをやっていたキーボードの中潟くんや、ドラムの滝浪くん、ベースの木村くん、他の高校で**ウェザー・リポート**のコピーなんかをやっていた高岡くんや、これまた他の高校で中学の頃に桑原バンドでベースを弾いていた阿部くんやらが入って来て、おまけに、近所の大学のジャズ研の連中や、卒業したはずのサックスの大森くんまで出入りしている始末で、高校のジャズ研っていうよりは、

高校の枠も、高校生の枠も超えたサークルみたいになっていた。幸いなことに1年生や2年生もけっこう入って来て、一応は部活の体をなすようになったけど、その実は、楽器なんか全然やらないくせに授業をさぼって部室に煙草をふかしにくる連中も結構まざっていて、部長だったオレは、年がら年中顧問の先生に呼び出される日々だった。

演奏はというと、いや〜、なんと言ったらいいか、お世辞にも上手いと言えるようなもんじゃなかった。てか「ド」が百個ついても足りないくらいのド下手だった。タモリやアングラ、フリージャズに憧れながらも、一方ではジャズやロックもちゃんとやれるようになりたいとも思っていて、一応は基礎的な曲にも手をだしてみたけど、ブルースやら**「枯葉」**なんかのスタンダードナンバーは、なんとなくつまらなくて、おまけに全然上手に演奏出来ない。そんなこともあって一応がんばって**ウェザー・リポート**の**『ブラック・マーケット』**や**マッコイ・タイナー**のアルプスの山々みたいな写真のジャケのやつとか、**ハービー・ハンコック**の仮面のジャケットのファンクな曲とか、**日野元彦**と**渡辺香津美**がやっていた**「流氷」**とか、当時ジャズ喫茶で流行っていた曲をやったりしたはずなんだけど、もうありえないくらいひどい物だったと思う。ほんの一部だけ当時のカセット録音が残ってるんだけど、よくこんなレベルで、音楽を一生やっていきたいなんて思ったもんだと思う。もし、今この演奏の高校生がオレのところに来て、将来プロでやっていきたいんです……なんて言ったら、迷うことなく「よしたほうがいい」と言うだろうなあ。

そんなド下手な僕らのバンドに、どういう経緯だったか全然覚えてないんだけど、ラジオ福島から生演奏の出演依頼が来たのだ。平日昼間のAMのラジオの生番組だ。高校生に平日昼の誘いをするのもどうかと思うけど、僕らは「ラジオ出演」の言葉に舞い上がった。なにしろラジオで音楽を聴いてきた世代だ。テレビ以上にラジオに出れるってのが嬉しかったのだ。

とはいえ平日の昼間ってのは学校にバレたらさすがにまずい。おまけに市内目抜き通りにあるデパート前からの生中継らしい。つまりは福島市の一番賑やかな場所で、僕らは演奏し、それが電波に乗って県内全域にながれることになるのだ。繁華街を歩くだけで次々知り合いに会うような街だ。誰が見ているか、聴いているかわかったもんじゃないし、先生にバレたら停学もんだ。思案した挙げ句、僕らは覆面をかぶって匿名バンドで出ることにした。その名も「スーパー・オロナイン・ファイブ」……って、もうダサすぎる。照れ隠しと、斜に構えたかんじで頑張ってつけてこの名前だからなあ。

高 3 の学園祭、JAZZ 研みなでハービー・ハンコックのアルバムジャケの仮装をしている。たしかこれで市内を仮装行列したんじゃなかったかな。一番右は、のちにゲーム音楽で有名になる中潟憲雄

本番の日がやってきた。あれだけ心配したのに平日の昼間にそもそも人通りがあるわけがない。生中継ステージ前の客席には数人のお年寄りのみ。デパートに買い物に来ているわずかな人たちもどんどん素通りして行く。それでもプロレス風の覆面をかぶった5人のバンドマンたちは、ドヤ顔でステージに登った。曲は無難に演奏出来そうな**ソニー・ロリンズ**のブルースで**「ソニー・ムーン・フォー・ツー」**を選んだ。どうしても来れなかったドラムの滝浪くんのかわりに、福島

医大のジャズ研のドラマーがトラを務めてくれる。心強いぞ先輩。本番スタート！

「さて！　今日は、この会場に地元の生バンドをお迎えしています。こんにちは〜」

「こ、こんにちわ〜、わ、わわ、」

あれれ、なんかみんな声がうわずってる。

「みなさんバンド名はなんておっしゃるんですか？」

「あ、あ。あの、あの、僕らは、あの、名前は言えないんだけど、あの、え〜〜と、スーパー・オロ……オロ……オロ……オロナイン・ファ……ファ……ファイブでででででです」

「なるほど〜。名前は言えないさんたちですね」

「いや、じゃなくて、で、で、ですからスーパー、スーパー、オロ、オロ、オロ……」

「はい、じゃあ、時間ないんで早速演奏してもらいましょう！」

え、もう演奏。僕らはみな焦りまくった。焦りまくって段取りがどうなってるかもわからなくなっていた。ADがドラマーに向かって合図を出す。この合図でドラマーがカウントを出して演奏がはじまるはずだったんだけど、眼鏡をかけた真面目そうな医大ジャズ研の先輩ドラマーの顔が、合図と同時に完全に固まってしまったのだ。固まったまま手も口も動かない。おい、おい……。ADさんが合図を出しまくるけど事態は一向に動かずで、数秒はたってしまっただろうか。しびれを切らしたアナウンサーが再び、

「演奏、どうぞ〜〜」

え〜〜い、ままよ、ドラマーのカウントなしで、僕らはいきなり演奏を始めてしまった。あわてたドラマーがものすごいテンポであとからたたき出す。ええ〜〜大学生なのに、この演奏……。誰一人

同じテンポの演奏をしてない。簡単なはずのゆったりしたブルースが、まったくテンポの見えない謎の音楽になってしまった。いや、今だったら、これ、このままやったら**オーネット・コールマン**のハーモロディックみたいに同時並行で違うことが進行して、すごい面白いことになったとか思えそうだけど、いや、っていうかジャズ版の**「シャッグス」**みたいになったかもだけど、でもまあ結果はお察しのとおり、あまりの事態に演奏の途中で司会者がわって入って来て、

「どうもありがとうございました〜。いや〜すごい演奏でしたね〜、拍手〜〜パチパチパチ、名前は言えないさんのみなさんでした〜」

強制終了させられて、なにごともなかったかのように、

「はい、では今日は少し早いですが、コルニエッタヤ提供『クイズでチャンス』の時間です」

演奏時間わずか1分30秒。

「これじゃ放送事故だよ。だれだよあいつら呼んできたの」

裏でADが怒られている。表ではクイズ番組が始まっている。

「はい、では次の問題です。『地球は青かった』という言葉で有名な人類初の宇宙飛行に成功したソ連の宇宙飛行士は？」

「そこの黄色い帽子のおじいちゃん」

「ガガーリン」

「はい、正解です。おじいちゃん、これで2問連続正解、すごいですねえ」

「では、もう1問いきましょう。1974年フィリピン、ルバング島のジャングルの中で……」

クイズなんて大嫌いだ〜。なにがガガーリンだ。なにが宇宙だ〜。僕らは、ものすごい勢いで楽器

を片付けて、逃げるように会場をあとにした。地球が青いかどうかなんて知ったこっちゃないけど、でも遠くに見える初夏の吾妻山も阿武隈川もムカつくくらい青かった。自然なんて大嫌いだ〜。

COLUMN

1970年代にクロスオーバーやフュージョンが流行ったとき、その流れに飛び込んだのは、ロック系よりジャズ系のミュージシャンの方が圧倒的に数が多かったですね。テクニックの面で一日の長があるからかな。77（昭和52）年の時点では、ウェザー・リポートとリターン・トゥ・フォーエヴァーが双璧をなすバンドとされていました。

ウェザー・リポートは、ジョー・ザヴィヌル（1932-2007、k）とウェイン・ショーター（1933-、sax）が1971年に始めたグループ。ふたりともマイルス・デイヴィス・バンドに在籍していたことがあり、マイルスの撒いた種をもっとも大きく育てた音楽家たちに数えられるでしょう。特徴は、誰もが同時にソロをとっているような精妙なアンサンブル。『**ブラック・マーケット**』（1976、コロムビア、**写真**）は、彼らの7枚目のアルバムで、この作品から参加したベーシスト、ジャコ・パストリアス（1951-87、第37話参照）のバカテクぶりはつとに有名です。

マッコイ・タイナー（1938-）は、1960〜65年にジョン・コルトレーンのカルテットに在籍して名をあげたピアニスト。その時期のいわゆる「黄金カルテット」は、『バラッド』（1962、インパルス）、『至上の愛』（1965、インパルス）といったコルトレーンにとっての代表作を世に送り出しました。本文中の「アルプスの山々みたいな写真のジャケのやつ」は、『フライ・ウィズ・ザ・ウィンド』（1976、マイルストーン）。ビリー・コブハム（ds）やヒューバート・ローズ（fl）の参加した、当時の大人気盤でした。

ハービー・ハンコック（1940-）は、ジャズにとどまらぬ大活躍っぷりで知られるピアニスト。やはりマイルス・バンドに1963-68年まで在籍、並行して『処女航海』（1965、ブルーノート）などのリーダー作を発表します。73年には電気楽器やファンクのビートをフィーチュアした『ヘッドハンターズ』（コロムビア）を発表、物議をかもしつつも、結果的には大ヒット。76年には、マイルス・バンドの旧知のメンバーでV.S.O.P.クインテットを結成、1983年には、ヒップホップを導入した「ロックイット」でまたもや世界的な大ヒットを放ちます。大友さんのいう「ファ

ンクな曲」は、『ヘッドハンターズ』に入っている「カメレオン」か「ウォーターメロン・マン」かな？

日野元彦（1946-99）は、日本を代表するジャズドラマー。トランペッター日野皓正（1942-）は実兄。菊地雅章（1939-2015、p、k）とともに日野＝菊地クインテットなどで活躍しました。

渡辺香津美（1953-）は、17歳でアルバム・デビューを果たし、当時より令名も高い天才ギタリスト。70年代末には坂本龍一らとKYLYN BANDを結成、YMOのワールドツアーにも同行して注目を集めました。YMOがアメリカで大評判を呼んだともいわれましたが、よく記事を読むと、だいたい褒められてるのは渡辺香津美の方だというのがわかるはず。

『**流氷**』（1976、スリー・ブラインド・マイス）は、日野元彦カルテット＋1のライヴ・アルバム。パーソネルは、山口真文（ts）、清水靖晃（ts、ss）、渡辺香津美（g）、井野信義（b）、日野元彦（ds）。1976年2月、根室でのライヴの模様です。

ソニー・ロリンズ（1930-）は、コルトレーンと並び称されるサックス・プレイヤーながら、なんと現役で活動中！　歌心溢れる吹きっぷりは、多くのファンに敬愛されています。代表作は、『サキソフォン・コロッサス』（1956、プレスティッジ）と『橋』（1962、RCAビクター）。

オーネット・コールマン（1930-2015）は、「フリージャズ」というコンセプトを生み出したアルト・サックスプレイヤー。形式に囚われない発想は後の世代に多大な影響を及ぼします。『ジャズ来るべきもの』（1959、アトランティック）に収録された「ロンリー・ウーマン」は、大友さんの師匠である高柳昌行と大友さん自身の重要なレパートリーになりました。

シャッグスは、3人姉妹によるロック・グループにして、アウトサイダー・ミュージックの代名詞的存在。みんな楽器は素人以前の腕前で、それぞれのテンポもバラバラ、まるっきり合っていないはずなのに、曲の終わりだけはきちんと合ってしまうのはいったいなぜなの?!　ぜひ一度、『フィロソフィ・オブ・ザ・ワールド』（1969、RCA）を聴いて、音楽の常識をぶち壊されてみてください！

第28話　応援団とジャズ研と

レッド・ツェッペリンとディープ・パープル、キャロルにダウン・タウン・ブギウギ・バンド
（1977年　高3）

レッド・ツェッペリンと**ディープ・パープル**、そして**キャロル**に**ダウン・タウン・ブギウギ・バンド**。さて、この四つに共通してるのはなんでしょうか？　今回はそんな話を。

学園祭の時期がやってきた。高校3年、最後の学園祭。授業では活躍の場のないオレにとって唯一の活躍の場がやってきた。今年はジャズ研の部長だし、思いっきり自由に出来る。男子校の僕らにとっては、近隣女子校生たちとの数少ない出会いの場で、もうなんだかウキウキしていた。
そんなときだった。応援団から学校の裏に呼び出されたのは。
オレのいた高校は、旧制高校の名残なのか、なぜか応援団が異常なくらいおっかなくて、1年生の頃には、全員学校指定の下駄をはいて応援団講習に出なくてはならず、そこで校歌や応援歌の練習をしなくてはならなかった。それだけならいいんだけど、竹刀《しない》を持った応援団の先輩たちにチャラチャラしてると叩かれるし、昼休みに突然教室にやってきて、

「お前らたるんどるぞ〜」

とかなんとか言われて、応援歌をうたわされたりとか、「押忍《おす》」とか言わされたりとか、いわゆる硬派ってやつだと思うんだけど、オレはそれがとっても苦手だった。うちの高校は学校指定の下駄ってのがあって、こいつを履いて応援団講習とかを受けなきゃいけなくて、これも本当に嫌で、わずかばかりの抵抗の意味も込めてオレはこの下駄にペイズリー模様を書き込んでいたのだ。そうしたら、それがバレてえらく怒られて、もうそのあとはずっと応援団のターゲットだった。これにはまいった。それ以降、この連中とは絶対かかわり合いたくない、わかりあえないと思っていた。明治時代じゃないんだからさあ。でもまあ3年になれば、おっかない応援団の先輩もいなくなるしで、ほっとしていたところだったのだ。

校舎裏にいくと、ボンタンに長ラン、リーゼントの応援団員たちが3人、なぜか昨年卒業したはずの先輩までが私服にリーゼント、サングラスで後ろに控えている。ペイズリーの下駄で怒った先輩だ。肩まで伸びた長髪でチャラチャラした感じのオレは、

「何の用」

とか、すかして言ってみたりして。でもその実は、メチャクチャびびっていた。びびっていたけど、そんな姿見せたくないから、一応は強がってクールなふりをしていたのだ。もう、こういうのほんと嫌い。早く逃げ出したい。

「お前、髪、脱色してるだろ」

ええ？　そこ？　オレはもともと髪の色が薄めでやや茶色いだけで脱色なんてしてないし。

「染めてねえよ。これ地毛だし」

うしろに控えていた先輩が立ち上がる。やべえ、逃げるか。逃げよう。そう思った瞬間だった。

「大友さあ、なんか、お前、今ジャズ研の部長なんだろ。学園祭にジャズしか出さないっていきまいてるって聞いたけどさ、どういうこと？」

ん？　ん？　何のこと言ってるのかさっぱりわからない。でもサングラス先輩は、なんだかすまなさそうに、話をつづける。

「あのさ、こいつら、バンドやりたいって言っててさ、でも出る場所ないから、お前んとこに出してくれねえかな」

あ、あ……、そうか、そういうことか。

実は数日前に、自分たちもバンドやってるんだけどジャズ研の教室つかわせてくれないか……みたいな相談を同級生の応援団員から受けていたのだ。オレはほとんど流すような感じで、「いやいや、お前らロックンロールだろ。だったら軽音楽部のほうに交渉しろよ。オレらジャズだからさ」

高３の夏。福島楽器のスタジオにて。市内初のリハスタジオで、ずいぶんお世話になりました

アタマっから相手にしないで断ってしまったのだ。今考えるとたぶん軽音楽部のほうにも断られて、オレの方に来たってことだったのだ。ちなみに学園祭でバンド演奏が許されて教室をあてがわれているのはロ

ックをやっている軽音楽部と僕らジャズ研だけだった。応援団ロックンロールバンドは、どっちにも所属してないし、そもそもただでさえバンド数が多い軽音楽部は、部員ですらなかなかステージに出るチャンスがないかんじで部外者が出るのは難しい。そのうえ軟派な軽音楽部と応援団はそもそも折り合いも悪いしで、弱小クラブのジャズ研にねじ込む以外には手がない感じだったんだと思う。実際オレらは、よその高校の連中や卒業生まで混ざっていて、バンドの数も三つしかないしで、そのバンドだってメンバーがかぶっているような状態。だからちょっとくらい時間貸してくれよってことだったんだと思う。でも、そのときは、なんか気にさわって貸したくないなって思ったのだ。だって、オレらこれのためにずっとやってるのに、お前ら、学園祭でちょこっとやりたいからって、そんなの虫が良くないか。

でも、あの怖かった先輩が、すまなさそうに話してるのを見てると、嫌だとは言えない感じだった。ほんの1年半前に、ロックがやりたくて、でも軽音楽部だと部員が多すぎでアンプがさわれないって理由で、ジャズ研に入ってそこでロックをやればいいやくらいに思っていたオレが、いつのまにか、ここはジャズやるところだから……とか言っちゃってるのも、なんだかすごく恥ずかしいような気がしてきた。

「大友、午前中の時間でいいからバンドやらせてくれ、頼む」

同級生の応援団長がアタマを下げて来た。

「いいよ、じゃさ、そのかわり、お前のドラムセット貸してくれよ」

実は応援団長が、学校で一番いいドラムセットを持ってるのを知っていたのだ。僕らは握手をした。

学園祭当日、リハーサル中の軽音楽部の教室からは、これでもかってくらい延々と**ディープ・パー**

プルの**「ハイウェイ・スター」**と、**レッド・ツェッペリン**の**「天国への階段」**の前半だけが聴こえてくる。出るバンド、出るバンド、みなこの曲をやってるのだ。

ジャズ研の教室はというと、リーゼントの応援団員たちと長髪のボクらが渾然一体となって会場作りをやっていた。机を並べてステージをつくったり、防音のマットをはりつけたり、スタンドを使った照明やら。もちろんドラムセットは応援団長のピカピカのやつが持ち込まれた。この日だけは、応援団の連中は、気持ち悪いくらいオレにやさしかった。朝一で応援団バンドが演奏した。彼らがやったのは**キャロル**と**ダウン・タウン・ブギウギ・バンド**のコピーだ。

「可愛い〜〜〜あの娘は、ルイジアンナ……」

「港のヨーコ、ヨーコハマ、ヨコスカ〜〜〜〜」

福島で「港」も「ルイジアンナ」もあったもんじゃないけど、格好は全員サングラスにキャロル風の革ジャンにリーゼント。そんな中に一人だけ、白いツナギの胸に自分の名前の漢字一文字「誠」と書き染めたダウン・タウン・ブギウギ・バンド風のサングラスがいる。よくよく見ると校舎の裏で呼び出されたときにいた卒業したはずの先輩だ。なんだよ〜、あんたも出たかったのか。教室は応援団シンパで埋め尽くされた。もうどっから見ても不良。まだ当時は、そんな言い方なかったけど、今で言うヤンキーだらけだ。みな大騒ぎしていた。ちょっとぐれた女の子たちも混ざっていて、なんだかそれが羨ましかった。演奏はというと、びっくりするくらい下手で、オレも相当下手だったけど、そんなもんじゃないくらい下手で、でもそれがなんだかちょっと微笑ましいなって思ってしまった。

応援団バンドが終わって、いよいよボクらの出番だ。オレはいくつかのバンドで演奏した。ド下手な演奏は、前回も書いたとおりだけど、それでも、どこか得意になって演奏していたんだと思う。当時の写真を見ると、なんだか格好つけていてすごく恥ずかしい。応援団バンドほどじゃないけど、客席には入れ替わり立ち替わり、ひっきりなしにお客さんが来て、わいわい声援してくれていた。そんな中には同級生だけじゃなく、近所の女子校の娘《こ》たちも結構まざっていて、客席に女の子のシルエットが見えるだけで俄然張り切って演奏した。そんなときは音量もテンポもいつもの1・5倍になってたんじゃないかな。発情期の昆虫みたいなもんだ。でも、僕らは彼女たちをどうナンパしていいのかすらわからず、結局は、メンバーの誰一人として、女の子に声をかけることなく学園祭は終わってしまった。もともとは女の子にモテたくてバンドを始めたのに……。

「オレたちは音楽を追究しているのだ。女の子にチャラチャラするなんてとんでもない」

負け惜しみに、そんくらいのことは仲間内で言いあったかもしれないなあ。昆虫の分際でなにを格好つけてるんだか。あ～嫌だ、嫌だ。情けない青春よ。でもである。人生何が起こるか本当にわからない。実は、この学園祭が切っ掛けで、ある女の子からオレに声がかかったのだ……って話はまた次回に。

そうそう、今回の冒頭に出て来た質問「レッド・ツェッペリンとディープ・パープル、そしてキャロルにダウン・タウン・ブギウギ・バンド。さて、この四つに共通してるのはなんでしょうか？」

答えは、

「オリジナルの演奏よりも同級生の演奏のほうで曲を覚えているバンド」

でした。この四つのバンドの曲に関しては、オリジナルを聴いている回数より、同級生たちの演奏で聴かされた回数のほうが間違いなく多かったんじゃないかな。

COLUMN

70年代の日本のハード・ロック少年の二大お気に入りバンドといえば、なんといってもレッド・ツェッペリンとディープ・パープル。どちらもロック・レジェンドの代表的な存在です。

レッド・ツェッペリンは、ヤードバーズにいたジミー・ペイジ（1944-、g）が、1968年にロバート・プラント（1948-、v）、ジョン・ポール・ジョーンズ（1946-、b、k）、ジョン・ボーナム（1948-、ds）と組んだスーパーグループ。メンバー全員のテクニシャンぶり、リフ中心のキャッチーな曲作り、静と動のメリハリのついた展開、エネルギッシュなステージングと、それとは裏腹にアルバムで見せる幅広い音楽性などであっという間にヘヴィ・メタルの王者の座に上り詰めました。代表作は、超有名曲**「天国への階段」**の入った『IV』（1971、アトランティック）でしょうか。ツェッペリンといえば「天国への階段」という方も多いはず。叙情的なギターのイントロは素人でもなんとなく弾けるために、楽器店で試奏する人が後を絶たず、「『天国への階段』禁止」と張り紙したお店もあったとか。

1980年9月にボーナムが不慮の事故で亡くなったことを受けて、残りのメンバーはバンドの継続を断念、12月に解散を発表します。その後は、フェスなどで残りのメンバーとサポートのドラマーとで演奏することはあっても、いわゆる再結成は一度も行っていません。

ちなみに大友さんは、ツェッペリンだと「レイン・ソング」がお気に入りのようで、ラジオでも何度かかけていますね。**写真**は「レイン・ソング」が入った『聖なる館』（1973、アトランティック）。

ディープ・パープルは、ジョン・ロード（1941-2012、k）、リッチー・ブラックモア（1945-、g）、イアン・ペイス（1948-、ds）が中心となって1967年に結成したロック・バンド。当初はアート・ロック〜クラシック・ロック的なアプローチをしていましたが、メンバーチェンジ後の『ディープ・パープル・イン・ロック』（1970、ハーヴェスト）でハード・ロック路線に転身。リッチーが弾きまくるギターと、新ヴォーカリスト、イアン・ギラン（1945-）のスクリーミングを二枚看板に、大成功を収めます。ロック史に残る名盤『ライヴ・イン・ジャパン』(1972、パープル・レコーズ)を生み出したのは、日本のファンの誇りといえるでしょう。

「**ハイウェイ・スター**」は彼らの代表曲で、『マシン・ヘッド』(1972、パープル・レコーズ)に収録。このアルバムには、「スモーク・オン・ザ・ウォーター」も入っていますが、印象的なギターのリフは素人でもなんとなく弾けるために、楽器店で……以下略。バンドはその後もメンバーチェンジ、解散、再結成を繰り返し、現在も活動中(!)。

キャロルは、矢沢永吉(1949-、vo)、ジョニー大倉(1952-2014、vo、g)、内海利勝(vo、g)、ユウ岡崎(ds)によるロック・バンド。1972(昭和47)年結成。リーゼントに革ジャンというスタイルで日本語のロックンロールを歌い、「ルイジアンナ」「ファンキー・モンキー・ベイビー」などのヒットを飛ばしました。彼らのいでたちから暴走族ファッションが生まれるなど、後に残した音楽的・風俗的影響はまさに甚大(あの格好は、実はデビュー前のビートルズを真似たものなんですけどね)。73年には、NHKのディレクター龍村仁(1940-)がドキュメンタリー『キャロル』を制作するも上層部と決裂、龍村はNHKを退社して、翌74年に映画として公開するというひと幕も。75年に解散、矢沢永吉はソロ活動を開始して、男気溢れる方々に圧倒的な人気を得ることになります。ヤザワが、作曲家選びの非常に巧みな作詞家であること、それからアップテンポよりミディアム~スローテンポでの表現に秀でたシンガーであることをぜひ覚えて今日は帰ってください!

キャロルの翌年にデビューしたのが、宇崎竜童(1946-、vo、g)率いる**ダウン・タウン・ブギウギ・バンド**。彼らの髪型もリーゼントだったので、何かとキャロルと比較されて困ったあげく、革ジャンのかわりにツナギをトレードマークにしたのだとか。1974年には「スモーキン・ブギ」、翌75年に「港のヨーコ・ヨコハマ・ヨコスカ」が大ヒット。一気にお茶の間の人気者になりますが、バンド自体はしだいにシリアス路線に。80年、ダウン・タウン・ファイティング・ブギウギ・バンドに改名、81年の大晦日に解散するも、何度か再結成しています。宇崎竜童は、その後も竜童組や宇崎竜童&RUコネクションなどで活躍しています。

第29話

オレの色即ぜねれいしょん

友部正人「にんじん」
（1977年　高3）

学園祭が終わって1週間後、2年生の高井くんにジャズ研の部長の受け継ぎをしたときのことだ。その高井から、

「大友さん、中学時代同級生だった聖母のYさんが紹介してくれって言ってるんだけど」

「聖母」とはすぐ近所にある「桜の聖母学院高校」の略称。私立の女子校で制服のせいか、かわいい子が多いので有名な高校だ。オレはこの「聖母」って響きだけで、もう空にも飛びそうな勢いだった。高井は高校に入るときに一浪していて、だから実はオレと同じ年で、したがってやつの中学時代の同級生ってことは、オレと同学年ってことだ。ん？　おい、ちょっとまて！　てか、Yって同じクラスの鈴木とつきあってるあのYのことじゃないか？

「そうそう、そのYさん」

鈴木ってのは、オレとは小学校からの同級生だけど、スポーツも万能なら、勉強もメチャクチャできて、でも群れるようなことはなく、性格もなんというか、弱い者がいじめられていると、身を挺し

てそいつをかばうようなヤツで、おまけにシャイで少しだけぐれた感じもあって、とにかく何をやってもかなわない、男から見ても最高にかっこいい男で、その相手のYも、優秀なうえにめっちゃ可愛いくて、まわりでも評判の美人で、だから、誰の目からも鈴木とYはベストカップル in FUKUSHIMA! って感じがしていたのだ。そんな最強の男の彼女が、勉強は出来ない、運動も出来ない、見た目もぱっとしない、バンドをやってる以外はなんの取り柄もない……というか、そのバンドですら微妙なレベルのオレにアプローチしてくるわけがないじゃん。鈴木とYが一緒にいるときに、オレは何回かYに会っている。面識がないわけじゃない。でも、ほとんど会話したことはなかった。ただオレが一方的にかわいいなあと思っていただけだ。やっぱり、どう考えてもおかしな話だ。まわりの連中も「ないない、ありえない」って反応。そりゃそうだよなあ。

「いやいや、つきあうとかそういうんじゃなくて、ただ紹介してくれって言ってただけだから、とにかく聖母の学園祭のときに、彼女の教室にいってみてよ」

高井のやつ、オレをはめようとしてるんじゃないか。いたずらして、笑いもんにしようとしてないか。そう思う一方で、万が一に期待をかけている自分もいたりして。でも、もしそうだとすると、鈴木の彼女を取ることにならねえか？　だとしたら男としてどうなんだ。いやいや、まてまて、まだそうときまったわけじゃないのに、そんなことを考えるのは思い上がりってもんだし、いや、でも、もし鈴木と彼女をとりあって決闘とかってことになったら、どう考えても、あいつのほうが強いし、いや、でも鈴木はそんなことで暴力をふるうようなやつじゃないし、いや、まて、いくら人格者の鈴木でも、こと女のことになったら、全然違う人格になるってことだってありえるし、いや、まてまて、鈴木はそんなやつじゃないし、それより、つきあいだしたとして、鈴木とオレとのあまりの差に、彼女がなえるとか、そういうことはないか、まてまて、もしいきなりキスしたいとか言われたらどうすればいいんだ、そんなところを鈴木にみられたら、いや、それ以前に、まずは最初にあったときに、何をどう言えば、そもそもデートとかって、どうやってするんだ、左側に立ったほうがいいのか、右側に立つべきか……あ〜〜〜、もう、高校男子ってのは、なんというか、本当にしょうもない生き物だ。

毎晩、妄想で寝れない日々を過ごすこと1週間、いよいよ桜の聖母の学園祭の日がやってきた。オレはジャズ研の仲間とではなく、どういうわけか同級生の岩崎や竹島と一緒に行くことにした。岩崎はかつてジャズ研に一緒に入ろうとした親友で、でも彼は違う道を行き、オレだけがジャズ研に入ったわけだけど、彼とはなんだかんだとその後もつるんではいて、竹島は中学時代からの仲良しで、こういうときは、頼りになるヤツらだったのだ。

聖母に行くのは初めてだった。門をくぐるだけでドキドキしていた。彼女は英語のサークルの教室にいた。そこは机が喫茶店のように並べられていて、紅茶とクッキーを出す模擬店で、男子校では考えられないような質素だけどセンスのいい装飾がほどこされていた。入り口からのぞくと奥の方で西洋人のシスターと英語で話しているショートヘアのYが見える。

「本当にあんなかわいい子がお前に会いたいなんていってるのか？」

岩崎が意地悪そうに笑いやがる。

「うるせえ、だまってろ」

そう言いたかったけど、もう声が出なかった。ガチガチに緊張していたのだ。オレにそんなことを言った岩崎も、よくよく見るとガチガチに緊張している。

「あ、あ、あ、あの、あの、あの……」

教室の入り口でやたらもじもじしているオレたちを見て彼女は走り寄って来た。わっ！　どうしよう。そう思う間もなく、

「わ〜、大友クン、来てくれたんだね、ありがとう」

笑顔だ。なんの曇りもない笑顔に澄んだ声、そしてまっすぐな目線。ただでさえ人の目を見て話すのが苦手なオレは、彼女の大きな目が眩しすぎて卒倒しそうだった。高井の話はウソやからかいじゃなかったのだ。彼女は実際にジャズ研のライブを見て、オレに会いたいとおもってくれていたのだ。飛び上がりそうなくらい嬉しかった。岩崎と竹島は遠慮したのか、知り合いの女の子のところにいって楽しそうに話してやがる。よっしゃ！　いける！

そこまではよかったのだ。でも……。

教室には、なぜか彼女の選曲で、**友部正人**の**「にんじん」**が流れていた。

♩ダーティハリーの唄うのは
石の背中の重たさだ
片目をつぶったまま年老いた
いつかの素敵な与太者のうた

その昔君にも

生きるだけで
せいいっぱいの時があったはず
あげるものももらうものも
まるでないまま
自分の為だけに生きようとした

唄う僕は汚れた歯ぐき
ルームクーラーの湿った風をかじってる
夕べあの娘は最後の汽車で
南の町へ行ってしまった

夢はなかったけれど
時には泣きたい程優しかったよ
僕は夜のスカートに首をしめられ
塩っからい涙流してる

どうして君は行ってしまうんだい
どうして僕はサヨナラって言うんだい
どうして君はサヨナラって言うんだい

どうして僕は行ってしまうんだい　（作詞・作曲＝友部正人）

「この歌詞、いいでしょ」

ん、ん？　なんだかわけがわからないこと歌っているけど、これってもしかして失恋の歌？

彼女はなんでこのアルバムをここで流しているんだろう？

オレ、フォーク、いまいち苦手だし、どう答えていいか全然わからなかった。

彼女はオレが想像していた以上に大人で、彼女の会話にことごとくオレはついていけなかった。差別されている部落の人たちの話、パレスチナ問題、公害や三里塚のこと、永山則夫の話……。どれもこれもニュースで聞いたことがある話だったけど、でも、まったく自分とは関係のない世界の出来事だと思っていた。なんで彼女はこんなことをよく知っているんだろう？

「大友クンは英語話せる？　一緒に英会話勉強しない？」

学校にもろくに行ってないオレが話せるわけがない。勉強アレルギーのようになっていたオレには素直に「うん」と言うことが出来なくて、だまって下を向くばかりだった。鈴木の顔が頭の中をよぎった。

学園アイドルとの甘いデートの妄想は完全に消し飛んでいた。その日は、消え入りたいような気持ちで、深夜までジャズ喫茶のスピーカーを見つめていた。

COLUMN

友部正人は、1950（昭和25）年生まれのフォークシンガー、詩人です。72年に『大阪へやって来た』でデビュー。ボブ・ディラン（1941-、vo、g、k）の「ライク・ア・ローリング・ストーン」に影響されて曲を書きはじめ、たくさんの名曲や名盤を発表してはいるものの、大ヒットを飛ばしたというわけでもなく、地味といえば地味な活動ぶりの友部さんですが、友部ファンを自認するミュージシャンは実は世代を超えて数多く、井上陽水、矢野顕子、遠藤ミチロウ、長渕剛、佐野元春、たま、宮沢和史、森山直太朗など、実に多彩な顔ぶれ。まだ大学院生だった坂本龍一の初録音となったのが、たまたま酒場で知り合った友部さんの『誰もぼくの絵を描けないだろう』（1975、CBSソニー）だったのも有名な話です。

友部さんの歌のどんなところが人の心を打つのかと考えたときに、まず挙げなくてはいけないのが、なんといってもことばの力です。意表をついた比喩、社会へと向けられた問題意識、磨かれた構成やレトリック、そして苦いアイロニーと懐の深いユーモア……。すべてが一丸となって耳に響いてくるようで、谷川俊太郎さん（1931-）など、プロの詩人たちにも高く評価されているのもむべなるかな。そして、そのことばを切実さをもって聴くものに届けるのは、友部さんのハスキーな歌声。これこそほかには代えられない宝物といっていいでしょう。

「にんじん」は、1973年に発表された同名のセカンドアルバム（URC、**写真**）に収録された曲。このアルバムは、ギターと歌（ときにハープ）という弾き語りスタイルで録音されたもので、THE BOOM「中央線」以前の定番中央線ソング（このころにはもちろんそんなことばはありませんでしたが）「一本道」や、連合赤軍逮捕をめぐる世間の反応を描いた「乾杯」など、名曲が目白押しです。

「にんじん」のキラーフレーズは、実は本文での引用の後に来るところなんですが、それは皆さん、ご自分の耳と目でご確認していただければ幸いです。おそらく、それが大友さんの望まれているところと思います！（いわゆる忖度というやつですね）

第30話

初めてのガールフレンド?

山下洋輔『風雲ジャズ帖』、殿山泰司『JAMJAM日記』（1977年　高3）

予想外の事態だ。てっきり、玉砕したとばかり思っていた聖母の学園祭。でもあのあと、ボクらはほぼ毎日のようにどちらからともなく連絡をとりあいだしたのだ。え？　そんなうまくいったら面白くないだろって。確かに。だけど、いったい何が功を奏したのか、そもそもどういう事態なのか、いまいち呑み込めなかったけど、でも、そんなことより彼女からマメに連絡がくることが嬉しかった。なのでゴタゴタ余計なことは考えないことにして、オレからもマメに連絡を返した。オレがマメに連絡返したなんて書くと、今のオレを知ってる人は、びっくりするかもだけど、でもそんな時期もあったのだ。あの頃のマメさは、どこにいったのかな。今は、連絡が来ても、すぐに忘れて返事はしないし、せっかくのいい話もすぐに逃してしまうし……。特にユザーンからのメールとか、全然返信しないし。あかん、あかん。反省するぞ～。

それまで女の子にもてるという経験をまったくしたことのなかったオレは、もうありえないくらい、恥ずかしいくらい舞い上がった。だって相手は、僕らのまわりでも評判のYだもん。やっとオレにもモテ期が……、あ、当時はそんな言葉なかったけど、でも、まあそんな気持ちだった。だから、鈴木のことも、すっかり吹っ飛んでしまった。てか、あの優秀な鈴木が、最近は全然学校に来てないけど、なにかあったのかな。まあ、いいか。オレも学校にあんま行ってないし。まあ、いいよね。うん、まあいいや。そんな感じで、あのとき鈴木になにがあったのかなんてことは、まったく考えてなかったのだ。冷たい男というか、目の前の快楽に目がくらんだというか、考えが足りないというか。ただだ舞い上がっていた自分が情けない。ほんと情けない。

ところで、携帯もメールもない時代。どうやってマメに連絡をとりあっていたかといえば、受話器のやたら重い、ダイヤル式のあの懐かしい電電公社の黒電話を使ってだ。携帯と違って彼女一人が出るわけじゃない。家族、とりわけ父親が電話に出ることだってあるわけで、別にやましいことをしているわけじゃないのに、両親が出ないように祈るような気持ちでいつもダイヤルを回していたし、逆に、自分の家に電話がかかってくれば、すごい勢いで走って自分で取るようにしていた。それまで電話なんて自分から取ることなんて絶対なかったのに。それどころか、あんま家にも帰ってなかったのに。親からみれば見え見えだったろうなあ。

そのうち、ボクらは学校の帰りに待ち合わせをするようになっていった。学園祭シーズンも終わったし、同級生はみな本格的な受験勉強に入っていたし、ジャズ研は後輩に部長を任せてオレは一旦休業。そんなわけで、受験勉強と称して図書館に一緒にいったり……もちろん、勉強なんてしてなかったけどね。あとは、ジャズ喫茶に仲良く行ったり、どこに行くでもなく街中をグルグル歩いたり。二人とも自転車通学で、歩くときはいつも右側に自転車があって、だからボクらの間はいつも自転車一台分の距離だった。手をつなぐとか、そんなの思いもつかなかったなあ。これでも純情だったのよ。

街中ったたって小さな街だ。30分も歩けば郊外というか、阿武隈川にぶつかって、だから、ボクらはただただ土手の砂利道を自転車を転がしながら歩いた。景色なんてまったく見てなかった。そこそこ寒かったと思うけど、寒さも感じなかった。オレたちいったい何を話してたのかな。あんま思い出せないけど、でも話すのはほとんど彼女のほうだったと思う。オレからは何も話せなかった。オレ、いつから今みたいなおしゃべりになったのかな？　あの頃は、もう照れくさくて照れくさくて、女の子の前でペラペラおしゃべりするなんて、全然できなかった。単に照れくさいだけじゃなく、彼女から嫌われたくない、馬鹿にされたくない、きっとそんな気持ちが働いたのかな。そう思えば思うほど、何も話せなかった。

彼女は、政治のこと、社会のことにも興味を持っていて、それまでそんなこと、ほとんど考えたことのなかったオレは、彼女の言ってることが、本当はよくわからなかった。三里塚のこと、パレスチナのこと、差別のこと、戦争責任のこと。う～～ん、やっぱ全然わからないよ～。なんでヘルメットかぶってデモするの？　なんでよその国にまで行って革命とか言ってるんだ？　オレの生まれる前の戦争の責任とか、なんで考えなくちゃいけないの。オレ、そういうの関係ないし……、そんな程度の思考力しかないガキだったのだ。まさかそれからずっとずっと後年、30年もあとになって、日本赤軍に参加していた足立正生監督と一緒に仕事することになるなんて、当時は予想すらしてなかったなあ。

政治の話とか革命の話に内心軽く反発しつつも、反発というか、自分がそれに答えられないことにいらつきつつ、それでもオレは彼女の話を聞いた。あ、でもそんな話だけじゃなかったな。彼女は人を助けるような仕事をしたかったんじゃないかなって、今考えると思うのだ。だから、看護とか介護の仕事とか、むしろそんな話が多かったと思う。真面目な子だったのだ。そして、そんなことを一生懸命話すYがとっても大人に見えて、それがものすごく魅力的でもあった。それだけに、彼女から馬鹿にされたくないなって思ってしまって、知りもしないのに、なんも理解してないのに、オレは「うん、うん、そうだよね」って感じの知ったかぶりでうなずくばかりだった。今ならwikiで調べて、きっと強烈な知ったかぶりをしたんだろうけど、当時はそんな手段もないから、やたら本屋に行って難しそうな本を立ち読みしてみたんだけどね。もうね、アホなガキでしょ。でも少しでも彼女に追いつきたいと思ったんだと思う。とはいえ難しい政治や思想の本は、ちょっと読みかじるだけで、頭が痛くなりそうでわけがわからず、ってか、そもそも読めない漢字だらけで手も出ずじまいで、結局、手に取るのは**山下洋輔**の本**『風雲ジャズ帖』**だったり、**殿山泰司**の**『JAMJAM日記』**だったり、はたまたフリージャズのことがやたら出てくる『ジャズ批評』や『ジャズ』なんて雑誌だったり、要はジャズの本ばっかりだった。でも、今考えると、この辺の本が、オレの、お世辞にも賢いとはいえないおつむに、わずかだけでも「ものを考える」ってことの切っ掛けをつくってくれたような気もするのだ。

こうして、Yとの交際のようなものがはじまった。ようなもの……と書いたのは、なにしろ、お互いに好きだって告白しあったわけでもないし、キスどころか手すらつないでないし、なにより鈴木の存在が気になって……。彼女は今でも鈴木とつきあっているのだろうか。そうは思ってもオレからはそのことは聞けなかったし、彼女もそのことは何も言わなかったし……。鈴木がなんで休んでいるのかも気にはなったけど、でも考えないようにしていた。ただ僕らは毎日のように会うようになっていて、会ってるだけで、嬉しかったのだ。知ったかぶりだろうが、何だろうが、一緒に自転車をひっぱりながら、土手さえ歩いていれば最高の気持ちになれたのだ。彼女がどう思っていたのかはわからないけど、でも、これってつき合ってるってことだよね。違うのかな。

唯一オレが彼女の前でしゃべれたのは音楽のことだった。でもそれですら正直には話せなかったような気がするなあ。

「大友くんはどんな音楽家好き?」

「う〜〜ん、いろいろ好きだけどジャズギターとか好きだよ。**ジム・ホール**とか、**マイルス**とか……Yさんは?」

ジム・ホールもマイルスももちろん大好きだったけど、山下洋輔とか**高柳昌行**とか**阿部薫**とか**タモリ**とか、その頃、自分の中で最高に好きだったもののことはなかなか言えなかった。言ったらどん引きされそうな気がしたのだ。彼女も好きそうで、自分も好きな音楽の話しか出来なかったなあ。それと、彼女が学園祭で流していた**友部正人**の話が出たらどうしようってことばかり心配していた。彼女の好きな音楽が苦手だなんて口が裂けても言えないもん。あ、いや、小学校から中学の頃は、フォークブームもあったりして、だからフォークも好きだったんだけど、高校になると、日本語の歌がなんだかものすごく野暮ったく聴こえて、とりわけギター一本のフォークみたいなもんが、説教臭い上にしみったれて聴こえて、たぶんタモリの影響もあったのかな、そんなもんがどんどん嫌いになってしまったのだ。このフォーク嫌いは20代後半まで続いてしまう。なんでフォークへの偏見がなくなったかというと、**三上寛**のバンドをやって、その凄さを思い知ったり、**山本精一**に出会って、彼が歌うのを聴いて、フォークを再認識したり、でも、高校生の頃は、なんか苦手だったなあ。だから彼女からその話をふられたらどうしようって思っていた。

なのにである。ある日、彼女は友部正人の『**にんじん**』と、**キース・ジャレット**の『**ザ・ケルン・コンサート**』のＬＰをオレに貸してくれたのだ。キース・ジャレットもなんだかナルシスティックに聴こえて苦手で、だから正直どうしようって思ったのを覚えている。でも、そんなこと口が裂けても言えなかった。それに借りた以上は聴かなくちゃって思って、繰り返し、繰り返し聴いた。それを聴くことが彼女との窓口になるなら……そんな気持ちだったのかな。不純な聴き方と責めるなかれ。18歳、童貞のオレには、そんなコミュニケーションしか出来なかったのだ。でも、あのとき繰り返し聴いた友部正人の歌は、彼女の記憶とともに今に至るまでオレの脳髄にこびりついているんだよなあ。実は、ご本人は覚えてないと思うけど、かつて**梅津和時**さんのバンドで演奏していたときに、友部正人さんと札幌で一度だけ1曲だけだけど、ご一緒したことがある。１９９０年だから31歳のときだ。友部さんの声が出た瞬間、オレの体は、札幌のステージから福島の阿武隈川の土手の道に吹っ飛んでしまって……もう、福島のことなんて、思いだすこともないと思っていたのに。歌のチカラってのは恐ろしいもんです。

学校には、相変わらず鈴木の姿はなかった。学校は受験一色で、鈴木のことも、オレにモテ期が来たことも、みなにとってはどうでもいい感じだったと思う。逆にオレのほうも、学校も受験も、どうでもいいと思っていた。完全にドロップアウトしていて成績も最悪だったしで、学校でもオレのことはまったく相手にしていなかった。欠席しても誰も怒らない……そんな感じで、実際、３時間目に申し訳程度に行って、ちょこっと顔を出して、昼休みにはさっさと学校を出てジャズ喫茶に行く……そんな毎日だったのだ。だから鈴木が学校に来なくなっても、たいして気にしなかったのかもしれない。

でも、オレの知らないところで、事態は動いていたのだ。

COLUMN

第24話で登場した山下洋輔さんの『**風雲ジャズ帖**』（1975、音楽之友社）は、山下さんの処女単行本。正方形に近い判型の箱入り本でした。ジャズファン以外の層に山下さんの名を轟かせたドシャメシャ文体を駆使する旅日記エッセイのほか、音楽学者の小泉文夫の理論を援用した論文「ブルー・ノート研究」を収録というすぐれもの。現在の平凡社ライブラリー版は収録原稿がけっこう違っているので、要注意。

殿山泰司さんの『**JAMJAM日記**』（1977、白川書院、ちくま文庫版の電子書籍あり。解説は大友さん）をイタダいたのが『大友良英のJAMJAM日記』であることは、第26話でふれたとおり。仕事話や、ジャズ（本書では当然「ズージャ」）、ミステリについてのウンチクが中心で、ご興味をもたれた向きは『三文役者あなあきい伝』（1974、講談社）もぜひ！

『**ジャズ批評**』（ジャズ批評社）、『**Jazz**』（アン・エンタープライズ）は、当時の硬派ジャズ雑誌。70年代には、このほかにもいろいろジャズ雑誌がありましたが、休刊したものも数知れず。『Jazz』は、1977（昭和52）年に『Jazz Magazine』と改称しながら、翌78年には休刊。『ジャズ批評』は現在も刊行されています。

ジム・ホール（1930－2013）は、ジャズ・ギターの巨匠。ビル・エヴァンス（1929－80）と作った『アンダーカレント』（1962、UA）は、第34話にも出てくるとおり、大友さんの偏愛アルバムですが、詳細は第36話で。彼が使用したギブソンES175というギターは、日本では大友さんのお師匠にあたる高柳昌行や植木等も使っていた名器。大友さんは高柳さんの遺品となったギターを譲り受けて、ここぞというところで演奏に使っていますね。

キース・ジャレット『ザ・ケルン・コンサート』（**写真**）は、1975年にECMからリリースされたピアノ・ソロ・アルバム。キース（1945－）はマイルス・バンドにも在籍したピアニストで、当時すでにソロや自分のバンドで活躍していましたが、ここで聴かれるロマンティックでエモーショナルな完全即興演奏は、クリスタルを思わせるピアノの音質ともあいまって、当時大人気を呼びました。

第31話

鈴木の失踪とエロじじい

デレク・ベイリー、ハン・ベニンク、エバン・パーカー（1977年　高3）

高校3年生の2学期も終わろうとするころ、鈴木が学校を退学した。理由はわからない。その前から数週間学校に来てないし、だれも連絡を取っていなかったんだと思う。もともと退学しそうな不良ならまだしも、成績優秀、人柄も最高で、まあ、ちょっとぐれた感じはあったけど、でも、学校に不満を持ってるふうには見えなかった。それだけに、いろんな噂が飛び交っていた。行方不明で、家出したまま失踪してしまったとか。いやいや、どうもYと駆け落ちしたらしいとか。そんなんじゃなく、受験が全てを決めるような高校に嫌気がさして、自分で勉強することにしたとか。でも、だれも本当のことは知らなかった。担任の大内先生に聞いても、はっきりしたことは教えてくれなかった。ただ、少なくともYと駆け落ちしてないのは、オレが一番よく知っていた。だってYとは毎日会ってるもん。

実は鈴木が学校に来なくなった頃、いや、来なくなる直前だったかな、一度だけ図書館でたまたま鈴木と会ったことがあるのだ。オレは咄嗟《とっさ》にYとのことを言わなくては、と思った。

「あのさ、オレ実はYと……」

オレが口ごもっていると鈴木は、

「知ってるよ。オレに断るようなことじゃない。大友は、大友の思った通りにやればいい。オレのことは気にしなくていいから」

鈴木は何で知ってたんだろう。そのことばかり気になって、それ以外に何を話したのか、あんまり覚えてない。ただ最後に鈴木が言ったことは、今でもはっきり覚えている。

「大友は本当は音楽をやりたいんだろ。だったら学校にこだわらなくていいんじゃないか。部活とかじゃなくて、自分のやりたいこと、堂々とやったらいいんじゃないか」

当時オレは、もちろん音楽をやりたいって思っていた。これからもずっと音楽でやっていきたいって。でも、そんなこと、正面切って誰にも言えなかったのだ。ギターもさして上手くならないし、ただただ憧れていただけで、どうしたらいいかなんてまったくわからなかったし。そんなオレのココロの中を見透かされたようだった。オレが鈴木に会ったのはそれが最後だった。

その日、オレは生まれてはじめて**デレク・ベイリー**を聴いた。場所は涅雅《ネガ》。市内のど真ん中にあったジャズ喫茶だ。たしか『ジャズ』って雑誌だったと思う。音楽評論家の間章がデレク・ベイリーのことを「即興演奏の極北」とか「アナーキズム」っておっかない言い方で書いていて、それが気になって、気になって、どんだけものすごい演奏だろうと涅雅に入って来たばかりの日本盤『**デレク・ベイリー／ソロギターVol.1**』をリクエストしたのだ。それも、よりによってB面から。いや、通気取りで、A面より、B面からって思っただけなんだけど、それがなんというか、とんでもない演奏で。もしみなさん、今YouTubeで確認出来るのなら、この『デレク・ベイリー／ソロギターVol.1』B面1曲目に入っていた「**Where is the Police?**」をぜひ聴いてほしい。

「えええええ？　これが極北？　これがアナーキズム？　これギャグじゃないの？？？？」

偽らざる最初の感想は、こんな感じ。アルテックの巨大なスピーカーから、Where is the Police? のすっとぼけたギターが聴こえて来たときには、本当に椅子からずり落ちそうになったくらいだ。なんというか、まるでサザエさんの劇伴でもおかしくないくらいのすっとぼけたシンプルなリフが延々繰り返されるだけで、あまりのわけのわからなさに、おもわずA面もリクエストしてしまったけど、今度は椅子からずり落ちはしなかったけど、まったくわけがわからなさはB面以上だ。なんの起承転結もなく、リズムもメロディもなく、ノイズや電子音でもなく、ただただひたすらポロポロと淡々と下手糞にしか聴こえないギターの音が入っている。**阿部薫**をパスタンで聴いた時よりも、その何十倍もわけがわからなかった。

「なんじゃこれは？？？？？」

人生史上、もっともわけのわからない音楽との遭遇だった。わからなすぎて、その後も何度も何度も聴いた。これ、本当に音楽なのか？　これが極北なのか？　まさかのちのち、最高に大好きな音楽になるなんてまったく思ってなかったなあ。それぱかりか、自分の音楽を作っていく上で、最大の指針になる音楽家になるなんて、さらには後々一緒に共演することになるなんて、それこそ、まったく予想だにしてなかった。ただただ本当にわけがわからなかったのだ。

鈴木といい、デレク・ベイリーといい、世の中不可解なことだらけだ。デレクのことはともかく、鈴木のことは、やっぱ気になる。何があったんだろうか。Yは、それまでつき合っていた鈴木のことを、オレには一切話さないしオレも聞かなかったしで、だから彼女からはなんの情報も入ってこない。でも、もしかしたら、鈴木とつきあっていたYが突然、オレと毎日会い出したことと、鈴木の失踪は、どこかで繋がっているんじゃないだろうか。頭の中はモヤモヤするだけで、でもなにも明らかにはならない、そんな状態が数日続いたある日、彼女が変なことを言いだしたのだ。

「大友くん、相談があるんだけどね」

なんか今までにない顔をしている。鈴木のこと？　だったらどうしよう。

「あのね、最近変わったおじいさんに出会ってね、で、そのおじいさんは、駅前のホテルを仕事部屋にして文章を書いてるんだけど、そこに来てアシスタントをしてほしいって言うの。どう思う」

あらら、鈴木のことじゃない。ってか、なんだその話。あやしいぞ。なんか胡散《うさん》臭い。直感的にオレはそう思った。

「それ大丈夫かな。エロじじいなんじゃないかな」

「それがね、友達がもうアシスタントを始めていて、バイト代も出るし、大丈夫だって言うの」

「いや〜、絶対おかしいよ。文章書くのになんで女子高校生のアシスタントが必要なんだよ。だいたい文章ってなんの文章なんだ？」

「そうだよね、おかしいよね」

「おかしい、おかしい、絶対へんだよ〜。やんないほうがいいよ。そんなことより、デレク・ベイリーって聴いたことある？　全然わけわからなくて……」

「でもね、友達はやさしくていい人だって言うし、なんか面白そうな気がするの」

「いや、エロじじいより、デレク・ベイリーって人がいてね、謎過ぎて……」

「エロじじいってきめつけるのはどうかな。たぶんそんな人じゃないよ、やさしいおじいさんらしいもん」

「やさしくていい人のエロじじいかもしんないし、オレ、絶対反対、断固反対！　反対の賛成の反対！　てか、デレク・ベイリーがね……」

「あ、大友くんの嫌いな学生運動の口調（笑）」

「ちがうもん、バカボンの口調だもん、これ！」

「あはは、本当だ。わたしも好き、バカボン！　レレレのレ〜、これでいいのだ！」

「そう、それでいいのだ！」

「ボンボンバカボン、バカボンボンボン♩」

（二人で）「♩てんさ〜〜い一家だ、バ〜〜〜カボンボン♩」

「じゃ、大友くん、あしたね〜。ボンボン、バカボン……」

あ〜〜もう、オレYが大好き！　可愛いすぎる〜。きゃ〜〜〜。

ん？　ん？

あれ、オレ、なんの話してたんだっけ？

結局鈴木のこともデレク・ベイリーのことも話せなかったぞ。もう、もう。エロじじいなんて、どうでもいいよ、そんなんと関わるなよ〜。自転車に乗ったYは楽しそうにバカボンを歌いながら、夕焼けの向こうに消えて行った。あ〜〜、やっぱオレ、Yが好きだ〜。

この日もYと別れたあとは涅雅に行ってデレク・ベイリーの新譜をリクエスト。**ハン・ベニンク**や**エバン・パーカー**とのトリオによる即興演奏『**トポグラフィー・オブ・ラングス**』の日本盤が入って来たばかりだという。あ、なんか、こっちのほうがハン・ベニンクの肉体的とも言える強烈なドラムが気持ち良くてオレにはわかりやすい。こんな演奏を爆音で聴いていると、なぜか「これでいいのだ」の言葉が聴こえて来て、面倒くさいことはどっかに吹っ飛んでしまう。音の中に居れる……そんな感じが味わえる演奏に浸れるときが一番幸せだった。

2学期が終わろうとしてるのに、オレはまったく受験勉強に身が入らず、Yとジャズとデレク・ベイリーのことしか考えてなかった。鈴木の消息はあいかわらず、わからないまま。デレク・ベイリーの衝撃もだれにも話せないままだった。

COLUMN

デレク・ベイリー（1930－2005）は、イギリスのギタリストにして即興演奏家。既成の音楽イディオムに頼らないフリー・インプロヴィゼーションという新しい領域を切り開きました。1970年に、トニー・オクスリー、エヴァン・パーカーとインカス・レコードを設立。翌年には本文にも出てくる『Solo Guitar Volume 1』をリリース（邦題は『デレク・ベイリー・ソロ』）、この後ベイリーは即興演奏のみを行うようになります。76年には「即興演奏家のプール」、カンパニーを発足、即興演奏の可能性を追求しました。日本にも何度か訪れており、特に田中泯との交友は有名です。著書に『インプロヴィゼーション』（1981、工作舎）、評伝にベン・ワトソン『デレク・ベイリー――インプロヴィゼーションの物語』（2014、工作舎）。

そのベイリーを最初に日本に招聘したのが、音楽批評家・**間章**《あいだあきら》（1946－78）です。晦渋なレトリックを駆使した難解な批評が知られていますが、そのかたわらコンサート制作も積極的に行っていました。スティーヴ・レイシー、ミルフォード・グレイヴス、そしてベイリーの初来日を実現させた功績はやはり大。著書に『時代の未明から来たるべきものへ』（1982、イザラ書房）、『間章著作集』全3巻（2013－14、月曜社）。

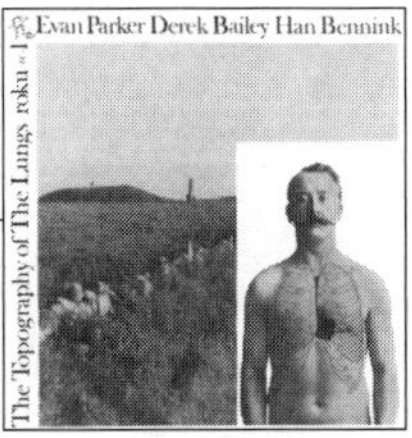

ハン・ベニンク（1942－）は、オランダのドラマーで、ヨーロッパ・フリーの立役者の一人です。エリック・ドルフィー『ラスト・デイト』（1964、ライムライト）でいっしょにバックを務めたミシャ・メンゲルベルク（1935－2017、p）とは、ICPオーケストラ等でもともに活動した盟友同士。激烈な中にユーモアを放り込むスタイルは今も新鮮です。

エヴァン・パーカー（1944－、ss）は、イギリスのサックス・プレイヤーにしてフリー・インプロヴァイザー。息をとぎらせずに吹き続ける循環奏法などを駆使する演奏スタイルは、注目を集めました。

『トポグラフィ・オブ・ザ・ラングス』（1970、**写真**）は、パーカー、ベイリー、ベニンクによる、記念すべきインカス第1回新譜。内容もスゴいんですが、このアルバムやベイリーのソロの日本盤が平気な顔で出ていたのも、考えてみりゃスゴいことであります。

第32話

あしたのために、その1

ラロ・シフリン「スパイ大作戦」
（1977年　高3）

冬休みに入った。毎日のようにジャズ喫茶で謎の**デレク・ベイリー**を聴きながら、店の本棚にある**『あしたのジョー』**を熟読。読むのは数年ぶりだけど、やっぱ矢吹丈かっこいいなあ。オレも厳しい減量の末に、ステージにたっちゃったりして……。昔はのりちゃんが可愛いって思ってたけど、最近は白木葉子がよく見えるオレって、ちょっと大人……とか。それにしてものりちゃんとジョーの唯一のデートシーン、オレもあんな感じで、Yに「大友くん、もう音楽やめたら」なんて言われたら、「オレにはステージがあるから」とか言っちゃったりして、く〜〜〜。って、相変わらず受験の受の字もない本物のバカ高校生な毎日で……。

「ギタリスト募集　キャバレー・ルビー」

この数週間、福島の繁華街の裏路地にあったこのボロボロの張り紙がずっと気になっていて、なんで気になっていたかというと、失踪した鈴木の言葉が引っかかってたからだった。

「大友は本当は音楽をやりたいんだろ。だったら学校にこだわらなくていいんじゃないか。部活とかじゃなくて、自分のやりたいこと、堂々とやったらいいんじゃないか」

部活とかの遊びじゃなくて、音楽を本当にやるんだったら厳しいプロの現場に入らなくちゃダメなんじゃないか。と、そこまでは考えがおよぶんだけど、じゃあ、いったいどうやってプロの現場に入ればいいのかが、オレには見当もつかない。あこがれのジャズメンたちは、最初はみなキャバレーのバンドマンからスタートしてる……誰が言い出したのか、そんな話を真に受けて、それでこの張り紙が、プロへの道のパスポートのように思えたのだ。どうしよう。行くべきか、行かざるべきか。

そんなある日、Yから夜遅く電話が掛かって来た。夜10時すぎの電話はまちがいなく彼女だ。オレはあわてて親が取るより前に受話器に手をかけた。明日、彼女の友達が例のエロじじいと会うという。心配だけど、どうしようかって電話だ。

「なんで、そんな話受けるんだよ」

「だってバイト代、いいみたいだし、いい人だって言うんだよ」

「いやいや、おかしいよ、女子高校生のアシスタントなんて」

「だから心配で、ねえ大友くん、なんとかして」

「え！　なんとかしてって、オレが？　え、え？」

「だって大友くん、エロじじいは許せないって言ってたじゃない」

「え、いや、そうだっけ？　いや、うん、許せない！　許せないけど……」

え～、なんでオレが……。そんな度胸ないよオレって言いたかったけど、そんなこと言えるわけがないもんなあ。あ〜でもない、こうでもないの長電話の挙げ句、僕らは、爺さんが仕事場にしているホテル立野屋の前で、待ち構えて、本当にエロじじいなのかどうか後をつけて探ることにした。

　頭の中を**『スパイ大作戦』**の音楽が流れる。もちろん、リメイク版の4拍子のぱっとしないほうじゃなくて、ラロ・シフリンのオーケストラによるオリジナル、5拍子バージョンだ。だいたいスパイもんは5拍子じゃないとね。ターゲットは杖をついてベレー帽をかぶった白髪で小柄な老人。いつも女性に連れられて、仕事場にしてる駅前の立野屋ホテルの一室をおとずれるらしい。僕らが持っている情報はそれだけだ。なんか胸が高鳴るぞ〜。

　僕らは立野屋の入り口が見える角に身を隠して見張ることにした。脳内を流れる『スパイ大作戦』のサントラ……てか、脳内じゃなく実際に声に出して歌っていた。ダンダンダッダッ、ダンダンダッダッ〜♩　もう爺さんだろうが敵国のスパイだろうがどんと来いだ……なんて思っていたのは最初の30分くらい、いや15分くらいかな。1時間もすると、なんだか飽きてくるし、そのうち脳内ですら『スパイ大作戦』の劇伴は聴こえなくなり、2時間たったころには、寒いし退屈だしで、爺さんのことはどうでもよくなって、いつものようにダラダラと雑談タイム。

「わたし大学、横浜の短大受けようと思って。外国語専門の」

「あれ、そこ、うちのおふくろの実家の近所だよ。受験のとき一緒に行こうか。あ、オレ？　う〜ん、受験勉強全然やってないしなあ、うん、実はなんも決めてない。でも東京には出る。やっぱ音楽でやっていきたいし。だから大学はどこでもいいや」

「大友くん、そんな考え方で大丈夫なの？　なんか違うんじゃない？」

「う〜ん、大丈夫じゃないけど、でも、それよりさ……」

えい、もうどさくさに紛れて聞いてしまえ。

「それよりさ、鈴木とはどうなってるの？」

「なんで、そんな話？　もうとっくに別れてるよ」

「鈴木が退学したのは知ってる？　失踪したって噂も」

「そうらしいけど、でも詳しいことはわたしも知らないよ」

それっきり彼女は黙ってしまった。てか不機嫌になってしまった。彼女は何かを知っているんじゃなかろうか。鈍いオレでも、なんかひっかかる……なんて頭をよぎったその瞬間、

「あ、来た、来た、あの人……」

タクシーから小柄の、白髪でベレー帽の老人が、若い女性に連れ添われて降りてくる。再び『スパイ大作戦』のサントラが脳内でカットインする。よし……とおもいきや、最初に想像していたエロじじいと印象が全然違って、人が良さそうで、よわよわしい足取りなのだ。それを見てオレは一瞬ひよってしまった。

「大友くん、行くよ」

彼女は、すたすたと凄い勢いでじいさんのほうに向かって行く。

「あれ⁉　あれれ、ちょっと！　後をつけるんじゃなかったの？」

「正直に話してくる！」

オレは動揺しまくった。『スパイ大作戦』の5拍子どころじゃない、聴こえるのは心臓の鼓動ばかりだ。ロビーのはじっこでひとりぽつんととりのこされてしまった。向こうの方で彼女は爺さんと何か話をしている。てか、二人ともめちゃくちゃ笑顔じゃん。

「大友くん、あの人は大丈夫だよ。エロじじいなんかじゃないよ。ちゃんとしてる。バイトはしないことにしたけど、でも変な人じゃないよ」

あ〜〜、なんか、つくづくオレはダメなやつだ。こんなときになんも出来なかったなんて最低だ。もう、じいさんが大丈夫かどうかなんて、どうでも良くなっていた。それより、Yの堂々とした態度に較べて、あの場で立ち止まってしまって、なにも出来なかった自分がひたすら情けない。たぶんそんなオレの様子を察したんだと思う。

「大友くん、行こう」

彼女に手をひっぱられて、僕らは歩き出した。いつもの阿武隈川の土手の道だ。小雪がちらついている。

「鈴木くんはね、彼のやりたいことがあるんだよ、だから心配しなくても大丈夫だと思う」

彼女はなんで鈴木じゃなくてオレを選んだんだろう？　あんなとき、鈴木だったら、きっとロビーでもたもた迷わずに、彼女よりも先に爺さんと話をしたに違いない。

「大友くんも自分のやりたいことをやったらいいと思う」

ショックだった。鈴木だけじゃなく、彼女にも、オレが音楽を前に迷っていたというか、やりたいことに向かってないことがバレていたことがショックだったのだ。オレ、全然『あしたのジョー』じゃないじゃん。「音楽やめたら」じゃなくて「音楽ちゃんとやれよ」……って言われるなんて、それってマンモス西のほうじゃん。あ、マンモス西は『あしたのジョー』に出てくる矢吹丈の親友のボクサーで、でも減量に耐えられず、隠れてうどんを食べにいってジョーに殴られてしまう……そんな設定のキャラで、まあ、考えてみたら、オレ、確かにそんな感じだもんなあ。彼女の言葉に何も返せずに、オレは黙りこくってしまった。

沈黙のまま僕らは歩き続けた。外はすっかり暗くなり、小雪は本降りになり、今夜は積もりそうだ。

「大友くん、今日、わたし家に帰りたくない」

この言葉の意味がオレには全然わかっていなかった。自分がマンモス西であることのほうがショックで、彼女がこのとき何を考えていたのかを思いやることが出来なかったのだ。それどころか「大友くんも自分のやりたいことをやったらいいと思う」を受けて、オレは歩きながら秘かにトンチンカンな決心をしていたのだ。

「あしたのために、その1、キャバレー・ルビーの門を叩くぞ！　そしてプロの道を歩むのだ！」

もう、自分で書いていても、情けなさすぎて涙もでない。黙って上の空で歩いているオレに、彼女はもう一度ぽつりと繰り返した。

「今日はわたし帰りたくない」

ふと我に返ったオレは、とんでもない返答をしていた。

「今日は、もう遅いから、帰ったほうがいいよ、お母さんも心配するし」

アホだ。オレ、ほんもののアホだ。

「オレ、ちょっと決心したことがあるから、今から実行するから、またあしたね」

彼女にさよならをしたオレは、その足でキャバレー・ルビーに向かったのだった。

COLUMN

1960年代、007シリーズのヒットをきっかけに、荒唐無稽なスパイ映画が世界的な大ブームとなりました。『サイレンサー』シリーズ、『電撃フリント』シリーズ、TVシリーズでは『0011ナポレオン・ソロ』、日本でも『100発100中』(1965、東宝、監督=福田純)などなど。

原題『ミッション:インポシブル』の方が今や有名かもしれない『**スパイ大作戦**』(1966-73、パラマウント、**写真**はサウンドトラック)もそのひとつ。元はTVシリーズで、日本では1967(昭和42)年~73年に放映されました。こちらはシリアスなチームもので、「当局」の指令を受けて極秘任務を遂行する特務機関の活躍を描いています。チームの基本フォーマットは、沈着冷静なリーダー、科学技術のプロ、変装の名人、美女、怪力男の5人組。この、それぞれの得意能力を使って仕事を完遂するというフォーマットは、盛んに流用されましたね。

各回の冒頭でリーダーに下される指令にはテープやレコードによる録音が使われ、そのメッセージはいつも「おはようフェルプス君……」に始まり、締めは「例によって、君、もしくは君のメンバーが捕えられ、あるいは殺されても、当局は一切関知しないからそのつもりで。なお、このテープは自動的に消滅する」、そしてその後本当にプシュ~と消滅するんですが、これがもうコドモ心にはたまらんわけですね。

このテーマ曲を作ったのが、本文でも出てくる**ラロ・シフリン**(1932-)。ブエノスアイレス生まれ、オリヴィエ・メシアンに師事したというキレ者です。フランスでジャズ・ピアニスト、アレンジャーとして仕事を始めますが、ディジー・ガレスピーとの出会いをきっかけに、1960年、アメリカに移住、ラテン・ジャズをモノにして、次々と名作を発表します。「スパイ大作戦のテーマ」は、そのエッセンスを4分の5拍子でクールかつサスペンスフルに料理した傑作です。その後も『ダーティハリー』(1971、ワーナー、監督=ドン・シーゲル)などを手がけますが、なんといっても忘れられないのは、『燃えよドラゴン』(1973、ワーナー、監督=ロバート・クローズ)! このテーマ曲とか、どうやって作るんだろう……。

第33話

あしたのために、その2

チャーリー・ミンガス『スリー・オア・フォー・シェイズ・オブ・ブルース』（1977年 高3）

キャバレー・ルビーは福島市で一番の繁華街、スズラン通りのど真ん中にあった。もちろん高校生が入れるような店じゃないし、入りたいなんて思ったこともなかった。でもオレは決心したのだ。明日のために！

「プロに向かってまっすぐすすむべし！」

ということで、ルビーの裏にある従業員入口にはってあった「ギタリスト募集」の張り紙を、えい！　と引きちぎり、もの凄い気合いでオレはドアをノックした。

どんどん、どんどん。

いくら待ってもなんの返事もない。もう一度ノックして、思いっきりでっかい声で、

「ごめんくださ〜〜い、ごめんくださ〜〜い、ごめんくだ」

「うっせえなあ、デカい声出さなくてもあいてっぺ」

2階の窓から、リーゼントのこわもての色男が顔を出してこっちを睨んでる。あわわ、いきなり怖

そうだ。

「あ、あの、あの、すいません、ギタリスト募集の張り紙を見たんですが、あの……」

「おめ、ギター弾くのけ？」

「うわっ！」

いつのまにか後ろにたっていた白髪のじいさんが、いきなり声をかけるもんだからびっくりするじゃないの。バーバリー風のモスグリーンのコートに真っ赤なマフラー。その下は派手な柄シャツだ。強烈に訛っているけど、どう見ても一般人じゃないというか、いかにもバンドマンって感じだ。「おめ」は福島弁で「おまえ」の意味。ちなみに「おまえ来い」は福島弁だと「おめこぉ」になる。え？

それまずいだろって？ まあ、関西だとまずいかもだけど、れっきとした福島弁。修学旅行で関西に行くと、みんなこの言葉をバスガイドの前で連発してたなあ。なんかすいません、アホで。オレも街中に住んでいる同級生たちも、そんなに強い福島訛りはなかったけど、大人たちは今も昔もめっちゃ訛ってる。『**あまちゃん**』の中に出てくるユイちゃんと一緒で、地元の見えてない、東京にあこがれているヤツほど訛ってなかった。これは今も昔も一緒かな。ということで、じいさんはお約束のようにオレに言ってくれたのだ。

「おめこぉ」

と手招きしてじいさんは階段をあがり出す。ドアを開けると、すぐに狭い階段なのだ。その後をついて行くと2階にあるバンドの楽屋になる。人生初のプロの楽屋だ。ちょっとだけ気分がもりあがる。煙草の煙がもうもうとしている。煙の中にいるのは3人、腕に入れ墨の入った目つきの鋭い男に、さっきのリーゼント、それからガタイのいい色黒の中年。みな無言でこっちを見ている。怖かったけど、もうどうにでもなれと思っていた。リーゼントが口を開いた。

「おめ、どこでギター弾いてた？」

「高校のジャズ研です」

「おめ高校生なのか」

4人が一瞬ざわざわした。そうか高校生はまずかったかな。

「あ、いや、高校のときジャズ研で、今はもう高校出てます」

ウソだ。とっさにウソをついてしまった。でもすかさずじいさんが一声。

「んだら、明日からギターもってこぉ。アンプはグヤトーンのがあっから。あ、夕方6時な、テストすっから」

心の中でガッツポーズ！　やった〜。オレ、明日からプロだ〜〜〜！　あしたのためにその1、まずは第一歩達成だぞ！　って、おい、「テストすっから」の言葉はもうどっかに吹っ飛んでるようだけど、いいのかオオトモ！　ってみなさん思うでしょ。思いますよね。でも、オレ、ほんとこんな感じだったんす。もうなんというか……とほほですよねえ。ってか、この時点で、Yのことは飛んでいたというか、いやむしろ、これでYにも認めてもらえるくらいに思っていたわけだけど、ね、前回を読まれた方はわかると思いますが、もうオレは取り返しのつかないことをしてしまったのだ。そのうえ、高校は出たってウソも最初からバレバレだった。バレバレだったのは後々わかるんだけど、でもYのことも、バレバレだったことも18歳大友良英はまったく気づくこともなく、もう気分はプロ・ミュージシャン、イエ〜〜イ！　**阿部薫**だ、**高柳昌行**だなんて大騒ぎしてたって、こんなもんだった。

帰りは、例によっていつものジャズ喫茶「涅雅」へ。早々入荷したての**チャーリー・ミンガス**の新譜『**スリー・オア・フォー・シェイズ・オブ・ブルース**』をリクエスト。電気楽器やギターが大嫌いだったミンガスが、なんとジャズロックの**ラリー・コリエル**等エレクトリックギター奏者3人をフィーチャーしたアルバムで、ごりごりのジャズファンからはめちゃくちゃ評判が悪いらしく、だから、逆にオレはめちゃくちゃ楽しみにしていたのだ。幸いお店の客はオレ一人。いつものカレーライスを注文して、大音量でミンガスとコリエルの共演を聴く。う〜〜ん、どうなんだろう。いいのだろうか、これ。同じジャズミュージシャンがエレクトリック化した**マイルス**のバンドあたりは強烈にかっこいいと思ったけど、なんだか、このミンガスのエレクトリックアルバムは、野暮ったいなって思ったのが第一印象。ミンガス自身の今どきって感じのアンプを通したようなコントラバスの音色もなんだか残念な感じがした。これなら同じ曲をやっている60年代のアルバム『**ミンガス、ミンガス、ミンガス、ミンガス、ミンガス**』のほうが全然いいなあ。それでも、こんなに濃厚なジャズの中に、歪んだディストーションをかました電気ギターが堂々と入ってることが、なんだか嬉しかった。当時はジャズと言えば、おとなしい音色のポロポロ弾くものが正統とされていて、歪んでいるなんてもってのほかだったからだ。今聴いてみても感想はほぼ同じなんだけど、でも、ミンガスの最晩年、ラストレコーディングに近いこのアルバムの最大の魅力は、だれが入ろうが野暮だろうがなんだろうがミンガスは強烈にミンガスであり続けているってところなんじゃないかな。

　翌日6時、オレはギターを持って「ルビー」に行った。サイケデリックなペイズリー模様の膝まで裾があるようなシャツをラフにはおって、下は真っ白のパンタロンパンツ。バンド仲間の高岡くんにもらった唯一持ってるステージ衣裳だったんだけど、なにぶん夏服でめちゃくちゃ寒いうえに、残念なことにパンタロンの下は白のバスケットシューズで……なんと言ったらいいか。今でもそうだけど、オレはこの頃から服ってもんがまったく着こなせない。どう着ていいのか全然わからないのだ。

店にはまだ客もいなければホステスさんもいない。従業員が掃除をしているなか、白いエナメルの革靴に白スーツ、黒のYシャツに深紅のネクタイのリーゼントがドラムの席に着く。そうかドラマーだったのか。黒の上下に身を固めた入れ墨はベーシスト、冬なのにド派手なアロハシャツを来たガタイの良い色黒中年はピアノの席へ。バーバリーのじいさんはアルトサックスでバンマスだった。

「んじゃ、『**枯葉**』でもやるべ」

じいさんの一声で演奏が始まった。お、これならオレも出来る。サックス、ピアノの順番でアドリブが回ったあとはオレの番だ。昨日聴いたミンガスに触発されて、今日はディストーションペダルも持参している。得意気にディストーションを踏み込んでちょっとロックっぽく2コーラスほどアドリブをやってベーシストにソロを回して、ラストテーマをやって演奏終了。なんか上手く演奏できたような気がする。たぶんオレ、どや顔だったんじゃないかなあ。

「下手糞だけど、まあ、いっか」

バンマスが一言。すかさずドラムのリーゼントが、

「ジャズでディストーションはねえべ。おめえ、本気でプロになりてえのか」

「はい、なりたくて来ました」

「なりたくてって、そんな腕前で通用すると思ってんのか、まったく。1カ月、ただ働きのつもりで修業すっか？」

「はい」

あ、なんか、これ、『**あしたのジョー**』っぽいぞ。熱いぞ、熱いぞ。修業に耐えて、1カ月後には、

オレもプロってこと？

「よっしゃ〜」

オレは舞い上がった。嬉しくて、嬉しくてYに公衆電話から何度もダイヤルしたけど、出るのはいつもお母さんでYは不在。この時点で気づけよって話だけど、オレは、まったくなにも気づいていなかった。ってかさ、それ以前に、こんなんでプロになれるわけないじゃん。てか、もっと言うと、お前さあ、プロになりたいって、こういうことだったわけ……という突っ込み、今ならいくらでも出来るんだけどね。あ〜もう、なにが明日のために、その2だよ……。

COLUMN

まず、**チャールズ・ミンガス**（1922-79）から。ベーシスト、ピアニスト、作曲家にして、名バンドリーダー。『直立猿人』（1956、アトランティック）で名を挙げ、『ミンガス・アー・アム』（1959、コロムビア）、『黒い聖者と罪ある女』（1963、インパルス）など数々の名盤を残しました。人種差別に対して敢然と反抗を貫いたことや、度を越した癇癪持ちであったこともよく知られています。再評価の機運が高まってほしいなあ。

『スリー・オア・フォー・シェイズ・オブ・ブルース』（1977、アトランティック、**写真**）は、ミンガス晩年の作品で、ビッグバンド編成の中にラリー・コリエル（g、後出）をフィーチュアした、なかなか微妙なアルバム。今聴くと、いなたいけれどそこがカワイイ、という感じかな？ 50年代からジャズをやっていた人間には、電気楽器を使ったフュージョン全盛の70年代後半は、なかなかやりづらい時代だったのかもしれません。ちなみに、本作発表の前年、1976年にミンガスは来日しています。

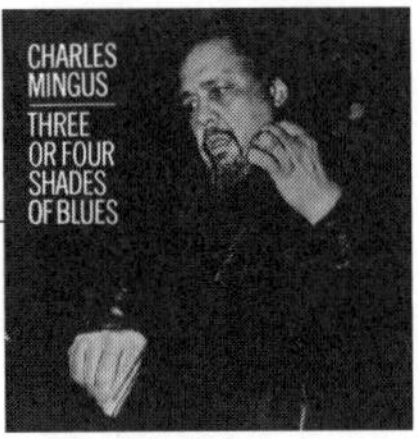

『ミンガス、ミンガス、ミンガス、ミンガス、ミンガス』（1963、インパルス）こと、通称「ファイヴ・ミンガス」は、デューク・エリントンへの敬愛に溢れたビッグバンド・アレンジが見事な名盤です。各メンバーの闊達な演奏も素晴らしい！ ちなみに、ここで大友少年が「同じ曲をやっている……」といっているのは、「ベター・ゲット・ヒット・イン・ヨ・ソウル」と、本作では「テーマ・フォー・レスター・ヤング」と改題されている「グッドバイ・ポーク・パイ・ハット」。さて、皆さんはどちらがお好きでしょう？

ラリー・コリエル（1943-2017）は、60年代からジャズとロックの融合に取り組んできたギタリスト。1970年に『スペイセス』（ヴァンガード）を発表、72年にはランディ・ブレッカーらとイレヴンス・ハウスを結成、リターン・トゥ・フォーエヴァーやマハヴィシュヌ・オーケストラと並んで、70年代のフュージョン・シーンをリードしました。ファンク色を強めた『アスペクツ』（1976、アリスタ）には、日野皓正が参加しています。クラシック作品に取り組んだ作品も少なくありません。

第34話 たまには道草を

高校時代に出会ったジャズ・即興系アルバム10選

連載を楽しみにしてるみなさん。本当に本当にすいません。今回は苦し紛れの閑話、道草話でございます。

え〜〜とですね、言い訳になっちゃいますが、あまりにも仕事が立て込んでしまって、落ち着いて書いてる時間がほとんどとれない1週間だったんです。そんなわけで、キャバレー・ルビーのつづき、まだ書いてません。っておまえ、こんな言い訳の文章書いてる時間があるんなら、続き書けや、おい……って意見もございましょうが、いやいや、サラサラ書いているように見えるかもですが、あれで、実は結構時間がかかるんです。なにしろ40年近くも前の話をひねりだすように思い出しつつ、欠けてるピースを埋めるために、多少のフィクションも考えねばならず、普段そんな文章書いたことのないオレには、結構大変なのよ。ゆるして〜。

ということで今回は、オレが高校時代に聴いてがつ〜〜〜んと衝撃を受けたジャズ・即興系アルバムの紹介を。あ、紹介の順番は順不同。おもいついた順番っす。

1　山下洋輔トリオ『up to date』（1975、日本クラウン）

まずはこれ。いやこれ、今聴いてもめっちゃかっこいいです。山下洋輔トリオの絶頂期と言っても過言ではない1975年4月28日に新宿厚生年金会館で録音された2枚組ライブ盤。メンバーは言わずと知れた山下洋輔（p）、**坂田明**（as）、**森山威男**（ds）。単に音楽だけじゃなく、ジャケットも写真も格好良くて、当時出た洋輔さんの最初の本『**風雲ジャズ帖**』とともに、高校時代のオレにとってはバイブルのようなアルバムでした。本書にはそのエピソードはあんまりでてこないけど、このアルバムに衝撃を受けて、高校生時代当時の紀伊國屋の裏にあった新宿PIT INNに洋輔トリオを見に何度も足を運んだくらい。いやね、洋輔さんや**タモリ**さんのいる世界も大好きだったんだけど、オレはなんでか**阿部薫**さんや**高柳**さんのいる、暗いアングラの世界に、ぐいぐいと引き込まれていったんですよねえ。

2　阿部薫『なしくずしの死』（1976、ALM）

阿部薫さんの話は、この連載にも度々出てきますが、オレにとっては、アルバム以上に、福島のパスタンで何度となく見たライブが衝撃でした。それも音楽が素晴らしくて衝撃だったんじゃなく、な

にしろオレには全然わからなくて、なのでわけのわからなさの衝撃とですね、毎回ほとんどお客さんのいなさ加減も衝撃的で、そんなわけで大友少年はいつもなんでここにいるのかクヨクヨ迷いながら見ていたんじゃないかな。高柳昌行との『解体的交感』はレアすぎて当時は見たことすらなく、実際に阿部さんの録音で手に入ったのは『なしくずしの死』と、あとは**ミルフォード・グレイヴス**との共演盤、**デレク・ベイリー**との共演盤くらいで、当時はそんなに熱心に聴いていたわけじゃなかったなあ。このアルバムをはじめてじっくり聴いたのは、阿部さんの訃報が入った日にジャズ喫茶の涅雅で。大友少年にとっては、ほんの少しではあったけど会話を交わしたことのある人の、突然の死のインパクトが大きかったんだってことなんだと思う。

3　高柳昌行ニューディレクション・フォー・ジ・アーツ
『インスピレーション&パワー』（1973、キング）

コンピレーションのライブアルバム『インスピーレーション&パワー』のなかの高柳昌行ニューディレクション・フォー・ジ・アーツの演奏が本当にものすごくて。メンバーは高柳昌行（g）、**井野信義**（b）、**山崎弘**（ds）、**ジョー水木**（ds）。もうあらん限りのノイズというか、本当に今聴いてももの凄い演奏。**副島輝人**さんが企画したコンサートのライブコンピのこのアルバム、ほかの人の演奏も全部素晴らしいけど、なによりもこの高柳さんの強烈な、お月さままで飛んでいきそうな演奏には本当に吹っ飛んだなあ。いまでもこの状態が音楽の最高の瞬間だと思ってる。

4　ソニー・シャーロック『Monkey-Pockie-Boo』（1970、BYG）

これも衝撃だった。もう、いきなり女の人が悲鳴みたいなのあげてるし、ギターがギョワンギョワン、グワングワンいってるし。今手元にないけど、当時はアナログ盤をもっていって、よく聴いてました。久々に聴いてみたいなあ。

5　日野元彦『流氷』（1976、Three Blind Mice）

フリージャズに深く深くハマる少し前、**日野皓正**の『**藤**』やこのアルバムをよく聴きました。『**流氷**』は**渡辺香津美**のギターがかっこよかった。たぶんそれがあって香津美さんの師匠でもあった高柳さんにたどり着いたんじゃなかったかな。この辺の音楽を深く追求したわけじゃないけど、今でも自分で曲を書いているときに、この時代の日本のジャズの曲調みたいなもんの影響が、うっすら残っているような気がして、自分にも少しだけその痕跡があるような気が勝手にしていて、だからこの辺の方たちと、ときどき現場ですれ違うと、今でもちょっとミーハーな気持ちで嬉しくなります。これも今聴くとどんな風に聴こえるのかな。

6 ソニー・ロリンズ『橋』（1962、RCA）

ジム・ホールを知る切っ掛けになったアルバム。このアルバムもそうだけど、ロリンズの音楽は本当に独特で、なんというか、うまくいえないけど、人間味があるような感じなんだけど、聴けば聴くほど、まったく何を考えてるのか全然見えない音楽とでもいうか。そんなところも大好きで、この『橋』だけじゃなく**『ヴィレッジ・バンガードの夜』**とか、**『ネクスト・アルバム』**にはいってる**「エヴリウェア・カリプソ」**あたりは今でも良く聴きます。

7 ジム・ホール&ビル・エヴァンス『アンダーカレント』（1962、Blue Note）

無人島に1枚だけ……と言われたときに、いつも答えるのがこのアルバム。人生史上一番何度も聴いているのがこのアルバムなんじゃないかな。こいつに出会ったのも高校時代。でも、本当に好きになったのは20代になってから。え？　お前の音楽と全然違うって。いや、もう違うのはわかってるけど、憧れなんです。20世紀に録音された音楽の中で最高の一枚だって思ってます。

8 デレク・ベイリー『solo guitar vol.1』（1971、Incus）

このアルバムの人生を変えるほどの衝撃については、本書にあるとおり。もう本当にわけがわからなかった。でも本当にこのアルバムの存在が、20世紀後半の音楽を大きく変えたといっても過言じゃないんじゃないかな。20世紀音楽というと、ことあるごとにジョン・ケージの衝撃を持ち出す人が多いけど、いやいや、こっちのほうがはるかにラディカルだとおもうんだけどなあ……って比べるもんでもないか。どっちもすげえや。少なくともオレにとっては、このアルバムに尽きるというか、ベイリーがいなければ、オレはまったく違う音楽をやってたかもってくらい、本当に大きな存在。

9 The Sextet of orchestra USA名義による『Mack The Knife』（1965、RCA）

エリック・ドルフィーと出会ったのはこのアルバム。**マイク・ズワーリン**が**クルト・ワイル**の名曲をアレンジし、その中の何曲かでドルフィーがものすごいソロを吹いている。高校のジャズ研の先輩だった大森くんの家で聴かせてもらったって話は、もう本書でしてますよね。高校1年の頃はたいしてジャズに興味がなかったんだけど、このアルバムのドルフィーの演奏が切っ掛けでジャズにハマって行くことに。

10　マイルス・デイビス『Get Up With It』（１９７４、ＣＢＳ）

この中の「レイテッドＸ」が最高に好きだったなあ。オルガンのクラスターに謎のビート。当時たしかテレビのＣＭでもエレクトリックマイルスが出ていたことがあって……たぶんＴＤＫのカセットのＣＭじゃなかったかな……マイルスがやたら格好良く見えてたんだけど、とりわけ、このアルバムが大好きだった。フリージャズではないけど、でも当時は「レイテッドＸ」がフリージャズと同じようなものに聴こえてました。

ということで、次回はちゃんと続き書きま〜〜〜す！

第35話

警察官とやくざと高校生

「赤本」こと『歌謡曲のすべて』（1978年　高3）

高校生にとって「赤本」といえば受験参考書のことだけど、今回はオレにとっての「赤本」はって話を。あ、ここまで書くと、ある年齢以上の方は左翼本とか、毛語録とかって勘違いする人もいるかもだけど、ノン、ノン、ノン、ノン。当時のオレは右も左もわからないアホ高校生ですから。

キャバレー・ルビーのバンドの仮採用が決まったオレは、毎日サイケデリックシャツを着て恥ずかしいくらい得意になっていた。

「オレもプロの仲間入りだ！」

とはいえ、実際のキャバレー・ルビーのバンドは、オレが夢見る音楽の世界とはかけ離れたものだった。アルトサックス奏者のバンマスのバーバリーの他に、もう一人テナーサックス奏者がいて、この人はなんと警察官。交通課の仕事が終わると、制服を脱いでサックスを抱えて店にやってくる。おまけに入れ墨のベーシストは現役のやくざだ。警察官とやくざに高校生がいるバンド。しかも演奏のほうは、高校生のオレからみても、正直微妙な感じだったのだ。いや、すいません、人のこと言えません。なにしろそんな中でもオレは図抜けて下手クソでしたから。それにしても、やれ**高柳昌行**だ、**阿部薫**だ、**山下洋輔**だ……なんていっていた高校生が、なんで、毎日のようにここに通ってたかといえば、前項も書いたように、みんなこの道をたどってプロになった……そう思い込んでいたからなのだ。

そんな中、ドラムのリーゼントさんだけは、なんだか演奏からも本気感がただよっていた。なにしろ彼は東京に出てドラムでやっていくことを夢見る若者だったのだ。

「オレもいつか東京で一緒にやりたいです」

あ～、もうオレ、何言ってるんだ。でも、リーゼントさんを見ていると、そんなことを言いたくなる雰囲気を持っていたのだ。そんなこともあって、いつのまにやらオレもリーゼントさんに気に入られて、彼のアパートに入り浸るようになり、その頃になると学校にもほぼ行かなくなってしまった。もう3学期だってのに。

リーゼントさんは、とにかく熱かった。箸にも棒にもかからないオレをつかまえて、本気でプロの心構えみたいなもんを毎晩熱く語ってくれた。

「いいか、オレはいつか東京でやろうって思ってっから。ここで終わる気はねかんな。お前も下みてないで、上を見ろ」

「まずはリズムだかんな。おまえ、もうちょっとリズムをなんとかしろ。いいか、これとこれ聴き較べてみろ。な、日本人のリズムは跳ねてっぺ。走ってっぺ。これじゃダメだかんな。例えば、こう叩くだろ……」

超熱いリズム講座は朝まで続くこともあった。オレはそんなのを聞いているだけで、プロの仲間入りが出来たような気がして、ちょっとだけ舞い上がっていたのだ。

でもである。実際にお店でやってる演奏は、最初にも書いた通り全然そんな感じじゃなかったし、リーゼントさんのドラムは確かに素晴らしかったけど、でも、東京のライブハウスで見るドラマーと比べてしまうと、そこまでだろうかって感じではあったのだ。それでも客のほとんどいない6時台は、ジャズのスタンダードなんかを自由に演奏出来て面白かったのだ。ところが、お客さんが来だす7時台になると、カラオケや社交ダンスの時間がはじまる。キャバレーだもんな、当たり前だ。当時はまだカラオケマシーンなんてなかったから、生バンドで流行歌を歌うってのが大人の遊びだったのだ。今考えると贅沢な話だ。当時はそんなわけでどこの地方都市にもバンドマンがたくさんいた。福島市も生バンドを入れているナイトクラブやキャバレー、スナックがたくさんあって、そんな中でも、6人編成のバンドを入れてジャズもやっているキャバレー・ルビーは高級な店だったのだ。

お店の女の子のレベルも高かった。いや、高校生だったオレには、香水とお化粧のお姉さんたちは、なんだか敷居が高すぎて全然対象外だったというか、会話したことすらなかった。え？　本当か？って言われそうだけど、いやほんまほんま。それに、バンドマンはお店の女の子に手を出しちゃいかんというきまりがあって、いや、いや、そういうきまりがあるってことは、そういうきまりをつくらないと、そうなってしまうってことではあるんだけど、でもまあ、実際この店ではバンドマンと女の子は楽屋も違うし、仕事中は話す機会が持てないようになっていた。ま、実際は裏でいろいろあったんだと思うけど、少なくとも、ペイズリーシャツを着ただっさい田舎の高校生の大友青年は、女の子からはまったく相手にされなかったなあ。ふん、いいもんねえ〜だ。オレにはYがいるもん。

あ、話がそれた。でですね、カラオケと社交ダンスの時間になると30分とか40分ほど演奏して、40分休んで、また30〜40分ほど演奏なんて感じを4回ほどくりかえすとちょうど11時過ぎになるって感じだったかな。その辺の記憶は不確かだけど、まあ、でもだいたいそんな感じだったと思う。で、このカラオケと社交ダンスのときのオレはというと、ジャズをやるときよりも惨憺たる情況だったのだ。なにしろ当時オレはコード譜くらいしか読めなくて、知らない曲の譜面をいきなり渡されて演奏みたいなことはまったく出来なかったのだ。

当時のバンドマンたちは、知らない曲でも、みなそれなりに「赤本」をみて伴奏を付けていた。「赤本」ってのはですね、辞典のような分厚い赤色表紙の本のことで、ここに過去から現在までのヒット曲の譜面が千曲以上出ていて、どこのキャバレーでも、バンドマン達はこの「赤本」の譜面を見て、知らない曲でもいきなり演奏していたのだ。正式名称は『歌謡曲のすべて』。たぶん今でも出てるんじゃないかな。譜面といってもスコア譜のように細かく書かれたものじゃなく、歌詞と主旋律のメロディ譜、コードに、イントロや間奏のメロディ、テンポとリズムパターンが簡素に書いてあるのみ。このシンプルな譜面だけで、バンドマンたちは器用にカラオケをこなしていった。「赤本」で「初見」がきかなければ一人前のバンドマンではないのだ。しかも単に「初見」ってだけじゃなく、歌う人によってキーも変えなくてはいけない。例えばその場でバンマスが、声質とか性別をみて、

「はい、4度あげて」

なんていったら、Cで書かれた譜面を脳内でFに変換して演奏しなくてはならない。コード譜を読むのですら精一杯だったオレには、ただでさえ知らない曲が来るとアウトだったのに、その上キーでも変わろうもんならまったく演奏できなかった。しょうがないから適当にアドリブでつけたりすると、

リーゼントさんにすかさずスネを蹴飛ばされて、耳元でお客さんに聞こえないように怒られた。

「わがんねときは、ボリューム絞って、弾いてるふりだけしろ！」

あ、「わがんね」は「わからない」の福島弁。「が」って書いてるけど、「か」と「が」の間くらいの鼻濁音。東北弁は鼻濁音が要《かなめ》なのだ。

それでも、当時デュエットの定番だった**「銀座の恋の物語」**あたりはまだうろおぼえでメロディが追えたからなんとかなった。やばかったのは全然知らない演歌とか歌謡曲とかだ。そしてもっとお手上げだったのは、**ピンク・レディー**やら**キャンディーズ**の曲だ。知っているってだけじゃなく、好きだったのに、キメやらなにやらが結構複雑で、バンドのメンバーたちもちゃんと演奏出来なかったけど、このあたりの曲を一番良く知っているはずのオレが全然上手く演奏できなかったのだ。くやしいから家で秘かにこの辺の曲の練習をしたんだけど、

「はい、んじゃ、4度あげて」

なんてやられると、もうわけが分からなくなって、まったく演奏不能になってしまった。


受験まであと1カ月もないというのに、オレは出席日数すら足りず、卒業できるかどうかもわからない状態で、その上、得意になって行き出した夜の仕事もまったくモノにならず、その上、Yともすれちがった状態がずっと続いていた。

そんなときだった、Yから一冊のノートが送られて来たのは。この一冊のノートにYの思いがつづられていたのだ。

第36話

Yのノート

ジム・ホール&ビル・エヴァンス『アンダーカレント』と「津軽海峡・冬景色」

（1978年　高3）

その日は大雪だった。外は40㎝を超える積雪で、福島市でここまで積もるのは珍しいことだ。

彼女から送られて来たノートには、海で拾った貝殻、押し花、バイトの給料明細、中学時代に手帳に書いたメモ、雑誌の切り抜き、バツだらけのテストの断片、チェルシーの包み紙、旅行に行ったときの記念切符、そんなものが各ページにコラージュされていて、そこに、そっと寄り添うように文章が書かれていて、そこに書かれた言葉自体も断片がコラージュされたようなかんじで、簡単には意味が了解できなかった。

大友くんに何かプレゼントしたかったんだ
でも何がいいかわからなくて
今、いろいろと気持ちが乱れてて、きっと乱れたノートになると思うけど、でも、もらってね最初のページにはそんな出だしで、はじめのうちは高1のときに行った旅行のこと、英語の先生のことなんかが書いてあったけど、でもページが進むにしたがって、オレは平常な気持ちでは読めなくなっていった。鈴木のことが断片だけど書いてあったのだ。

その日の夜も、オレはキャバレー・ルビーに出勤した。雪だってのに店は大繁盛で、ワンステージ目からカラオケタイムで、ただでさえカラオケタイムが苦手だってのに、ノートに書かれていたことが気になって、気になって演奏にはまったく身がはいらなかった。どこを演奏しているのかわからなくなるし、リズムもまったくグルーヴしなければ、コードも間違う。そのたんびにリーゼントさんがスティックでオレの背中をつっついて、

「おい大友！」

小声で怒鳴られる始末で、とうとう2セット目、常連客のおっさんが**「津軽海峡・冬景色」**を歌っている最中に、まったく演奏不能になって、うずくまってしまったのだ。

「どうした、大丈夫か！」

リーゼントさんが、客席から見えないようにかがみ込んで、心配そうに肩に手をかけながら覗き込んでくれている。オレ何やってるんだろ。しっかりしなくちゃ。そう思って立ち上がったときに、くるくる回るお店のミラーボールが目に入ってきて、なんだかやり場のない気持ちになって、呻《うめ》いてしまったのだ。

「ううううう〜〜〜〜〜」

津軽海峡を気持ち良さそうに歌っている常連さんが一番を歌い終え一瞬オレの方を振り向いたその

時だった。客席に入って来た例のエロじじいが見えたのは。いや、エロじじいってのはオレの誤解で、そんな人じゃないのは、もう充分わかっているんだけど、でも、だったらなんでキャバレーなんかに来てんだよ、エロじじい！　女の子といちゃついてんじゃねえよ！　ってこれ完全に八つ当たりだ。
オレは反射的にディストーションペダルを踏んでいた。踏むと同時にアンプとギターの間で爆音のフィードバックが起こって、そうなるともう自分でもコントロールがきかなかった。
グギャ〜〜〜〜ン
お店中に爆音のノイズが響き渡った。オレはそのまま全力でギターをかき鳴らしつづけた……って書きたいところだけど、でも現実はほんの1分、いや、いや、たぶん30秒にも満たなかったんじゃないかな。リーゼントさんがすぐにオレを押さえつけ、ベースの入れ墨さんがものも言わずにアンプの電源を切ると同時に見事な身のこなしでオレの腕をひねりあげてステージ裏の楽屋に引きずり込んだのだ。その間、わずか数秒。入れ墨さんの目配せと同時にリーゼントさんはドラムの席にもどりフィルを入れて津軽海峡の2番が始まった。客席からは、間奏の間ちょっとだけステージがハウリングでざわめいた程度にしか見えなかったんじゃないかな。ピアノのアロハさんがベースラインをうまく補っている。
♩ごらん、あれが竜飛岬、北のはずれと〜　♩
常連さんの歌う津軽海峡は、やたら民謡調に大袈裟にコブシが効いていた。
楽屋で二人きりになった入れ墨さんが無言でタバコを差し出してくれた。オレはというと、ソファーに奥深く座らされて……いったい、どんな動きで、ここまで連れて来られたのかもわからない感じだけど、とにかくソファーに深々と座らされていて、入れ墨さんが差し出すままにタバコをくわえ、火をつけてもらい、吸えもしないタバコを思いっきり吸い込んで、思いっきり咳き込んで……、

「すいません、オレ、タバコ吸えないんです」

入れ墨さんはものも言わず、オレがくわえていたタバコを自分の口にくわえなおし、深々と吸い込んで、天井を見つめている。怒られる、そう思ったけど、入れ墨さんの目は、なんだか優しかった。

「昔な、オレが演奏していた店で組の出入りがあってな」

はじめて入れ墨さんがオレに向かって話しかけてくれた。とにかく無口な人だったんで、話をするのはこれが初めてだったのだ。

「演奏している最中に目の前で組長が撃たれたんだよ」

低くてぼそぼそとした話し方だったけど福島訛りはほとんどなかった。

「震え上がってなあ、その場にかがみこんで動けなかった」

うつむいた目がかすかに笑っていた。入れ墨さんはタバコをくゆらせながら、ゆっくりと話を続けた。

「あのときもリーゼントがドラムでな。あいつ、まだ10代だったのに血相かえてオレをかばいながら、一緒に物陰にひっぱっていってくれたんだよ」

一度だけ、店でからんでいる強面《こわもて》のチンピラを入れ墨さんがモノも言わずに襟首をつかんでつまみ出したのを見たことがあって、そのときのドスの利いた様子からは震え上がっている入れ墨さんなんて想像もつかなかった。店のみんなも、いざというときには入れ墨さんを頼りにしている、そんな感じの人だったのだ。入れ墨さんはなんで突然こんな話をしてくれるんだろう。

「あいつ、いいやつなんだよ。ドラムのほうは、まあ、そこそこだけどな。ほれ、飲みな」

入れ墨さんは冷蔵庫にはいっていた缶コーヒーをオレのほうに投げてよこした。当時の缶コーヒーは、ありえないくらい甘ったるくて、いつもはちょっと苦手だったけど、でも何も言わずにオレは一気に飲んだ。

「うまい」

本当にそう感じたのだ。どのくらい時間がたっただろうか。津軽海峡はとっくに終わり、今はまた**「銀座の恋の物語」**が聴こえている。毎日3回は演奏することになるデュエットチューンの定番だ。

「あの、ステージ、戻らなくていいんですか」

「いいんだ、いいんだ。オレがいなくても、何の問題もないだろ。な。あっちの世界でも半端だったけど」

といって、入れ墨さんは、人差し指を頬にあてて傷のサインを出している。やくざの世界って意味かな。

「こっちのほうも半端なんだ」

といって、今度は照れくさそうにベースを弾くポーズをしている。

「な、わかるだろ」

「え、いや、あの、そんなことは……」

そこまで言って、オレも何も言えなかった。

「おまえ、まだ高校生だろ。みんな知ってるよ」

バレてたんだ。そりゃそうだ。でも、もう、そんなことはどうでもいいって気分だった。

「こういう世界にはむいてないんじゃないかな」

「えっ？」

「1カ月は見習いで修業なんて言ってたけど、お前のギャラ、バンマスがピンハネしてたの知ってたか」

なんとなくそんな気はしてたけど、でも、こんな腕前でお金なんてもらえないし、ステージに出れるだけで嬉しかったから、そのあたりは正直どうでもいいって気分だったのだ。

「こんなところにいちゃダメだ。みんなには言っておくから、今日はこのまま帰んな」

さっきまでの照れ笑いから一転、いつものドスの利いた入れ墨さんの顔に戻っている。

「え、でも……」

でももなにもなかった。静かだけど、ドスの利いたきっぱりとした口調だったのだ。

「明日、挨拶にくればいい。バンマスにもリーゼントにも言っておくから。みなが戻る前に帰れ」


入れ墨さんに追い出されるように店を出たオレは、雪の中、いつものジャズ喫茶に行き、いつものようにコーヒーを注文した。流れていたのは**ジム・ホール**と**ビル・エヴァンス**の**デュオアルバム**『**アンダーカレント**』。このアルバムが今日に至るまで最も多くの回数繰り返し聴くことになる愛聴盤になるなんて、このときは思ってもいなかった。ジャズギターのおとなしい音色は好きじゃなかったけど、でもなぜかこのアルバムのジム・ホールのギターの音色だけは大好きで、よく聴いていたのだ。

例によってジャズ喫茶の客はオレ一人。Yのノートをカバンから取り出して、何度も何度も読み返した。コラージュされた言葉の断片をつなぎあわせるように読んだ。

鈴木くんとあったのは夏休みの終わり頃で……
昔のことだけど
解決したことだけど
でも鈴木くんとの空間はなんだか栓をしめたら悪いみたいで
今でも忘れてなくて
そんな気持ちがときどき空回りするから
わたしの心の中にそんな不安が残ってるなんて
なのに大友くんと友だちになりたいなんて……
でも、それは悪いことみたいで、でも、大友くんと話したくて
だけど、どう話していいかわからなくて
わたしは、大友くんが思っているような女の子じゃないと思う

オレの読解力があっていればだけど、断片をつなぎあわせるとこんなようなことが書いてあって、謎のままだった鈴木の失踪のことはどこにも書いてなかったけど、でも、彼女が鈴木のことを今も引きずっているのは痛いほどわかり、さらに読めば読むほど、Yとオレとの時間の終わりについて書いてあるようにも思え、それに対してどう反応していいのか、高校生のオレにはまったくわからずで……。

「あの、すいません、もう一回アンダーカレント聴かせてください」

店のママに何度も何度もリクエストを出した。片面わずか15分、両面でも30分のこのレコードは、あっというまに終わってしまう。他のレコードを聴く気分になれなかったのだ。

日本海の海岸でひろった貝
わたしの宝ものだった
4こひろって
これがのこりもの
新潟の海岸には
小さな貝殻しかなかった
人なんていない
何もない静かな海だった
畑にはスイカがごろごろころがってた

ノートは貝殻が貼られたこのページで終わっていて、裏表紙に折り鶴が貼り付けてあった。なんとなく気になって、折り鶴を開いてみると、そこには英語で小さい文字でこんな文章が書かれていた。

言いそこなっちゃったけど、誕生日を祝ってくれてありがとう。うれしかった。
学校に全然行ってないみたいだけど、わたしは気にしてないよ。
だって大友くんは、高校3年間を後悔してないって言ってたもの。

きっとあなたは自分の道をみつけて歩いて行くだろうってわたしは信じている。

いつのまにか雪はやんで、満天の星空だった。オレは寒さで耳が痛くなるまで、星空を眺めていた。

COLUMN

「津軽海峡・冬景色」は、石川さゆり（1958-）のヒット曲。作詞は阿久悠、作曲・編曲は三木たかし。1977（昭和52）年にシングルとして発売され、2005年までに3回も再発されるほど息の長いヒットとなりました。東京での愛する男との別れを胸に秘め、雪の舞う中、青函連絡船に乗って北へ向かう女性の心情を歌った文学的な香り漂う歌詞は、さまざまな引き出しをもつ阿久悠にとっても文句なく代表作のひとつ。21世紀に入っても、あがた森魚、アンジェラ・アキ、山崎まさよし、小野大輔、岩佐美咲など、この曲をカバーする人は後を絶ちません。

ビル・エヴァンス&ジム・ホール**『アンダーカレント』**（1962、UA、**写真**）は、大友さんが本書第34話でも愛聴盤として挙げているアルバムですが、本文を読んでびっくり、その背後になんとこんな経緯があったとは！

ピアノのビル・エヴァンスとギターのジム・ホールのふたりが紡ぎ出すインタープレイは、まるで繊細なガラス細工のよう。一見素っ気ないようですが、いったん入り込むと、この世界がただならぬ緊張感に満ちていることがわかります。一度見たら忘れられないジャケット写真は、女性写真家トニ・フリッセルによる「湖中の女」。

ビル・エヴァンスは、マイルス・デイヴィス『カインド・オブ・ブルー』（1959、コロムビア）のセッションに参加したことで、ジャズ・シーンにその名を響かせました。ドビュッシーやラヴェルなどのフランス印象派的な和音をジャズに持ち込んで新しい表現スタイルを切り開き、『ポートレイト・イン・ジャズ』（1959、リヴァーサイド）、『ワルツ・フォー・デビー』（1961、リヴァーサイド）などの名盤を発表、後のジャズ・ピアノ界にはかりしれない影響を残しています。

エヴァンスとスコット・ラファロ（b）、ポール・モチアン（ds）からなるピアノ・トリオは、ジャズにおける「インタープレイ」（相互作用）を体現したものと評されますが、『アンダーカレント』はデュオにおけるその極致を示したものといえるでしょう。

第37話

さえないさえない浪人生活のはじまりはじまり〜

マリオン・ブラウン『Port Novo』とセロニアス・モンク『Brilliant Corners』

（1978年　19歳）

4月になった。受験した大学はもちろん全て落ちた。当たり前だ。それだけじゃない。そもそも高校卒業の単位もあやしくて、春休みは毎日学校に通い追試を受け、図書館に閉じ込められて欠席日数の穴埋めをしなくてはならなくて、でも、どうにか卒業だけはさせてもらった。担任の大内先生にはどれだけ世話になったことか。

2013年のことだけど、社会学者の開沼博さんが雑誌『アエラ』の取材でオレの過去のことをいろいろと調べてくれて、そのときに、大内先生にも会いにいったそうだ。幸い先生はオレのことを覚えていてくれて、

「大友くんはぐれていたわけじゃないし手のかかる生徒だったわけじゃないけど、学校にはあまり来なくなったし、ジャズ研で熱心にやっていたみたいだけど、まさか本当に音楽家になるとは思わなかったなあ」

とのことだったそうで、実際オレ、本当にそんな感じだったと思う。とりたてて音楽の才を発揮し

ていたわけじゃなかったし、勉強はまったく出来なかったしで、とにかくぱっとしなかったんだと思う。そのとき開沼さんが見せてもらった出席簿は本当に欠席だらけだったそうだ。高校のときの話をするときに、

「オレ学校あんま行ってなくて……」

なんてかっこつけてというか、多少面白く話を盛っているつもりで話していたけど、まさか、そこまで本当に行ってなかったとは思わなかった。ついでに当時の作文も出て来て、これがもうなんとも情けないくらいぱっとしない。自分にはやりたいことがあるけど、自信もないし、かといって勉強も出来ないし、いったい自分はどうすればいいのよ……なんてことが下手糞な文章で延々と書かれている。ぐじぐじと悩んでたんだろうなあ、17歳大友良英。

受験のときもバンド仲間の桑原くんやら中潟くんやらと、当時東京にあった親父が出張のときにつかう宿舎のアパートにみなで泊まり込んで、**クラフトワーク**はどうの、**ジャコ・パストリアス**はどうの、いやいや、そんなのより**ミルフォード・グレイブス**でしょう……なんてしょうもない論争を明け方までして、あわてて遅刻しないように受験会場にいってる始末で、これじゃ受かるわけがないよなあ〜。あ、思い出した。オレより一足先に東京に出て来た天才ドラマーの猫背先輩のアパートやら、サックスの大森先輩のアパートにとまりこんで受験に行った日もあったなあ。そのときも、朝まで音楽の話をしていたっけ。そもそも受験で猫背先輩や大森先輩のアパートに泊めてもらうってのが、間違ってるよな。これじゃ受かるわけもない。今と違って、ホテルに泊まるなんて想像もつかなかったのだ。とうとう3月の国立の電気通信大学受験のときは、どうせ受かるわけもないと思って、試験会

場にも行かなかった。ちなみになんでこの大学を受けようとおもったかというと、親父が出たからなんだけど、親父が出たからって、勉強しなきゃ受かるわけもないもんなあ。なんか本当に親には申し訳なくて……。

結局、オレは福島の予備校に通って浪人をすることにした。でも、これって、ここまで読んで来た人には「えええっ」って感じでしょ。だって大学とか言ってないで、さっさと東京に出て、音楽の世界に飛び込めばいいじゃんって話だもん。でもキャバレーでの挫折経験もあって音楽のほうは完全に自信を失っていたし、それ以上にYが福島の短大に進学したのも大きかったのだ。ふられるとわかっていたのに、てか、もうほぼふられていたのにYと離れたくなかったのだ。あ〜〜もう、とことんダメなヤツだったのよ、ほんま。

パスタンにて、左より、ベースの金井英人、高３のオレ、高柳昌行、ドラムの津田俊司。このときは、まだ高柳門下になるなんて想像もしていなかった

浪人中も予備校にはほとんど行かなかった。大学に入った彼女ともすれちがうばかりで、うまくいくわけがない。人生初の失恋だった。バンド仲間もおおかた福島を出てしまい、友人もなく、オレはほぼ毎日ジャズ喫茶でぼ〜〜っとするしかなかった。あれだけ大好きだったタモリのオールナイトニッポン

もすっかり聴かなくなり、ギターもテープレコーダーも家でホコリをかぶったまま。何もやる気がしなかった。高3の頃、毎月のように福島に来てソロライブをやっていたサックス奏者の**阿部薫**も、最近はすっかり来なくなってしまって、あのなんとも形容しがたい謎のライブを見る機会もなくなってしまった。

そんなある日、オレは例によっていつものごとくジャズ喫茶パスタンにいた。聴いていたのは**マリオン・ブラウン**と**ハン・ベニンク**の共演盤『Port Novo』。ベースは**マーティン・アルティナ**。それこそ、阿部薫さんに教えてもらったアルバムで、ハン・ベニンクの嵐のようなドラムを聴いていると、何も考えなくていいような感じがして、この時期よく聴いていた。阿部さんはどうしているのかな?また来て謎なライブをやってくれないかな。ぼや〜んと、そんなことを考えていたら、いつのまにかこのアルバムが終わって**セロニアス・モンク**のアルバム『Brilliant Corners』。これも大好きなアルバムだった。とらえどころのない無骨な冒頭が特に好きで、お、きたきたきたなんてイントロを聴きながら思っていたそのときだ。

グギギギギギ……。

激しい針飛びの音と同時に突然体をゆすられるような衝撃を受けたのは。生まれて初めて経験した巨大地震だった。福島市の震度は5。今で言えば震度5強くらいだったと思う。震源は宮城県沖。店の食器は落ち、巨大なJBLのスピーカーがものすごい勢いで左右に動いている。東日本大震災のときのような周期の大きい揺れじゃなく、もっと激しく揺すぶられるような感じだった。揺れがあまりに強くてオレは椅子から立てずに、座布団を頭に乗せて、ひたすら揺れがやむのを待った。待ちながら頭の中で、このまま天井が落ちて死んでもいいやって思ったり、でもやっぱ痛いのは嫌だなあ……

とか、これでYに「大丈夫だった?」って電話出来るかもとか、本当にしょうもないことしか考えてなかった。

この宮城県沖地震、高校を出てすぐの4月中旬くらいってのがオレの記憶だったんだけど、今調べると1978年6月12日夕方5時過ぎだそうで、ちゅうことは、オレ高校を出てから2カ月以上もたっていて、どうもその間の記憶が全然ないのだ。失恋の痛手がどんだけだったか知らんけどさ、ぼ〜〜っとしてるにもほどがあるってもんだ。

さすがにぼ〜っとしているオレでも、店の人たちの無事を確認して、すぐに自転車に飛び乗って家に向かった。家に戻る途中、古い木造の家が何軒か倒壊しかかっていたり、瓦や塀が崩れているのを見て、こんなオレでも家のことが心配になった。なにしろ木造の、あんまり作りのしっかりしてない家に住んでいたからね。自転車のペダルはいつもの何倍ものスピードになっていた。

「お袋〜、弟よ〜、生きてるか〜」

玄関をあけると、熱帯魚の水槽が崩壊したり、部屋の蛍光灯がおちてガラスが飛び散っていたりと一見惨憺たる情況だったけど、それ以外は大きな被害もなく、家族もみな無事で、一安心と思ったのもつかの間、お袋が一言、

「珍しいこともあるもんだねえ、あんたがこんなに早く帰ってくるなんて」

あはは、まったくね、もう二の句もつげないや。

福島市は一部古い家屋が倒壊した以外は幸い大きな被害はなかったけれど、その日から数日間は毎晩のように、遠くから余震の重低音が聞こえてきて、これは怖かった。どうやればこんな重低音が出るんだろう。いったいどれだけの距離、この音は届くんだろう。こんなのに較べたら音楽の音なんて

とるに足らないんじゃないか。いやいや、それどころか、浪人とは名ばかりでなんもしてないオレこそ、本当にとるに足らないんじゃないか。あ〜、もう10代の男子ってのはほんとうにバカというか、そんな自覚もないままに面倒くさいもんなんです。阿部薫のライブが見たいなあ。**高柳昌行**のあのわけのわからないお月さままで音が飛んで行きそうな轟音ライブ、また見てみたいなあ。毎月のように阿部さんが来ていた頃は、なんでオレ、こんなのを毎回見ているんだろうって思っていたくせに、どういうわけか、無性にわけのわからないものを見たくなっていた。

COLUMN

う〜む、クラフトワークにジャコ・パストリアス、ミルフォード・グレイヴスか……。このてんでんばらばらぶりが当時の音楽シーンの様子を物語っているようですなあ。

クラフトワークは、ラルフ・ヒュッター（1946-、k、fl）とフローリアン・シュナイダー（1947-、k）を中心としたドイツのテクノポップ・バンド……といいたいところですが、彼らの代表作がリリースされたころはそんなことばはなかったし、そもそも1970年にデビューしたころの彼らは、ライヴ・エレクトロニクスを使った即興演奏を展開するバンドだったのです！

それはともかく、彼らは1974年に発表した『アウトバーン』（フィリップス）で、シークェンサーによる自動演奏を中心としたポップ・ミュージックに方向転換、反人間主義的なコンセプトがイーノやデヴィッド・ボウイなどから注目を集め、YMOを含むエレクトロ・ポップに多大な影響を与えました。2009年にフローリアンは脱退しましたが、バンドは現在も活動を続けています。

ジャコ・パストリアス（1951-87）は、ズバリ、ベースのエラい人。75年にソロ『ジャコ・パストリアスの肖像』（Epic）を発表するとともにウェザー・リポートに参加。卓越したテクニックと歌心でベースをリズム楽器という軛《くびき》から解き放ったジャコは、瞬時にフュージョン・ベーシストの第一人者になったのでした。しかし、82年にウェザー・リポート脱退以降には、残念なことに心身ともに調子を崩し、87年に早すぎる最期を遂げてしまうことになります。

ミルフォード・グレイヴス（1941-）は、偉大なるドラマー／パーカッショニスト。60年代初頭からジュゼッピ・ローガン・カルテットなどでの活動を開始、イディオムや常識にとらわれないドラミングが注目を集めました。77年には初来日、吉沢元治、高木元輝、土取利行、近藤等則、阿部薫といった日本のミュージシャンたちと録音した『メディテーション・アマング・アス』（Kitty）では、奔放かつ感動的なピアノを聞かせます。ドラムを通じて人間全体への洞察を進めてゆきますが、その一端には、『間章著作集Ⅱ〈なしくずしの死〉への覚書と断片』（月曜社）所収「ミルフォード・グレイヴス・コレクティヴ」でふれることができます。2016年に久しぶりに来日公演を行いましたが、本当に素晴らしかったです！

マリオン・ブラウン（1931－2010、as）は、もともとフリー・ジャズ畑のミュージシャンで、ジョン・コルトレーンの『アセンション』に参加していることでも知られています。なんとなく不器用そうでいながら、確かな「声」をもっているのが魅力で、後に発表する『ヴィスタ』（1975、インパルス）のような聴きやすいアルバムでも、その点は一貫しています。晩年には、大学で民族音楽学を講じていました。

『**Porto Novo**』（1969、Polydor、**写真**）は、ブラウンがパリに住んでいたころにオランダで録音した5枚目のアルバム。こってりした内容です！　共演のハン・ベニンク（ds）については、第31話のコラムをご参照のほど。

マーティン・アルテナは、アムステルダム音楽院出身の実力派ベーシスト・作曲家。デレク・ベイリーの主宰した「ミュージシャンのプール」、カンパニーの初期メンバーでもありました。近年は、作曲家としての活動の方がメインになっているようです。

セロニアス・モンク（1917－82）は、奇才すぎることで知られるピアニスト・作曲家。強いアタックや鋭い不協和音の使い方、メロディや和声に対する独特な感覚、さらには演奏中にピアノを離れて踊りだしたりなど、常人離れしたセンスで音楽界に驚きを与え続けました。

その一方で、「ラウンド・アバウト・ミッドナイト」「ブルー・モンク」を始めとする、美しいスタンダード曲を数多く生み出しているところが、またすごい。あまりに謎すぎて研究の方が全然追いついていない、今なお「来るべき」ミュージシャンのひとりといっていいでしょう。

『**ブリリアント・コーナーズ**』（1957、リヴァーサイド）は、ソニー・ロリンズ（第27話参照）やマックス・ローチ（1924－2007、ds）も参加した、モンクの代表作の一つ。タイトル曲での、4小節単位に縛られない構成や、いったんテーマが演奏された後、今度は倍速で演奏されるというアイディアなどは、今聴いても度肝を抜かれるくらい斬新です。

第38話

阿部薫が死んだ

阿部薫『なしくずしの死』
（1978年　19歳）

1978年9月9日**阿部薫**が死んだ。最初に知らせを聞いたのは、たまたまその日行ったジャズ喫茶「涅雅《ネガ》」のママからで、たぶん翌10日か11日のことだったと思う。お店にはいつものように誰もいなくて当時入手出来た阿部薫の唯一のアルバム『**なしくずしの死**』が流れていた。2枚組のライブ音源で、アルトサックスとソプラノサックスのソロのみ。ママとふたりでただただA面からD面まで一気に黙って聴いていた。

阿部さんをはじめて見たのは高校2年だったかな。3年になっていたかな。

場所は福島市の国道4号線のバイパス沿いにあったジャズ喫茶の「パスタン」。30人も入れば満員になるくらいの小さな喫茶店だ。ここで、毎月のように、多いときには月に2回ほど、阿部薫のソロライブが行われていて、オレは、ほぼ毎回のように足を運んでいた。もういろいろなところで何度も書いているんで、聞き飽きてる人もいると思うけど、最初、阿部薫の音楽はさっぱりわからなかった。

わからないのに、なぜか通ってしまった。パスタンのママに、音楽やりたいなら阿部さんを聴かなきゃダメよって言われたからってのもあるんだけど、それ以上に、ときどき阿部さんがオレに声をかけてくれるのが嬉しかったんだと思う。彼はライブのない日もパスタンにいることがたまにあって、そんなときは、ぼ〜〜っと遠くを見つめるような目で、高校生のオレにも話しかけてくれたのだ。大人が、しかも名の知れたミュージシャンが、まったく対等にオレに声をかけてくれて、それが嬉しかったんだと思う。

「**マリオン・ブラウン**のこのアルバム知ってる？　ここでドラムを叩いてる**ハン・ベニンク**がすごいから聴いてごらん」

実際ものすごいアルバムだった。阿部さんの音楽はわかりにくかったけど、でも、彼が勧めてくれるアルバムはどれもすごいもんばかりだった。

伝説のフリージャズサックス奏者として後々映画にまでなったりした阿部薫だけど、当時、福島でのライブは、ほとんどお客さんは入ってなかった。オレを含め多くても数人。オレともう一人だけって日もあった。サックスソロはもちろんだけど、ときにはお店にあったドラムセットを使ってソロするとか、ピアノをむちゃくちゃ弾くとか、雑誌を叩くだけとか、

「君のギター、貸してくれる」

ってな感じで、当時オレが使っていたヤマハのフルアコのギターをアンプにつないで、15分間ひたすらフィードバックするだけとか、いや、今思えばですね、今現在のオレがやっているようなことと似てなくもないんだけど、てか、たぶんノイズと呼べるようなものをステージで聴いたのは阿部さんのこのフィードバックギターがはじめてだったような気もするんだけど、でも、当時は、本当に全然

わからなかったなあ。それでもサックスはさすがに凄いなって思えたけど、ドラムとかギターとかピアノは、ただメチャクチャやってるだけというか、下手糞に聴こえて、それに、雑誌叩くとかは、もう理解不能で……。ただ、なんとなく阿部さんの出で立ちが格好良く思えて、そんな姿を見て、早く大人になりたいなって思ってたんだと思う。

そんな感じだったもんだから、阿部さんのライブには、彼女を誘えないばかりか、ジャズ研の仲間や、ほかの音楽仲間も誘わなかった。というか、誘えなかった。だって自分でもいいとは思ってないんだもん。思ってなかったんだけど、でも、なんかひっかかってしまって、結局は毎回、毎月のように一人で行っていた。そこで、阿部さんと一言二言、言葉をかわすだけで、なんか嬉しかったのだ。

「涅雅」で『なしくずしの死』を聴いたあと、オレは「パスタン」に向かって自転車を走らせた。まだ夏の余韻が少しだけ残っている、そんな夜だった。

「阿部さんのこと、聞きました」

ママは黙ってコーヒーを入れてくれた。このとき、いったいどんな会話をママとしたのか、ママの息子さんで阿部薫の映像をとっていたススムくんも、その場にいたと思うけど、なんともいえない表情をしていたママの姿以外は、まったく思い出せなくて……。幼少期におじいちゃんが死んで以来、身の回りで人が死ぬという経験をしたことのないオレは、このとき、「死」というものをどう受け入れていいのか戸惑っていたんだと思う。いや、今だって「死」を前にすれば戸惑うしかないし、いつまでたっても慣れるようなもんじゃないけど、でも当時は、本当にどうとらえていいのかわからずで、自分の感情というよりは、このときのママから伝わってくるなにものかを感じ取ろうとしていただけなのかもしれない。

　阿部さんの葬儀からもどってきたママから、斎場に**坂本九**が来ていたことを聞かされたのを今でも覚えている。阿部薫の母親の弟が坂本九、つまりは叔父にあたるそうで、一緒に育ったとのこと。個人的には子どもの頃一番好きだった歌手と、思春期に強い影響を受けた即興演奏家というか、いや、個人的ってことじゃなくても、日本を代表するオーバーグラウンドのポップスシンガーと、日本を代表するアンダーグラウンドの前衛音楽家が、同じ場所で幼少期から一緒に育っているって話は、相当に興味深いことなんだけど、でも、当時はそんなことに強い興味を持つこともなく、そういえばほんの少しだけ顔が似ているかもって感想しかなかったなあ。テレビの中でいつも笑っていた坂本九に対して、パスタンで見た阿部薫はいつも薄目で世界を斜めに見てるような独特な表情だった。


　それからしばらくの間、オレはぽつんとしていた。一人でジャズ喫茶にいる時間がやたら多くなったように思う。ときどき顔を出していた高校のジャズ研にもすっかり行かなくなっていた。いつまでも出入りしていては後輩たちに悪いなって思ったのもあったし。

「やっぱり、オレ、音楽をやりたい。阿部さんみたいに……」

　ジャズ喫茶の巨大なスピーカーの前で漠然とそんなことを思うようになっていた。全然わからなかった『なしくずしの死』が、少しだけわかるような気がして来た。パスタンに残っていた阿部さんのソロライブの映像もススムくんに度々見せてもらっていた。実際に見ていたときにはわからなかったことも、少しだけだけどわかるような気がしてきた。いや「わかる」とか「わからない」って言い方はなんか違うなあ。なんというか、前と違って、体に入ってくるような感じがしたのだ。

「阿部さんは何を考えていたんだろう。即興ってなんなんだ？」

人が死ぬと、いつも宿題が残されるようなそんな感じがしていて、阿部さんの死が、オレにとっては最初の宿題だったような気がするのだ。

オレはないアタマで、パスタンや涅雅に置いてあったミニコミやジャズ雑誌の**間章**さんやら**清水俊彦**さん、**高柳昌行**さんなんかの文章を読んだりしながら考えだしていた。ひたすら考えてみたけど、阿部さんの演奏以上に、間章の文章はもっとわからないし、高柳さんの文章はおっかないし、そもそも漢字が多すぎて、読めない字だらけで、なんかすごそうなことが書いてあるような気はするんだけど、やっぱり全然わからない。きっと大人になったらわかるんだろうと思っていたけど、あれからずっと考えつづけてはいるんだけど、今読んでみても、う～ん、やっぱ基本の感想は変わらないかな……なんて挑発的なこと書いたら真面目な音楽ファンに怒られちゃうかな。いや、あれから何十年もたって自分自身が彼らより年上になっているのに、やっぱり今読んでもおっかないなって思うのだ。もちろん間さんも高柳さんも当時はまだ若かったってことや時代背景を考えるとわかることもたくさんあるし、そこが魅力でもあり、かなりの部分においては至極真っ当なことが書いてあるなとも思うんだけど、でも高校生のときにわからないなりにも感じた違和感のようなものやおっかなさのようなものから、オレは始まっているのかもしれないなとも思うのだ。だからその違和感は忘れたくないなとも思うのだ。あ、なんかすいません、生意気なこと書いて。これって、父親とかに抱くような何かに近いのかな。でも、これだけは言えるんだけど、このときにオレが勝手に阿部さんから受け取った宿題は、その後、今に至るまで、ずっと自分の中にありつづけているような気もするのだ。

秋もすっかり深まってきたってのに、オレは相変わらず予備校に行くこともなく……ってか、この連載に予備校の話がほとんど出てこないことでもおわかりの通り、高校出てからの数カ月というもの、ジャズ喫茶に通う以外、オレはなんにもしてなかったような気がする。もう大学とかどうでもいいや。Yのノートのことが再び気になりだして、何度も何度も読み返していた。彼女の言う「自分の道」ってなんなんだろう。オレは本当にそんなものを見つけられるのかな。

COLUMN

さあ、ここまで何度も名前が出てきた阿部薫について、ご紹介するときがいよいよやってきました！

阿部薫（1949－78）は、夭逝のアルトサックス・プレイヤー。まさに血を吐くがごとき壮絶な即興が一部に熱狂的なファンを生みました。そのプレイの激しさは、高柳昌行とのデュオ『解体的交感』（第26話参照）を聴くだけでも十分に伝わってくるでしょう。「ぼくは誰よりも速くなりたい／寒さよりも、一人よりも、地球、アンドロメダよりも」という気迫に満ちたことばを残してもいますが、そのせいで命を縮めたというべきか、睡眠薬の過剰摂取により29歳で亡くなりました。作家・女優だった妻・鈴木いづみ（1949－86）との破滅的な恋愛も語り草ですが、マネしちゃダメよ！

　阿部薫と共演した人には、前述の高柳昌行、坂本龍一、近藤等則、ミルフォード・グレイヴス、デレク・ベイリー、吉沢元治、豊住芳三郎、交流があった人には、三上寛、劇作家・演出家の芥正彦、竹田賢一など、綺羅星のごとき顔ぶれが並びますが、特に第31話のコラムでもご紹介した特異な音楽批評家・オーガナイザーの間章との関係は忘れられません。共同作業をしつつも、相手が緩んだら即座に切り捨てる覚悟でつきあい続けた二人は、盟友というよりライバルだったのかもしれません。

　阿部薫がたどった人生については、『阿部薫 1949～1978』（文遊社）にくわしく触れられています。生き方があまりに苛烈であったために、伝説を求めるファンもまた多いんですが、ミュージシャンとして何をやろうとしていたかもきちんと見ておく必要があるはず。新垣隆さん（p）とのデュオ『N／Y』（2015、Apollo Sounds）でも知られる吉田隆一さん（bs）によりますと、阿部薫は音の出し方、コントロールの仕方が非常に巧みなのだとか。こうした面からの再評価、あるいは研究が進んでいくことを期待したいですね。

　生前にリリースされたソロ・アルバムは『**なしくずしの死**』（1976、ALM、**写真**）くらいでしたが、没後に『彗星パルティータ』（1981、Trio/Nadja）ほか、膨大な音源が発表されています。

第39話

はじめての水餃子

喜多郎『シルクロード』（1978年　19歳）

今、コンサートで北京にいる。はじめて中国の地を訪れたのは学生時代の1981年だから35年前。まだ街には人民服の人がたくさんいた時代だ。まさか、それからわずか12年後の1993年に映画音楽家として中国でデビューすることになるなんて夢にも思っていなかったし、それどころか自分が音楽家になれるなんて当時はとても思えなかった。そして、そんなこと以上に、中国にアンダーグラウンドシーンが出来て、ノイズをやる人もたくさん出てくること自体120%想像がつかなかった。当時は日本でもノイズなんてコトバがかすかに一部で出てきたばっかりだったけどね。中国はといえば、やっと外国人が入れるようになりだして、でもポップスもジャズもロックも、まったく存在しない世界だったのだ。たかだか三十数年で、驚くくらい世界は変わる。世界が良くなっているのか、悪くなっているのか、オレにはまったく判断出来ないけれど、でも別の星なんじゃないかってくらい世界は変わりつづける。オレの子どもの頃の日本を考えてみても、もうあの世界はどこにもなくなってしまったもんなあ。

中国にはじめていった1981年から遡ること3年前の1978年、オレは福島で名ばかりの浪人生活をしていた。この時点では、自分が中国と縁が出来るなんて、まったく想像してなかったけど、あるとき、ジャズ喫茶パスタンの数軒先に中国から帰国した残留孤児だったおじさんが中華料理屋を開いたのだ。これが最初の中国との縁といってもいいのかな。見た目はなんだかみすぼらしくて、僕らが知ってる赤い看板の中華料理屋とはちょっと違う。白い壁に手書きの漢字で餃子と書いてあるのみで、今考えるとちょっと前の中国にはこんな店がたくさんあったけど、でも福島でそんな店を見るのははじめてだったのだ。どうやら中国東北部の本格的な餃子を食べさせてくれるらしい。早速バンド仲間の中潟くんとその店に行ってみた(あ、記憶では中潟くんなんだけど、もしかしたら岩崎くんとか竹島くんだったかも、間違ってたらごめん)。いやね、ちょうどその頃NHKあたりで中国のドキュメンタリー映像が流れ出していて、どうやら僕らが想像してるような中国と、本物の中国はずいぶん違うのかもなんてことがわかり出して、本物の中国の味がどんなものか興味があったのよ。当時の僕らが想像してる中国ってのは横浜の中華街みたいなあんな感じで、だから人民服を来た人たちが大量に自転車に乗っている北京を映像ではじめてみたときには、本当にびっくりしたのだ。

その数カ月後にNHKではじまった『シルクロード』のサントラは、それまでのありがちな中国のステレオタイプな音楽やら、実際の現地の音楽ではなく、**喜多郎**の手によるシンセサイザーだけで作られたもので、ドキュメンタリーのサントラとしては新しいものに聴こえたなあ。それ以来、中国奥地の風景を映像で見ると、どうもあの音楽が聴こえてきてしまって、それはそれで、自分の中に新しいステレオタイプを作ってしまったのかもしれないんだけどね。ちなみに、あれだけシンセ好きだったオレは、どういうわけかこの頃になると、まったくシンセに興味がなくなって、おまけに当時はメロディアスな歌い上げるものに軽い嫌悪を覚えていたこともあって、喜多郎の音楽にもいまいち興味がもてなかった。それに、この音楽を聴いて中国って本当にこんななのかなと疑問に思ってしまったのだ。こんな耳なじみのいい世界なわけはないいんじゃないかなあ。

話を浪人時代の餃子に戻すとですね、当時の高校生が知ってる中華料理なんて炒飯にラーメン、餃子に酢豚ってあたりがせいぜいで、ラーメンが日本で変化した日本式の中華料理だったなんてことは、もちろん知るわけもなかった。お店に入って僕らが注文したのは餃子一皿のみ。いやね、本当は炒飯とか、いろいろおかずとかも注文したかったんだけど、なにぶん浪人の身、お金があるはずもなく、ってか、あったらそれはジャズ喫茶に行く金に使いたく、なのでビールすらも注文しなかった。でも、本物の餃子がどんなものか食べてみたかったのだ。テーブルが三つだけの小さなお店にいるのは、餃子を一皿だけ注文した僕ら浪人生だけ。夕食どきなのに全然客が来ない。なんか嫌な予感。待つことおよそ15分、小さなお皿に載ったまっしろな餃子が僕らの前にやってきた。ん？　焼いてないぞ。ってか少し水っぽくないか。今考えると、それは水餃子なんだけど、焼いてない餃子を見るのは初めてで……それだけでも衝撃だった。違うもんを楽しみにしていたけど、違いすぎて餃子って認識がまずは出来なかったのだ。当時の福島の未成年なんて、そんなもんだった。

「このタレ、つけて食べてください」

おじさんの日本語は少しだけつたなかった。つたない日本語を聞くのが、ちょっと辛く感じられたのは、当時中国残留孤児のニュースをたくさん見たからだと思う。なんとなく気分が落ちはしたんだけど、でも腹も減ったし、まずはタレにつけて、水餃子を食べてみた。その瞬間だった。

「お口にあいませんか？　日本の中華と、むこうの中華、少し違うんです。わたしにはわからないけど、日本の人の口にあわないかもしれない。だから本当のこと言ってください。これから日本人にあうよう、味、工夫します」

一口目で、たぶん僕らは微妙な顔をしたんだと思う。なのに、咄嗟に僕らは、

「おいしいです」

そう答えてしまったのだ。でも、本当は美味しく感じなかった。いや、もしかしたら今食べたら、美味しいのかもしれない。今でこそ中国だけじゃなくいろんな国にいっていろんな料理を食べて来て、だから今なら自分の予想と違うものが出て来てもそれを楽しめるし、自分自身の感覚で美味しいかどうかはっきり判断できるんだけど、当時は、そんな発想も言葉も持っていなかったし、そんな舌も持っていなかった。予想外のものを期待していたくせに自分の知ってる餃子と違いすぎて、まずいとしか思わなかったのだ。これじゃ喜多郎の音楽にケチつける資格なんてまるでないじゃんって話だ。それなのに、苦労されて日本に戻ってきたおじさんに否定的なことを言っちゃいけないんじゃないか……そんな気遣いだけはあって、で、咄嗟に「おいしいです」を言ってしまったんだと思う。今考えると、もしかしたらこの店に来た大人たちも同じようなことしか言えなかったのかもしれない。だからおじさんが僕らに「本当のこと言ってください……」って言ったんじゃないだろうか。「本当のこと言ってください……」は切実な叫びだったのだ。でもね、そんなこと未成年がいわれても、もちろんちゃんと答えられるわけがない。でもって、考えれば考えるほどこれって実はすごく根深い話のような気がするのだ。

このときの微妙な感じ、そしてちゃんと対応出来なかった自分の微妙さみたいなものが、この先、

今日に至るまでずっと出会い続けることになる未知の文化との関係を作る際の、ある種原点のような気がするのだ。原点なんて書くと、大抵は、ポジティブな、いいことの根っこみたいなことを言うんだけど、この原点は、むしろネガティブというか、そんなことを二度としちゃならないぞって意味の原点。自分の知っている文化とは違うものに出会ったときの想像力みたいなものと、それを果敢に自分の経験の中に落として行く姿勢がまだなかった頃の、つまりは自分の原形みたいなもんの中には、慣れ親しんだもの以外は受け入れたくないなって無意識な気持ちが働いているわけで、さらにタチが悪いことに、中途半端な知識で、自分の所属する社会の歴史がもつ負い目みたいなものもうっすら感じてた上で気遣いの皮をかぶって咄嗟にウソをついたわけで……だって、僕らはその後、その店には二度といかなかったんだもん。それって美味しく思わなかったってほうが正直なところなのだ。これ、もしかしたら、日本がやってきたことそのままじゃんみたいな。

こんな残念な感じが、未知の文化との遭遇の出発点だったってことなのだ。でもこのときは、そこまでは考えたわけじゃなく、ただただ、ひたすら後味が悪かった。いや餃子の後味じゃなくて、ウソをついてしまったことの後味が。オレはいったい何に気遣ったのか。せっかく店を出した不幸な生い立ちのおじさんに対してなのか、それを引き起こした日本に対してなのか。これって、深く深く考えると、自分の中にある差別感情のようなものと無関係ではないかも……ということにも後々思い至るんだけど、そんな話は、またいつかすることにしよう。いまでこそ、言葉が通じないようなところにも平気で行くし、まったく文化が違う人とも仕事をしたりするけれど、実は自分の原点というか原形は、残念なくらいオープンなものではないって話だ。

ちなみにこれとちょっと似ているのが他人の家の匂い。10代までは、あきらかに他人の家に自分の家とは違う匂いを感じていて、しかも、それがとても苦手で、長居することが出来なかった。いや、長居は出来ても、泊まりたくはなかった。いつのころからだろう、他人の家の匂いが気にならなくなったのは。ある時期からはずうずうしく平気でご馳走になり平気で泊まるようになって、それが日本だけじゃなく世界中どこにでも泊まれるようになって、ま、最近は疲れるからなるべくホテルに泊めてもらうけどね。食べ物だって、ガキの頃は好き嫌いが激しかったのに、今は世界中どこでもぱくぱくとよく食うようになって。

今回も北京でいろんな味の水餃子をたんまり食べたけど、そもそもそれが異文化の味とすら思わなくなって、これって無神経になったってことなのか、それとも多様な文化の中で生きていけるようになったってことなのか、あるいは単に慣れたってことなのか。でも、どっかであのはじめての水餃子のときのような気持ちに二度となりたくないなって思っていたような気もするのだ。今、もう一回、あのときの餃子を食べたらどんな味がするんだろう。今度は、ちゃんと正直に感想が言えそうな気がするんだけど、どうかな。もし本当にまずかったら、やっぱ言いにくいか。世界はずいぶん変わったけど、オレはどんだけ変われたのかな。

き、喜多郎ですか……。なんか癒される〜、とかだけでなく、学校のお弁当の時間にかかってたとか、リコーダーで吹いたとか、組体操のときに使われてたとかで思い出される方も多いみたいですね。

『**シルクロード**』は、1979（昭和54）年から80年にかけて、日本と中国とで共同制作されたドキュメンタリー番組で、喜多郎のシンセサイザーによるほんわかしたテーマソング（**写真**）と相まって、日本じゅうにシルクロード・ブームを巻き起こしました。『シルクロード（絲綢之路）』（1980、ポニーキャニオン）ほか、アルバムもたくさん出ています。

喜多郎（1953-、k）は、もともと『地球空洞説』（1975、日本コロムビア）などで知られた日本のプログレッシヴ・ロック・バンド、ファー・イースト・ファミリー・バンドのメンバーでした。『多元宇宙への旅』（1976、日本コロムビア）の録音時に、プロデューサーを務めた元タンジェリン・ドリームのクラウス・シュルツェ（1947-、k）と出会い、シンセサイザーの面白さに開眼したとか。1978年の『天界』（ビクター）を皮切りに数々のアルバムを発売、前述のシルクロード・ブームでお茶の間にまで知名度を広げた後は、アメリカやヨーロッパにも進出して、グラミー賞を受賞するなど、順調な活動を続けています。

まあ、シンセサイザー・ミュージックといっても、1970年代前半の時点で、ウォルター（後のウェンディ）・カルロス（1939-）から冨田勲（第40話参照）へ続く多重録音系の流れ、タンジェリン・ドリームやクラフトワークのように、音の合成の面白さからシークェンサー使用へ移行する流れ、キース・エマーソン（第13話参照）のようにライヴでの使用を重視する流れ、といろいろありました。これらに共通していたのは、人工的に音／楽を作るとはどういうことかという問いでしたが、70年代後半には「まあ、難しいこと考えなくても、これで音楽は作れるんだからいいんじゃない？」ってノリになっていったような気がするんですよね。大友さんがシンセサイザーに興味を失っていったのも、その変化にちょうど見合っているように思えます。

第40話

本田先生の宿題

冨田勲『新日本紀行』（1978年　19歳）

2016年5月、滞在先のニューヨークのホテルでネットを開いたら飛び込んで来たのが**冨田勲**さんの訃報だった。面識はなかったけど、でも、まわりには冨田さんの電子音楽を敬愛している友人がたくさんいるし、ボクだって、中学の頃にはじめて聴いた冨田さんのシンセサイザーによる**ドビュッシー**の**「月の光」**や**「アラベスク」**は衝撃的だった。そもそもクラシック音楽を聴くような環境に育たなかったもんで、ドビュッシー自体も冨田さんのシンセサイザー演奏ではじめて聴いたようなもんだった。今現在の簡単に音の出るシンセと違い、手間をかけたアナログシンセサイザーによる多重録音の素晴らしさに驚いたのはいうまでもないけど（なにしろ当時はシンセの音自体が本当に聴いたこともないものだったのだ）、それだけじゃなく、クラシックにもこんなポップスみたいな素敵な曲があるんだってことにも新鮮な驚きがあったのだ。

とはいうものの、そのときに冨田勲さんのシンセサイザーに強くハマったわけでもなかった。シンセサイザーの音色の新しさにココロをときめかせたのは短い時間で、高校の頃になると、ここで書いて来たような音楽にはまっていったからだ。でもって、オレが再び、冨田勲という音楽家を意識し出したのは浪人時代だった。

この時期は、オレにとってはジャズ喫茶とフリージャズの時代だったわけだけど、ただ、こっそりと、それとは全然違う音楽も聴いていて、それがテレビやラジオからしか流れない音楽だったのだ。当時は今のように、そういった音楽がレコードになることは少なかったし、劇伴とか、テレビのテーマ曲とかって認識で聴いていたわけではなかった上に、だれが作ったか、だれが演奏しているかもわからないものも多かったけど、いいなって思える音楽が結構あって、それをカセットに録音して繰り返し聴きたいなって思ったんだと思う。そこにはNHKの**『新日本紀行』**のテーマ曲や**『銀河テレビ小説』**用に録音された**荒井由実**の曲やら、**『3丁目4番地』**や**『さよなら・今日は』**、**深町純**がやったシンセサイザーによるテレビドラマ**『新・坊っちゃん』**の劇伴とか、ほかにも気になったCMの音楽とか、深夜NHKラジオの放送が終わったあとや、明け方ラジオが始まる前に流れるテスト放送の際に流れるオルゴールのような音楽とか……あ、当時は、NHKラジオは深夜放送をやってなかったのだ……そんなもんがカセットに入っていて、とりわけ繰り返し繰り返し愛聴したのが**冨田勲**の手による『新日本紀行』のテーマ曲だった。

実は、この番組、小学校3～4年生のときだから昭和43～44年、西暦で言えば1968～69年ごろ、担任だった本田先生から宿題として見るように言われていて、それが本当に嫌で嫌で、大嫌いな番組だったのだ。いやね、単に見るだけならまだしも感想文を書かなくちゃいけないのよ。テレビっ子だったんでテレビを見ること自体は好きだったんだけど、この番組は全然面白いとは思わなくて、ましてや面白くもないのに、感想文まで書かなくちゃいけなくて、もう見るのが苦痛で苦痛で。だから、少し田舎臭く聴こえたこのテーマ曲も大嫌いだったし、宿題もほぼやらなかったなあ。

ところが、何がきっかけだったのか思い出せないんだけど（もしかしたら**タモリ**がオールナイトニッポンでこの曲をかけたような記憶もあるんだけど、違うかな?）、あるいはバンド仲間の中潟くん（彼は冨田勲の大ファンだった）から吹き込まれたのか、いつの頃からか、『新日本紀行』のテーマ曲が大好きになって、聴けば聴くほど素晴らしく思えて、どっぷりとハマってしまったのだ。クラシック音楽をほとんど通過してこなかったオレにとって、オーケストレーションの音色の魅力みたいなものの素晴らしさを最初に感じたのがこの曲だったと言っても過言じゃない。

いやね、音楽家なのに情けない話なんだけど、いまだにですね、ハイドンとか、ベートーベンとか、モーツァルトとか、要は音楽室の壁に肖像画が出てくる長髪の方たちの音楽がですね、なんかピンと来ないんです。それが、どんなに素晴らしい音楽だっていわれても、正直、ものすごく遠い世界の音楽にしか聴こえなくて、それはたとえば中東の音楽が遠い世界の出来事に聴こえるのと同じような感じで、自分のいる世界とはずいぶん違う場所の音楽にしか聴こえないというか、いや、もちろんそれでも充分に楽しめるし、実際楽しく聴けるんだけどね。でもなんというか、住んでる世界が違いすぎて、やっぱピンとこないというか、もしかしたらココロから好きになったことはいまだにないんじゃないかって思うこともあるくらい。でもですね、同じオーケストラの楽器で演奏されているのに冨田勲さんだと、ピンと来る。**古関裕而**さんも古めかしく聴こえるけどピンと来る。ピカピカにシャープに聴こえたけど**武満徹**さんの音楽もピンと来る。別にオレ、国粋主義者じゃないんだけど、こと音楽を聴く耳は案外保守的なのかもって思いたくなるくらい、西洋クラシックにはピンとこなくて、でも日本の作曲家の作るオーケストラ作品はいいなっておもったりするのは何でなのかな。みそ汁ばっかじゃなくて、コーンポタージュも飲みなさいよみたいな話で、自分でも、正直、すごく残念に思うのだ。しかも、めっちゃ素晴らしい演奏をするウィーンやらドイツやらのオーケストラよりも、日本の昔の映画の劇伴なんかで聴ける、ちょっと野暮ったい、正直言うと、ちょっと下手なオーケストラのほうがピンと来る。そうそう、今現在のハリウッド映画のサントラのスーパー上手いオーケストラとか、全然興味がわかないというか、つまらんなあって思うのだ。ましてや今どきのコンピュータで整形したようなオーケストラだと、まったくピンと来なくなるんだけど、あ、これはまた別の話か。こっちはみそ汁とポタージュのたとえにあてはめるなら、一流の日本料理屋のみそ汁とかお新香とか、すんげえ美味いって思うし、最高！　なんて思うんだけど、でも、お袋のみそ汁やお新香のほうがほっとするというか、どっちか取れって言われたら、迷わずお袋のほうを取るみたいな感覚かな。でもってコンピュータの整形音楽のほうはファミレスの味みたいな感じだろうか。悪くないけど、でも……って、オレ、なにを書いてるんだ。

話を冨田先生にもどしますとですね、『新日本紀行』のテーマも、野暮ったいなんて書いたら怒られちゃうけど、でも、あの独特の感じが好きで、しかもただ野暮ったいだけじゃなく、お袋のお新香みたいに、その家にしかないぬか床で発酵させたような本物の味わいがあって……あ、また食べ物のたとえになってしまった。なんか、すいません、これって、音楽家が音楽について書く言葉じゃねえなあとおもいつつ、でも音楽の好き嫌いみたいなもんって、言葉を弄して書くほどのもんでもなくて、食べ物の好き嫌いによく似ているような気もするんだけど違いますかね。

冨田さんが亡くなってみて、日本を離れたニューヨークのホテルでひとりぽつんと『新日本紀行』

のテーマ曲を聴きながら考えたのは、冨田さんは、きっと、ぬか床のような発酵施設を、ご自分の感覚の中にしっかりと持っていて、それは、ほかのものでは代替の利かない、お袋の味に近いようなものので、少なくとも、ボクはそのお袋の味で育ってるんだなってことだったのだ。考えてみたら「新日本紀行」ってタイトルも素晴らしいなあ。小学生だったガキには、その番組のコンセプトや中身の素晴らしさ、それによりそった上で方向までをも示すテーマ音楽の素晴らしさなんてまったくわからなかったけど、でも、こうやって何十年か後に、ちゃんと伝わっていくものもあるのだ。今、自分自身がテレビに関わる人間として、そのこと、しっかり肝に銘じつつ、音楽作っていかなくちゃって、こんなこと書くの照れくさいけど、本気で思っている。

50年近く前に出た本田先生の宿題、やっと今になって書けたように思うんだけど、本田先生、これ読んでくださってるかな。

COLUMN

前回のコラムにも出てきた**冨田勲**（1932-2016）。惜しくも2016年に亡くなられましたが、そのしばらく前から再び意欲的に活動を始められたなと思っていた矢先のことで、本当にびっくりしました。

冨田勲という名前から思い浮かべる音楽は人によってさまざまでしょうが、一般的には、大友さんのように、ドビュッシーやムソルグスキーをシンセサイザーで再現した『月の光』（1974、RCA、**写真**）や『展覧会の絵』（1975、RCA）などの一連の作品群でしょうか。

もちろんその他にも、「きょうの料理」から「ジャングル大帝」「リボンの騎士」などのアニメーション、はてはNHK大河ドラマに至るTVのテーマソングの仕事は膨大にありますし、CM、映画音楽、歌謡曲、童謡などなど、関わらなかったジャンルはないのではないかと思われるくらい、仕事は多岐にわたっています。21世紀に入っても創作意欲は衰えることを知らず、初音ミクをフィーチュアした『イーハトーヴ交響曲』（2013、日本コロムビア）を発表するなど、こちらがハラハラしてしまうほどの知的好奇心を最後まで発揮し続けていましたね。作品数は恐るべき数に上りますが、ご本人は音楽大学を出たわけではなく、慶應大学文学部卒というところがまた恐ろしい！

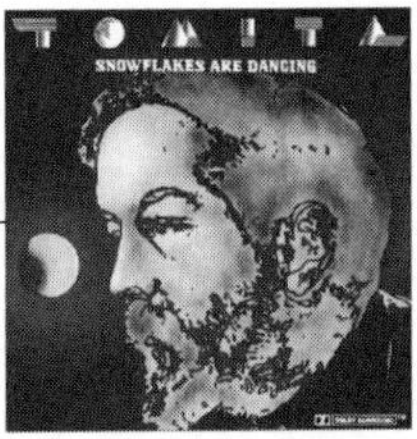

『新日本紀行』は1963（昭和38）年から1982年までNHKで放映されていた長寿ドキュメンタリー番組。冨田勲が作曲したテーマソングは、和のイメージの薄味メロディを喚起力の強いオブリガート（メロディを引き立てる助奏）と丁寧なオーケストレーションで包んだもので、子供のころ、いい曲だなと思いつつ、曲が進んでいくと毎回オブリガートに耳をとられてしまって、どこを聴いていいのかわからなくなるのが悔しかったなあ。これまたどうやって作るのかが未だに不思議な曲です。CDは、『新日本紀行［冨田勲の音楽］』（1994、BMGビクター）で。

オーケストラを使うにしろ、シンセサイザーを使うにしろ、冨田勲が意識していたのは、キャッチーなメロディ作りと、音の積み重ねによる繊細きわまりない音色の表現だったということになりそうです。

第41話

副島輝人さんのこと

『日本フリージャズ史』

二〇一四年、前衛ジャズ評論家であり数多くの前衛ジャズのコンサートを企画してきたオーガナイザーの**副島輝人**さんが亡くなった。胃癌だった。告知を受けてから2年間、経験したことがないことを経験するのは実に面白いことだと言いながら、これも運命と癌を受け入れ、医者の予測する癌の進行と、自身の体の状況を照らしながら、ひたすら癌の進行具合を楽しまれ、その様子をノートにまでとっていたと聞く。死の直前には、ネットで京都への引っ越しの挨拶までしている。実は京都は副島家の墓のある場所で、死への旅立ちを、引越しに置き換えた遺書だったのだ。ちょっと引用させてもらう。

引っ越しをすることになった。諸々の事情があって、あまり人には話していなかったが、もう間もなくのことになるだろう。移転先は決まっている。京都府・宇治市。JR奈良線の快速では、京都から18分、奈良からは30分のところ。宇治駅前からタクシーに乗り、清流宇治川を左手に見ながら、それを遡るように山に入って10分程、なだらかな緑の丘があってそこが天が瀬の公園である。J区92番地と云えば、門を守る人が案内してくれるだろう。

とても小さな家だ。究極の美意識を持った千利休があらゆる無駄を削ぎ落として創った茶室に倣った訳でもないが、極小空間である。この狭い畳敷きの部屋に幅4尺高さ5段の本棚を1基据えて、オーディオアンプと小型スピーカー、諸プレイヤーとモニターがあればそれで十分。それに読み書きするのに小机一卓。後は私と（後始末の為に少し遅れて来る）女房の布団2枚並べて敷けば、もう余地はない。

本棚の下2段には、LP、CD、テープ等の諸音源類をいれる。恐らく三分の二はジャズであって、他にクラシック、現代音楽、邦楽、演歌等などだろうけれど、詳細は目下考慮中。上の三段を占めるだろう書籍の選択にも苦労している。一段40冊としてざっと120冊なら、現在の我が家にあるものの八分の一程度。捨てるには惜しいものばかりだ。しかし、厳選してみる。その鍵は、再読、再再読にも新たな対応をしてくれる書籍ということだ。

（中略）

これらの本を読み返す読書三昧なら結構楽しいだろう。活字に読み疲れたら、当地宇治茶の老舗中村藤吉で仕入れた抹茶を日に二、三服、私の好きな黒楽の茶碗で点てながらフリージャズを聴く。食事は基本的には粗食とするが、時には宇治川での鵜飼いで採れた鮎、京都特有の鱧料理、秋の味覚松茸、更には近江牛のヒレステーキともなれば、取って置きの高級焼酎「森伊蔵」の蓋を開けてチビチビと舐めながらの晩飯となる。

これは妄想なのか、現実なのか。

ならば此処に、葛飾北斎の辞世の句に習って書いておこう。

「人魂で行く気散じは奈良京都」と。

こうして読むと遺書だってわかるけど、オレだけじゃなく、多くの人は、ネットで発表の当時、それが死への旅立ちを意味するものとは思わずに、本当に京都に引っ越すのだと思っていたのだ。例にもれず、その文章にまんまと騙されたオレは、てっきり老人ホームへの転居だと思い込み、それならばと、KBS京都放送でやっているラジオ番組の準レギュラーになってくれないかってお誘いメールまで出してしまって……。病床の副島さんは、オレの呑気なメールを見て、ゲラゲラ笑っていたそうだ。

死を前にした副島さんのユーモアというか、遊び心はまだまだつづく。葬儀の席では、霊界からの通信です……と語りかける死者本人の音声まで流れ出して、それは死の直前、副島さんが自分で録音したものだったのだ。斎場に来た人たちに、死んだ本人から直接挨拶がある葬式なんて前代未聞だし、おまけに、その声は悲しいものではなく、笑顔で録音していたのがわかるもので、湿っぽさは皆無、「地獄の閻魔様の前でも自由にやらせてもらう、それが生きるということだ」と締めくくられた霊界通信のあとには割れんばかりの満場の拍手。拍手のある葬儀なんて聞いたことがない。副島さんは本物の前衛だった。そしてとことん粋な人だった。

副島さんと出会ったのは、浪人しているときだったと思う。ここによく出てくる福島のジャズ喫茶パスタンでのことだった。70年代後半から80年代後半にかけて、副島さんはメールス・ジャズ・フェスティバルの8㎜フィルムを持って、全国をくまなく回っていたのだ。まだネットなんてない時代だ。新しい音楽の情報は、雑誌、ラジオ、そしてジャズ喫茶やロック喫茶に入ってくる輸入盤のレコードやそこでの口コミしかない時代だった。ましてや、福島のような地方都市に住んでいると、入ってくる情報は本当に少なかった。デレク・ベイリーがなぜあんな謎な音楽をやってるのかなんてことの手がかりは、**間章**や**高柳昌行**が書く雑誌での文章くらいしかなかったのだ。そんな中、副島さんは、ドイツのメールスで70年代初頭にはじまった前衛ジャズフェス「インターナショナル・ニュージャズ・フェスティバル・メールス」に足繁く通い、その様子を8㎜フィルムに収め、それをまとめたものを毎年作っては、その報告会を全国各地のジャズ喫茶でやっていたのだ。念のため言っておくと、当時は簡単に持ち運べるビデオなんてものはなくて、唯一、個人で運べて映像が撮れるのは8㎜フィルムしかなかった。映像を8㎜で、音をカセットで録音し、それを家で丁寧に編集して1時間強ほどの映像ドキュメントにまとめたものを、副島さんは毎年作り、それを持って全国を回っていたのだ。ビデオが普及する以前、この時代のメールスの映像をアーカイブしていたのは、世界中探しても副島さんしかいなかったと思う。今ならYouTubeで、すぐにどこかのライブ映像も見ることができるけど、当時は、実際にコンサートやフェスに行く以外に、ミュージシャンの動いている姿を見る手立てなんてないし、だから8㎜上映会は、本当に貴重な情報源だったのだ。

例によってパスタンの客は一桁だった。その中にはオレだけじゃなく、ジャズ研の後輩の昭二くんや飯塚くんもいたと思う。**アンソニー・ブラックストン**や**ハン・ベニンク**、**デレク・ベイリー**に**エヴァン・パーカー**……レコードと雑誌でしか知らなかった人たちが、8㎜の薄暗い映像の向こうで生き生きと即興演奏している。「即興」という言葉がまだとても新鮮で、輝いて見えた時代だ。その向こうには自由がある……そんなことを信じることができた時代。でも僕らバカガキどもは「なんじゃ、こりゃ」ってな感じで、きっとあんぐりと口をあけて見ていただけなんだと思う。終わった後の質疑応答でも、副島さんにアホな質問をいっぱいしたんじゃないかな。何を質問したか、何を話したか、まったく覚えてないけど、僕らよりずっとずっと年上の副島さんは、それでも丁寧に、大人に接するのと同じ態度で僕らに答えてくれて、そのことだけがやたら今でも記憶に残っている。これが副島さんとの最初の出会いだった。

後ろ姿。左から高柳昌行、（手前）大友、副島輝人。1984年11月 札幌ヤマハホール。撮影＝沼山良明

副島さんとの関係がより深くなるのは、それから6年後、オレが東京

に出た後の1984年11月のことだ。高柳昌行のソロと副島さんのメールスフィルム上映のカップリングで北海道5カ所をツアーした際に、オレは高柳さんのアシスタント兼運転手として、このツアーに同行したのだ。ここからはじまるさまざまな出来事が、その後の人生を大きく変えていくことになるんだけど、そして、それ以降、副島さんとは長くて深いお付き合いになるのだけど、それについて書くにはまだ早い。

副島さんの葬儀では、もうひとつ書いておかなくてはならないことがある。高柳昌行さんの奥さんの道子さんと、23年ぶりにお会いすることが出来たことだ。高柳さんのことについても書きだしたら、とても長くなるというか、まるまる一冊本を書かなければいけないくらいの話になってしまうので、ここは大幅にはしょって書くとですね、オレは、ジャズミュージシャンになりたくて、浪人生活の後、東京に出ることになり、そこで高柳さんの門を叩いてですね、何年間か修業のような時代を過ごすわけだけど……ってか、おまえ、本当に修業なんてしたのかってつっこみ、自分で入れたくなるんだけどね。なにしろ、そこでもオレはダメな生徒だったうえに、やることなすこと挫折続き、どこまでいっても、パッとしない感じで、でも、どういうわけか高柳さんに気に入られ、私生活まで一緒に過ごすような時期を経てですね、でもその後は関係がどんどんこじれてしまって、最終的には大げんかをして飛び出すことになり、そのこじれた関係の中で、高柳さんは1991年他界。その後も、このことはさまざまな場面で大きく引きずることになるんだけど、その時に、陰に陽に手を差し伸べてくれたのが副島さんだったのだ。いやね、関係がこじれたとはいえ、オレは高柳さんが大好きだったことには変わりないんだけど、そして、副島さんはそのことも知っていて、でも、なんというか……この辺のこと、いつかちゃんと書かねば、そう思っているけれど、なかなか、青春期を書くような調子では書けなくて……。

副島さんが残した『**日本フリージャズ史**』は、日本のフリージャズの歴史について書かれた唯一の本だ。生前、過去のことを文章に残すよりは今起こってることが面白いんだと言っていた副島輝人さんが、それでもあえて書き残した渾身の本で、実際、副島さん以外には書けない内容だと思う。その執筆の過程で、オレのことだけではなく高柳さんのことでも副島さんから直接何度も何度も取材を受けたのだ。

「大友くんが黙っているのはいいけど、事実は事実なんだから」と、当時高柳さんのことについてはほとんど公言してこなかったわたしの口から様々な事実を聞き出してくれて、実際には副島さんもご存じのことが多かったと思うのだけれど、でも直接本人の口から聞きたかったこともあったのだと思う。高柳さんとオレの関係についての大部分は本に書かれることはなかったけど、それでも高柳さんの項目の音楽的な部分では、オレから聞き出したこともふんだんに書かれているし、なにより、このとき、自分と高柳さんとの関係を副島さんに語ったこと、オレにはとても大きかったというか、ある種のセラピーのような効果があったのではと思っている。もう自分ではどうにも処理できないと思っていた問題が、このあたりから少しずつ雪解けしだしたのだ。副島さんとの長いおつきあいの中でも最も濃厚な会話がかわされたのはこの時だったと思う。そして、約四半世紀ぶりに、高柳さんの奥さんと再会出来たのも、やっぱり、副島さんの導きだったと思うのだ。恥ずかしいけどオレは、この日はもう泣いた。泣くしか出来なかった。

葬儀の夜、オレはその足で、六本木のスーパー・デラックスに向かい、喪服のまま、といってもオレの喪服は、ただ黒い服ってだけだけどね。そのただ黒いだけの喪服で、ターンテーブルのソロをやった。かつて殿山泰司さんが高柳さんの演奏をして「お月様までぶっ飛びそうな音」と評したのを思い出しつつ、副島さんのいるあの世にも届かんばかりに。その時の様子はここで見られる。

https://www.youtube.com/watch?v=wNgPvVPGyf0

奥さんとの再会がきっかけで、生前、高柳さんが使っていた名器１９６３年製のエレクトリック・ギター、ギブソンＥＳ１７５は、現在わたしの手元にある。これも副島さんが仕掛けた粋な計らいだったのか。

最終話

ノイズまみれの天国にようこそ

オーストリアの山崎比呂志
（１９７８年↓２０１７年）

２０１６年11月、**山崎比呂志**さんとオーストリアのウェルス市にいる。この街で長年続いている前衛音楽祭「MusicUnlimited」の30周年アニバーサリーフェスに出演するためだ。**フレッド・フリス**、**マッツ・グスタフソン**、**ペーター・ブロッツマン**、**The EX**、**ジーナ・パーキンス**……この日は世界中から即興や前衛音楽のスターたちが何十人と集まってくる。スターといっても、何千人もの人を集めるのではなく、数十人、数百人を集める知る人ぞ知るスターたち。インターナショナル・フェスなのに、世界各国から集まってくるのに、どこにも国名が書いてない。個人の名前だけのささやかなフェス。オレもそんな中の端くれにいる。楽屋は様々なお国なまりの英語を中心に、ドイツ語、フランス語、エチオピアの言葉（何語なのかオレはよく知らない）、そしてときどき日本語がとびかう。客席のほうも、ドイツ語だけでなく、イタリア語、スロバキア語、ロシア語、様々な言葉が行き交う。ここにいれば、国名や民族をせおった何人《なんぴと》かである必要はない。ただのOtomo Yoshihide、即興演奏家。それだけで充分だ。オレにとっては天国のような世界。

主催者のウォルフガングから今回何をやりたいと聞かれたとき、オレは迷わず山崎比呂志さんとのデュオと伝えた。山崎さんは海外ではまったく無名かもしれないが、オレにとっては即興ヒーローなのだ。高校3年のときに見た衝撃の大爆音コンサートを再び引用しよう。

とりわけ衝撃的だったのは渋谷のジァン・ジァンで見た高柳昌行のニューディレクションのコンサートだった。ジャズスターだった渡辺香津美の師匠として当時は知られていた高柳昌行だったけど、その実は、日本の前衛ジャズを60年代から牽引してきたグル……なんて書いたら怒られるかな、とにかく日本のフリージャズやノイズを語るのに欠かすことの出来ない第一人者こそが高柳さんだったのだ。二人のエレクトリックギター、サックス、ベース、二人のドラマー（だったと思う）で、今まで聴いたこともないような大爆音でひたすら何十分も演奏し続ける。カウント出来るようなリズムもなければメロディもない。ひたすら大爆音のノイズが拡散され続ける感じだ。あまりの音量に、体が椅子に押し付けられてるような感じすらして、終わったあとは耳鳴りでなにも聴こえない。聴くというよりは体感すると言った方がいいようなコンサートだった。

客席は十数人いたかな。ひょっとしたら一桁の聴衆だったんじゃないだろうか。それでも、そんな中には敬愛する殿山泰司さんの顔や、ジャズ評論家の清水俊彦さん、副島輝人さんの顔も見える。それだけでドキドキした。殿山さんの『ＪＡＭＪＡＭ日記』の中で、高柳さんのライブを「お月さままで飛んで行く音」って形容していたけど、まさにそんな感じだった。

このコンサートに感銘を受けて、すぐさま、高柳さんの門を叩いて弟子入り……なんてことになっていたら、この連載も書きがいがあるってもんだけど、オレの人生そんな格好良くない。正直、高校

3年生のオレには、この爆音のコンサートはまったくわからなかったのだ。

まったくわからなかったけど、でも、間違いなく、あのコンサートを見てしまったことが、オレの人生を狂わせてしまったんだと思う。そう、ここでドラムを叩いていたのが山崎比呂志で、当時は**山崎泰弘**、または**山崎弘**と名乗っていた。彼の叩くドラムは本当にものすごかった。大爆音の**高柳昌行**のギターに生音で1時間以上も対抗し続けるだけでもすごいのに、その独特の音色やアタックは、誰にも似てない彼ならではのものだった。

その山崎さんと、40年近い歳月を経て、ヨーロッパツアーをすることになるなんて、もちろん当時は想像すら出来なかった。これも、話すと長くなってしまうから、ここでははしょるけど、東京に出た後、いろいろあってオレは高柳さんのアシスタントとなり、その初期には山崎さんの車を運転して、高柳さんや山崎さんの楽器を運んでは、ライブ会場で二人の楽器の設営を手伝ったのがこの世界での最初の仕事だった。仕事ったってお金が出るわけじゃない。当時ボーヤと呼ばれていたミュージシャンのアシスタントは、ほぼ無償、夕飯が出たり、交通費が出るくらいだったけど、でも、憧れの人たちと一緒の空間にいて、その音楽の手伝いを出来るだけでも、オレは舞いあがらんばかりに幸せだったし、自分では最高の仕事だと思っていたのだ。

でもまあ、これも前項で書いた通り、数年の時を経て、高柳さんとの関係が壊れてしまうと同時に、山崎さんとも疎遠になってしまい、その後東京を離れ鹿島に住むことになった山崎さんと会う機会は絶たれてしまった。その山崎さんとの再会もまた、前項の主人公**副島輝人**さんの新宿PIT INNでの追悼コンサートが切っ掛けだったのだ。死してなお副島さんは人と人を結びつけるオーガナイザーだったのだ。

山崎さんにしてみれば1980年の高柳昌行ニューディレクションのドイツのメールス・ニュージャズ・フェスティバルの公演以来、実に36年ぶりの海外公演になる。現在76歳。でもその演奏は、オレが初めて山崎さんを見た40年前の渋谷ジァン・ジァンのときと、まったく変わっていない。変わっていないどころかむしろ深みを増した上でパワーアップしている。


演奏が終わり、ホテルにもどってテレビをつけると、臨時ニュースで「分断を乗り越えよう」と嬉しそうに連呼するへんな髪型の大男がやたら出まくっている。

「新大統領バンザ〜〜〜イ！」

アメリカを再びナンバーワンにだって？　何言ってるんだ、こいつは。言われなくたって、いつだってあの国はナンバーワンじゃねえか。属国の住民たるオレたちにはこいつを選ぶ権利すらない。拒否する権利も。ってか、たとえ選挙権があったとしても、この大男はきっと勝っただろう。いくら杭をたてても、なんの歯止めにもならずに、世界はすごい勢いで壊れていく。この数年のオレの実感。最初は震災が原因でこうなっているんだと思っていた。でも、どうやらそれは違う。日本だけじゃない。世界がすごい勢いで壊れだしているのだ。もしかしたら、そんなふうに見えているオレは、このクソみたいな世界に、それでも居場所があるって思える側の人間ってことなのだろうか？　居場所がある人間と居場所がない人間。思想とか宗教とか、経済格差という形をとって紛争やテロが起こっているけれど、本当は、居場所があるかないか、根っこはこの問題なんじゃないだろうか。

この後に行くパリも、ブリュッセルもついこの間、テロの洗礼を受けたばかりだ。ターゲットは政治家でもなければ、もちろん軍人でもない。ライブハウスで踊っている、カフェで友達とおしゃべりをしている、どこにでもいる楽しそうに見える僕らのような人間だ。居場所がある人間とない人間の戦争は、もうとっくに始まっている。

「街を歩くときには爆弾に注意！」

「もしかしたら、髭面のあいつもテロリストかもしれない」

多様な価値観、人種や民族の共存、平等、そして自由と平和……オレが子供の頃から無邪気に信じてきた未来が、音を立てて崩れ出している。どうしたらいいのかなんて、オレ程度のアタマの人間にはまったくわからない。これから世界はどうなっていくんだろう。

「グギャーーー、ビーーーー、ギギギギ、グシャーーーーーン」

オレはなんで、こんな音楽をやっているんだ。怒り？　叫び？　いやいや、そんなんじゃない。絶望？　歓喜？　自由？　いやいや、そんな漢字二文字で書けるようなもんでもない。

「ギャーーー、キーーーーーー、ググーーーー」


1979年3月末、オレは東京に出ることになった。なんの勉強もしてなかったから、大学なんて受かるはずもない。そう思っていたけど、かろうじて、明治大学の二部文学部に引っかかった。当時は夜間部って言ってたような気もする。「音楽家になりたい！」って宣言して東京に出るなんてことは、10代のオレには到底出来なかった。もちろん音楽家になりたかったんだけど、そんな自信はまったくなかったし、人生がどういうもんなのかも、まだまったくわからなかった。ただただ東京に出ることに、そこで音楽に近づくことに憧れていたとも言えるし、親元を出て一人でやってみたいと思ったってのもあったんだと思う。Yがノートに綴っていた「自分の道をみつけて」というくだりが気になっていたくせに、まだなにも見つけられない自分にイライラしていたような気もする。とりあえず大学に行くという口実さえあれば、いろいろ面倒なことを言ったり決断しなくてよかったたってのが正直なところだ。つくづく情けない。オレはとりあえず大学を受け、なんとかギリギリで合格し、ずるずると東京に出ることになった。

親父が運転する乗用車に最低限の生活用品に楽器とレコードを乗せて、まだ残雪残る福島を後にしたのは1979年の3月末。道中、親父とはどんな話をしたのかな。今となっては全然覚えてないんだけど、でも、

「オリンピックなんてのは、国を代表するんじゃなくて、個人個人で勝手に旗をあげればいい」

なんてことを平気で言う親父の影響を強く受けてオレは育ったんだなって今となっては思う。

「人様に迷惑をかけるんじゃなければ、なんの仕事だろうがいい。自分で好きなことをやれ」

そんなことも言われたような気がする。

「死んだらなくなる」

ただそれだけだとでも言わんばかりの無宗教っぷりも親父の影響だと思う。とはいえ親父は年中そんな話をしていたわけではない。ごくごくたまにぽろっとそんなことを言うだけで、基本は高倉健のように無口。だからオレのおしゃべりは陽気なお袋の血だ。家には仏壇もなければ、宗教にかかわるものも、政治に関わるものも一切なかった。子供の頃家にあったものといえば電気部品と工具、冷蔵庫に洗濯機、親父が作ったテレビにターンテーブルとラジオ。いくばくかのレコードに、お袋手製の洋服たち。オレにとっては最高の環境だった。今でもそれで充分だって思う。親父とは電気や機械の

話をよくした。新しいタイプの機械をみると必ず、その構造がどうなっているか分析して話をしてくれたし、テレビに入ったノイズはなにが原因かとか、ニッパやペンチの使い方からコンデンサーの扱い方に至るまで、日常会話はほぼ全て機械と電気の話。オレも親父とそんな話をするのが大好きだった。その親父の運転でオレは東京に出てきた。きっと道中の4時間は、トランジスタか真空管の話しかしなかったに違いない。

「ドドドオドドドッッオオオ、グシャン、ドシャン、ダダダッダーーーー」

山崎さんの強烈な打楽器音が目の前で響く。フィードバックするオレのギター。ステージにいると、いつもここは天国だって思う。戦争も平和もない。国境もない。未来も過去もない。ただただノイズが響くだけだ。電気回路にノイズが入らないために何をすればいいかを考えつづけた電気技師の親父とは一見真逆だけど、でも、どこか通底する世界。熱狂するオーディエンス。彼ら彼女らにとっても、ここは天国なのかもしれない。どこまでもつづくフィードバック。ノイズまみれの天国。テレビの中では新大統領が嬉しそうに笑っている。

「アメリカはナンバーワンだ！」

となりにいる、なんだかつまらなそうな顔をした白人少年は誰なんだ？　息子？　こいつには居場所はあるのか？

「メキシコ国境に壁を！」

ノイズを消し去った地獄のような日常、万歳！

「分断を乗り越えよう！」

居場所のあるやつ万歳！

1979年4月、代田橋の6畳一間、風呂なし2万5000円。ここで19歳だったオレの東京暮らしが始まる。それからの話は、またいつかどこかですることにしよう。

COLUMN

山崎比呂志（1940-、ds）さん、ホント今でも素晴らしいですよね。山崎さん、大友さん、芳垣安洋さんのトリオでのライヴを拝見したことがありますが、アイディアもパワーも溢れまくりでした。大友さんの紹介に付け加えることがあるとすれば、もともとジョージ川口に師事されていたとか、フリー以外の活動も素晴らしいとか、阿部薫とのデュオ『Jazz Bed』（1995、PSF、**写真**）がまたよいのだ！　ということくらいでしょうか。

マッツ・グスタフソン（1964-）は、スウェーデンのサックス・プレイヤー。ソロ、ソニック・ユース、バリー・ガイ、ジム・オルークらとの共演のほか、The Thing、Sonore、Fire! 等のバンドでも活動しており、北欧即興音楽の現在を担う重要人物です。日本にもたびたび訪れて、轟音や電子音を響かせています。

轟音サックスといえば、元祖（?）はこの人、**ペーター・ブロッツマン**（1941-、ts）。ユーロピアン・フリー・ジャズ・シーン黎明期からの立役者で、豪放なブロウで愛されています。『マシンガン』（1968、Bro）はいまだに語り草になっている名盤ですね。この人もたびたび来日していますが、いまだ衰えぬ演奏ぶりは驚異的のひとこと。

The Exは、1979年にオランダで結成されたパンク／フリージャズ・バンド。現在のメンバーは、アーノルド・デ・ボーア（vo、g）、テリー・ヘッセルス（g）、アンディ・ムーア（g）、カテリーナ・ボルネフェルド（ds）の4人。民族音楽の要素を取り入れているのが面白いところ。大友さんは彼らとツアーをしたことがあって、その途中でエチオピアの名物サックス・プレイヤー、ゲタチュウ・メクリヤ（1935-2016、ts）翁のバンドと一緒になったとか。The Exはゲタチュウさんとも2枚アルバムを出しています。

ジーナ・パーキンス（1956-）は、アメリカのハーピスト。フリー・ジャズや即興音楽には珍しい楽器ながら、ソロ活動、ビョークやジョン・ゾーン、ポーリン・オリヴェロスらとの共演、ノー・セイフティ、ニュース・フロム・バベルなどのバンド活動、ダンス・カンパニーやヴィデオ・アーティストとのコラボなど、まさに縦横無尽な活躍ぶり！

あとがき

鈴木がその後どうなったのか知りたいですよね。実はオレも知りたいんです。でも本当のことは今でもよく知りません。これを書いてる際に、なにか鈴木のストーリーを考えなくてはと、一瞬思ったのですが、やはり自分の記憶のとおり謎のままにしようと思いました。ただひとつだけ。もう十数年も前のことですが、インターネットで検索が出来るようになったときに、彼の名前を入れてみたら出てきたんです。彼は医者になってました。遅い年齢で医大を卒業し（それも福島とは全然別の場所の）そしてどうも僻地での医療に力をいれているようでした。そこに出てきた笑顔の写真は当時の面影そのままで、きっとすごくいい医者になっているんじゃないかな。なんだかオレはこの写真を見てボロボロ泣いてしまいました。

そして、もうひとり、Yさんもネットで出てきました。いや〜、ネット恐ろしいっす。てか、何調べてんだよ大友！　え〜、Yさんはですね、障がいを持った人たちの介護の仕事をしていました。それを知った時も本当に嬉しかったなあ。え〜とそれから、初恋の……って、もういいか。

ここに出てくるいろんな話は、ほとんど事実です。少なくともわたしの記憶の中では事実です。一部フィクションを入れたりもしてますが、でも本当かよみたいな大袈裟なところほど事実だったりします。逆にささいなところは、あとからこうだったかなと想像で書いているところもあるって感じかな。もちろん出てくる名前は仮名だったりもするので、個人を特定しようなんて思わないでくださいね。

第1話では「悲しき六十才」のB面が「ステキなタイミング」なんて書きましたが、実はどこを探しても、そんなレコード見つかりませんでした。少なくともネットでは出てこないんです。もしかしたらこれって記憶違いで、実際は別々の2枚のレコードだったのかもしれず、でも自分の記憶ではA B面カップリングで、裏表繰り返し聴いてたはずなんだけど。というわけで、ここに出てくるいろんな話、事実であると本人は一応思ってはいるのですが、全然自信がありません。当時の現場にいた人たちが、もしもこの本を読んだら、「大友くん、これ違うよ〜」って感じで怒りだすかもしれません。だから話半分で読んでください。

最初にも書いた通り、これは音楽紹介本です。だれも信じてくれないかもですが、20世紀音楽の大真面目な批評本だとすら思っています。ここに書いてあるのは1959年生まれで日本に育った子どもがどんな音楽をどんなふうに聴いたのかって話で、きっとそういうことを書き残したり、伝えたりすることのほうが、その音楽がなんであったかを考えるときには重要なんじゃないかって思って書いた本なんです。音楽に関する話も、記憶違いがあったりするんで正確なものではないかもしれないけれど、でも、少なくともオレにとってはこういうことだったんです。T・レックスは永山くんとともにあり、タイガースは吉田さんとともにある。阿部薫はパスタンのママとともにあり、井上堯之やクリムゾンは桑原くんや阿部くんとともにあるし、ドルフィーは大森くんとは切っても切れないし……

なんの普遍性もない個人の記憶とともにあるのが、オレにとっての音楽ってことなのかな。でもって、同時に、その音楽が時代や社会ともシンクロしているってあたりが面白いところで、そうやって自分自身も時代とシンクロしているのかもしれません。

そのことを明確にする意味でも、わたしの個人的な記憶に参照するかたちで、文中にでてくる音楽や漫画から世相にまで至る注釈を、須川善行さんに書いてもらいました。須川さんは初めての著作『MUSICS』の編集を手掛けてくれた方で、誰よりもわたしのことを知っているうえに、膨大な音楽の知識をもった編集者です。その須川さんを今回ひっぱりだすと同時に、まったく筆の進まないわたしに辛抱強くつきあってくれた編集の井口かおりさんの尽力抜きでは、この本は決して完成することはなかったと思います。井口さん、須川さん、本当にありがとうございました。そして、この本に勝手に書かれてしまった友人たちや音楽たちに最大限の感謝を！　そう、ぼくはこんな人たちに囲まれて、こんな音楽を聴いて育ってきたんです。本当にありがとうございました。そして勝手に書いてしまってごめんなさい。記憶違いや多少の捏造もありますが、どうか勘弁してください。

この本を書き終えて、加藤賢策さんの手による最高の装丁を見るにつけ、続編も書きたくなってしまいました。東京に出た１９８０年代、海外に頻繁に行きだした90年代、そんなあたりを丁寧に書いていけば、この世のどこにもないような20世紀音楽紹介本三部作になるのではと思っています。そのときは、ぜひまた井口さん、須川さん、加藤さん、よろしくお願いします！

二〇一七年六月二十七日　　　大友良英

本書、前半部は書き下ろしです。
第25話以降は、「ｗｅｂちくま」２０１５年8月7日〜
２０１６年11月25日に掲載されました。

大友良英（おおとも・よしひで）
1959年横浜生まれ。実験的な音楽からジャズやポップスの領域まで作風は多種多様、その活動は海外でも大きな注目を集める。また映画やテレビの劇伴作家としても数多くのキャリアを有する。近年は「アンサンブルズ」の名のもと様々な人たちとのコラボレーションを軸に展示作品や特殊形態のコンサートを手がけると同時に、一般参加型のプロジェクトにも力をいれている。震災後は十代を過ごした福島でプロジェクトを立ち上げ、2012年、プロジェクトFUKUSHIMA！の活動で芸術選奨文部科学大臣賞芸術振興部門を受賞。2013年には「あまちゃん」の音楽で日本レコード大賞作曲賞他数多くの賞を受賞している。2014年、国際交流基金とともにアンサンブルズ・アジアを立ち上げアジアのネットワーク作りにも奔走中。また札幌国際芸術祭2017の芸術監督も務めるなど、どこに住んでいるのかもわからない落ち着かない人生を送っている。主な著書に、『音楽と美術のあいだ』（フィルムアート社）、『学校で教えてくれない音楽』（岩波新書）、『MUSICS』（岩波書店）、『大友良英のJAMJAM日記』（河出書房新社）などがある。
オフィシャルブログ　http://otomoyoshihide.com

ぼくはこんな音楽《おんがく》を聴《き》いて育《そだ》った

二〇一七年九月十日　初版第一刷発行

著　者　大友良英《おおともよしひで》

発行者　山野浩一

発行所　株式会社筑摩書房
東京都台東区蔵前二―五―三　〒一一一―八七五五
振替〇〇一六〇―八―四一二三

印　刷　三松堂印刷株式会社

製　本　三松堂印刷株式会社

ISBN978-4-480-81538-5　C0095

JASRAC（出）許諾第1709001-701号

乱丁・落丁本の場合は、左記あてにご送付ください。送料小社負担でお取り替えいたします。ご注文・お問い合わせも左記へお願いいたします。
筑摩書房サービスセンター　電話番号〇四八―六五一―〇〇五三
さいたま市北区櫛引町二―六〇四　〒三三一―八五〇七

高柳昌行が使用していた1963年製 Gibson ES-175　p.284参照（撮影 Sachiko M）